南湖
法 学 文 库

2023年湖北省社科基金一般项目（后期资助项目）
“绿色债券法律制度研究”（HBSKJJ20233105）

中南财经政法大学中央高校基本科研业务费项目
“以公共利益识别为基础的公益诉讼立法研究”（2722024BQ034）的阶段性成果

# 绿色债券法律制度研究

谢忠洲 著

法律出版社
LAW PRESS·CHINA
北京

**图书在版编目（CIP）数据**

绿色债券法律制度研究 / 谢忠洲著. -- 北京 ：法律出版社，2025. -- ISBN 978－7－5244－0042－4

Ⅰ. D922.287.4

中国国家版本馆 CIP 数据核字第 202556951B 号

**绿色债券法律制度研究**
**LÜSE ZHAIQUAN FALÜ ZHIDU YANJIU**

谢忠洲 著

责任编辑 郑怡萍　胡佳文
装帧设计 贾丹丹

**出版发行** 法律出版社
**编辑统筹** 法律教育出版分社
**责任校对** 张翼羽
**责任印制** 刘晓伟
**经　　销** 新华书店

**开本** A5
**印张** 8.625　**字数** 247 千
**版本** 2025 年 4 月第 1 版
**印次** 2025 年 4 月第 1 次印刷
**印刷** 北京建宏印刷有限公司

地址：北京市丰台区莲花池西里 7 号（100073）
网址：www.lawpress.com.cn
投稿邮箱：info@lawpress.com.cn
举报盗版邮箱：jbwq@lawpress.com.cn

销售电话：010－83938349
客服电话：010－83938350
咨询电话：010－63939796



**书号**：ISBN 978－7－5244－0042－4　**定价**：39.00 元

凡购买本社图书，如有印装错误，我社负责退换。电话：010－83938349

# 总　序

历经几回寒暑，走过数载春秋，南湖畔的中南法学在不断精心酿造中步步成长。中南法学的影响与日俱增，这离不开长江边上这座历史悠久、通衢九州的名城武汉，更离不开中南法律人辛勤耕耘、励精图治的学术精神。中南学子源于各地聚集于此，又再遍布大江南北传播法学精神，砥砺品格、守望正义的同时也在法学和司法实践部门坚持创新、止于至善，作出了卓越的贡献。

纵观中南法学的成长史，从 1949 年 12 月成立中原大学政治学院，到 1953 年 4 月合并中山大学、广西大学、湖南大学的政法系科，成立中南政法学院，后至 1958 年成为湖北大学法律系，1977 年演变为湖北财经学院法律系，转而于 1984 年恢复中南政法学院，又经 2000 年 5 月的中南财经大学与中南政法学院合并至今，中南财经政法大学法学院已然积淀了 70 余年的办学历史。2005 年 9 月，学校进入国家“211 工程”重点建设高校行列；2017 年 9 月、2022 年 2 月，法学学科相继入选首轮和第二轮国家“一流学科”建设名单。虽经几度分合，但“博学、韬奋、诚信、图治”的人文精神经过一代又一代中南学人的传承而日臻完善，笃志好学的研习氛围越发浓厚。中南法学经过几十年的积累，其学术成果屡见丰硕。“南湖法学文库”这套丛书的编辑出版，就是要逐步展示中南法学的学术积累，传播法学研究的中南学派之精神。

中南法学经过数十载耕耘，逐渐形成了自成一格的中南法学流派。中南法律人在“为学、为用、为效、为公”教育理念的引导下，历练出了自有特色的“创新、务实”的学术精神。在国际化与跨地区、跨领域交流日益频繁的今天，中南法学以多位中南法学大家为中心，秉承多元化的研究模式与多样性的学术理念，坚持善于批判的学术精神，勇于探讨、无惧成论。尤其是年轻的中南法学学子，更是敢于扎根基础理论的研习，甘于寂寞；同时也关注热点，忧心时事，活跃于网络论坛，驰骋于法学天地。

从历史上的政治学院到21世纪的法学院，前辈们的学术积淀影响深远，至今仍给中南法学学子甚至中国法学以启迪；师承他们的学术思想，沐浴其熠熠生辉的光泽，新一辈的中南法律人正在法学这片沃土上默默耕耘、坚忍不拔。中南财经政法大学法学院推出这套“南湖法学文库”，作为中南法学流派的窗口，就是要推出新人新作，推出名家精品，以求全面反映法学院的整体科研实力，并使更多的学者和学子得以深入了解中南法学。按照文库编委会的计划，每年文库将推出5～6本专著。相信在中南法律人的共同努力下，文库将成为法学领域学术传播与学术交流的媒介与平台，成为中南法律人在法学研习道路上的阶梯，成为传承中南法学精神的又一个载体，并为中国法学研究的理论与实践创新作出贡献。

晓南湖畔书声琅，希贤岭端佳话频。把握并坚守了中南法学的魂，中南法律人定当继续开拓进取，一如既往地迸发出中南法学的铿锵之声。

是为序。

吴汉东

2011年2月1日

2024年10月16日改定

# 序 言

保育生态环境，节约利用资源，推进绿色发展，建设美丽中国，是实现中国式现代化的底色和主要目标之一。这是一个可持续发展的进程，需要策略取向明确，久久为功。生态维护和环境治理资金是其基础性保障。资金从哪里来？除政府逐年投入一定财政资金外，绿色金融也是一个大有可为的金融市场化的筹资新领域，其包括绿色信贷、绿色保险、绿色基金和绿色债券等子系统。金融市场化与金融法制化是结为一体的。没有严格的法律规制，就没有金融的健康运行。从目前进展看，与绿色债券持续发展的现实状况相比，从法律法规和政策对绿色金融子系统——绿色债券制度供给层面，进行系统性法制梳理极为必要，但目前法学研究尚不深入。

本书作者在我指导下攻读环境资源法学博士学位期间，一直对资源安全、公益诉讼、流域治理等法律规制与实施保障问题有所研究。同时，还对绿色金融子系统——绿色债券制度供给有兴趣，并持续性跟进关注，努力尝试将自己的一些学术思考通过系统、严谨的文字表达出来。这体现了他个人对绿色金融相关法律研究长期以来的持续关注和执着探索。

本书作者尝试以绿色债券的概念梳理和类型化作为研究的起点，从绿色债券市场运行的整体逻辑出发对其运行全流程的制度供给进行呈现，较好地回答了该领域制度供给的现实问题。作者比较注重采用实证研究的方法，将绿色债券概念作为整体研究的出发点，从债券一般规则和绿色债券专门规则出发对涉及债券、绿色金融、绿色债券的诸多制度进行综合考察，并对绿色债券法律制度和具体实践进行了细致分析。此外，本书还对美国、德国、日本等域外国家或地区的实践经验进行了简要介绍。在前述工作的基础上,本书最终对法律制度的体系化构造和具体制度安排进行设想,以期为绿色债券法律制度的优化提出有益见解,提供具有针对性的完善建议。《绿色债券法律制度研究》的研究内容和方法具有一定的综合交叉性,因此,在对现状、问题进行详细梳理的背景下,作者力图从《环境保护法》等相关生态环境法律和《证券法》《预算法》等相关经济法律法规的系统性修订角度给出较为全面的解决方案,该解决方案对现有法规制度的完善具有理论梳理和论证参考价值。

关注近年生态环境治理模式的发展可以发现,当前生态环境治理中综合运用法律、经济、技术和必要的行政手段的尝试日趋增加,随着治理模式和治理理念的嬗变,经济激励型工具在生态环境治理中的地位也愈发凸显。在研究方法上,本书采用的法政策、软法等理论,对剖析领域法的作用机理和现实作用都具有重要的探索价值。这些尝试,对后续厘定法律与政策在实践中复杂的互动关系具有积极意义;可以为其他领域开展试验性立法、政策法律化实践提供必要参考。

但是,如何从法学层面整合出推动绿色债券等金融创新工具发展的法规制度是一项颇具挑战的工作。仍期待有志从事此类研究的学者结合改革实践进行系统的研究探索,并在实际改革试行过程中及时进行制度理论反思。希望作者在以后的研究中也能持续专注研究,努力耕耘,力争取得有益的绿色研究成果,为绿色金融法制完备做出力所能及的奉献。

谨此为序。

陈德敏

2024 年 3 月 25 日　于重庆大学

# 目 录

# 第一章 引 言

## 第一节 选题背景与研究目的

党的二十届三中全会提出："实施支持绿色低碳发展的财税、金融、投资、价格政策和标准体系……"这凸显了国家层面对绿色金融的关切。随着绿色经济发展需求的持续增长，绿色债券因其融资工具的本质属性，加之其具有融资期限相对较长、融资成本相对较低的特点，越来越受到资本市场的青睐。当下，我国绿色债券发展尚处于起步阶段，许多制度安排都亟待完善。党的十八届五中全会提出创新、协调、绿色、开放、共享的新发展理念，并首次将绿色发展战略上升至国家高度，这为实现经济文明建设与生态文明建设的互动提供了有效连接。因此，作为绿色金融的重要组成部分，绿色债券领域的创新越来越受到各方关注。

为把握我国绿色债券法律制度的宏观构造，笔者拟就相关法律制度进行整体性梳理，以发掘需要进行细化完善的内容。绿色发展理念的实现依赖于绿色产业的发展，而绿色产业的发展又需要有关金融制度的支撑。自《关于构建绿色金融体系的指导意见》(银发〔2016〕228 号)发布以来，绿色金融制度的实践就越来越受到来自社会各界的重视和关注，而我国绿色债券的快速发展使其成了绿色信贷之外最受市场关注的绿色融资工具。鉴于我国债券市场分割的现实情况，公司债券、企业债券与银行间债券市场金融债券、非金融企业债务融资工具在适用具体法律规范、自律准则上具有一定差异。因此，及时把握各类绿色债券监管规则变化，修订完善相关制度是非常必要的。例如，随着 2019 年《证券法》修订的完成，公司债券注册制发行的步伐逐步加快，我国绿色公司债的监管规则、激励措施也应当适时作出对应性调整，以满足注册制改革的现实需要。

由此可见,基于绿色债券品种的复杂性,绿色债券运行中法律适用的挑战主要来自两个方面:一是《证券法》(2019 修订)实施后,隶属于公司债、企业债的绿色债券在一般法律适用的具体规则亟待梳理。例如,《国家发展改革委关于企业债券发行实施注册制有关事项的通知》(发改财金〔2020〕298 号)发布后,企业债券由核准制改为注册制,国家发展和改革委员会(以下简称国家发改委)出具的法律文书已经由原有的核准批复〔1〕转变为注册通知,以适应企业债券注册制改革的现实需要。而银行间债券市场的金融债券、非金融企业债务融资工具在上位法适用上却与前述两种债券存在差异,因此,为保证债券市场的法律制度的统一性,在具体规则上需要相互协调,满足债券注册制改革的客观需要,以推动绿色债券在内的债券市场实现持续、稳定的发展;二是绿色债券特殊监管规则、激励性措施的法治化。市场经济本质上就是法治经济,绿色债券市场的发展也需要依赖专门的法律规则,以满足绿色债券运行的特殊需求,推动绿色债券市场的规范发展。

事实上,自联合国气候变化缔约国召开巴黎大会之后,全球对低碳经济的关注持续升温,我国也将落实发展低碳、绿色经济作为经济转型的重要手段,因此,我国的"十三五"规划纲要中明确将绿色理念作为经济发展、社会转型中需要落实的重要理念。不难发现,这彰显了当前人类社会在环境与资源危机隐现的时代背景下,对工业革命以来的传统经济发展模式的深刻反思。实际上,已经有一些国家和地区的成功经验表明,经济发展与环境保护并非此消彼长的零和博弈关系。〔2〕推动实现绿色发展业已成为国际、国内的共识,探索衡平发展与保护的具体制度规则,发挥包括绿色债券在内的绿色金融制度的功能,并建立和完善与之相对应的法律制度框架实属应有之义。

---

〔1〕 在企业债券注册制实施前后国家发改委出台不同文书的情况差别就呈现出较为明显的对比。例如,《国家发展改革委关于重庆高新区开发投资集团有限公司发行绿色债券核准的批复》(发改企业债券〔2020〕99 号)采用的就是批复的形式;而《国家发展改革委关于达州市国有资产经营管理有限公司发行绿色债券注册的通知》(发改企业债券〔2021〕222 号)采用的就是注册通知的形式。

〔2〕 参见柯坚:《共逐绿色发展之梦:环境合作治理及其法治展开》,载《南京工业大学学报(社会科学版)》2016 年第 1 期。

作为“政府＋市场”二元治理模式的重要组成部分，金融手段是提升生态环境治理整体效能的关键组成部分之一，而绿色债券凭借其在期限、利率和激励措施方面的优越性，在生态环境治理中发挥着越来越重要的作用。在当下我国有序实施生态文明建设战略、践行绿色发展理念的空间治理策略下，绿色经济正逐渐为产业结构调整、经济增长的实现提供新动力。绿色债券也由此获得了快速发展，现已成为支持绿色经济可持续发展的重要融资工具之一。因此，法律必须对绿色债券运行相应问题予以明确回应，以借助具有开放性的环境法系统通过具有倡导性、激励性的规范推动绿色债券的健康发展。[1] 将绿色债券作为促进绿色发展、助力生态文明建设的治理策略，可以有效优化传统环境治理中“命令—控制”型规制手段运用过于频繁造成的弊端，并借助绿色债券等市场机制弥补传统治理工作中存的短板，以最大限度降低环境治理的成本。

## 一、实践动力：碎片化的现实

金融机制有助于疏解生态环境危机，并可以有效推动绿色经济的可持续发展，这正是环境金融法研究的关键价值所在，一言以蔽之，绿色金融制度是推动绿色发展的重要制度安排之一。[2] 因此，为保障绿色发展的目标实现，我国亟须构建并完善绿色信贷、绿色风险投资、绿色股票指数、绿色债券、环境基金、环境污染责任保险等绿色金融制度，并借助法律政策工具完成其体系化的目标。在上述绿色金融工具中，绿色债券因为品种的创新性获得了颇多关注，但是，其也受限于投资主体准入限制、信息不对称和资金流动性不足等问题。同时，我国债券市场仍然处于行政分割状态，全国性的成熟、统一的债券市场迄今为止尚未形成，受限于此种情况的客观制约，我国绿色债券也呈现出市场分割的情况，这客观上导致了制度供给的分散性和碎片化。因此，现阶段绿色债券法律制度在实然状态下散见于国家、地方层面的法律法规、规范性文件和自律规则，这客观上增加了绿色债券市场运行的交易成本。因此，为推动绿色债券的跨越式发展，就必须克服绿色债券运行中制度供给碎片化特征，及时对相

〔1〕 参见吕忠梅：《环境法新视野》(第3版)，中国政法大学出版社2019年版，第82－92页。

〔2〕 参见马骏主编：《构建中国绿色金融体系》，中国金融出版社2017年版，第1页。

关制度进行分类、分层次的体系化梳理。

自2016年起我国就大力推动绿色金融工作的实施，国务院确定的浙江、江西、广东、贵州和新疆作为实验区分别就绿色金融创新进行了大量探索，以期总结地方成熟经验为我国绿色金融发展提供突破口。例如，《新疆维吾尔自治区哈密市、昌吉州和克拉玛依市建设绿色金融改革创新试验区总体方案》(银发〔2017〕155号)〔1〕明确规定新疆需要建立绿色项目库管理制度，出台具体有效的政策措施以推动绿色信贷、绿色债券发行费用、绿色保险保费等的财政贴息和费用补贴的落地，〔2〕由此可见，在合法合规的前提下保障绿色债券补贴是绿色债券运行中必须解决的问题；同时，深圳市也重视为绿色金融发展提供制度支持，其制定了《深圳经济特区绿色金融条例》《深圳市人民政府关于构建绿色金融体系的实施意见》等制度文件，为包括绿色债券在内的绿色金融实践提供制度支撑，特别是重视通过地方立法的方式对包括绿色债券在内的绿色金融实践相关经验予以法治化。

除上述试点省市以外，其他地区也根据实际情况和现实需求开展了贴息等一些必要尝试。但是，上述自上而下的制度建构过程中，存在制度实施的政策性引导过强的问题，这忽略了绿色金融的经济特性，也导致一些地方出现了绿色金融"叫好而不叫座"的尴尬境遇，而这种情况在市场特征表现明显的绿色债券探索过程中尤为常见。债券市场实际上呈现出较强的碎片化特征，交易所市场、银行间市场、柜台市场的债券发行与交易等活动在规范运行、制度供给等方面都存在较大差异，因此，作为特定品种的绿色债券在实际运行中也不得不受制于债券市场碎片化的现实情况，这客观上增加了制度运行的实际成本，同时，也增加了市场参与主体制度套利的可能，这也是在后文论述中拟解决的问题之一。

〔1〕 参见《中国人民银行　发展改革委　财政部　环境保护部　银监会　证监会　保监会关于印发〈新疆维吾尔自治区哈密市、昌吉州和克拉玛依市建设绿色金融改革创新试验区总体方案〉的通知》(银发〔2017〕155号)，载中国人民银行网2017年6月26日，http://www.pbc.gov.cn/goutongjiaoliu/113456/113469/3332945/index.html。

〔2〕 参见郭建伟：《绿色金融改革创新新疆实践》，载《中国金融》2018年第13期。

## 二、理论因应:体系化的追求

体系化是法律制度规范构造的重要目标,但是实际上我国债券市场的行政分割造成了制度层面具体债券规范的碎片化的现象,在绿色债券法律制度领域也是如此。债券市场的分割造成了规范设计上的张力,这客观上增加了债券发行的成本。虽然构建统一的债券市场规则、债券发行交易规则契合大陆法系国家对法律体系化的固有偏好,但是鉴于现行债券市场分割的客观现实和制度惯性的存在,当前阶段将种类繁多、制度复杂的绿色债券法律制度统合为统一的标准、制度,在实施过程中也是颇有难度。因此,笔者认为在当前客观现实制约下,通过部门立法或者部门协调的方式推动绿色债券法律制度的体系化也是一种可供参考的方法。这需要在梳理现有制度规范体系的基础上发掘现有规范制度的冲突点、空白点,并结合当前绿色债券发展的实际需求给出具体、可操作的解决方案,以期有效指导后续绿色债券实践活动的开展。

从当前我国绿色债券法律制度建设的实践情况可以看出,绿色债券领域是透视软法与硬法转化、法律与政策互动的绝佳窗口,可以根据绿色债券运行实践情况的观察为后续绿色金融相关制度探索和优化提供必要的实践和理论支持,这正是绿色债券框架体系梳理的重要实践和理论意义。例如,建立公平、透明、高效的绿色债券运行激励措施是绿色债券法律制度框架建构中的重点,同时,在绿色基金、绿色信贷和绿色保险领域的激励政策也是必须探讨的一项制度安排,因此,对绿色债券激励制度法治化思路的构建可以有效探索法律与政策的互动关系,并从实践层面寻求法律激励功能发挥的合理路径,这不仅可以给后续绿色金融整体性制度优化提供重要支撑,还可以为探讨法律激励功能发挥、法律与政策关系等法理学上的重要问题提供实践素材。

## 三、研究目的:规范化的建构

绿色债券法律制度的相关研究需要把握绿色债券相较于一般债券运行适用时法律、自律规范的特殊性,并重视一般规制和特殊规制的有效互动。因此,首先需要从规范适用层面对现有制度规范进行把握,并通过价值衡量检视现有绿色债券发行制度的得失,在此基础之上对绿色债券运行具体规则完善提供建议。特别是总结在《关于构建绿色金融体系的指导意见》印发后，浙江、江西、广东、贵州、新疆5省(自治区)等试验地区有关政策规范中的有益经验，探讨政策法律化的空间和可能。鉴于此，该研究主要有实践和理论层面的意义：一是通过对制度系统梳理，提出系统化、规范化的制度优化建议，以期有效指导绿色债券的具体实践，推动绿色金融发展，并为实现可持续发展提供制度支持。二是以绿色债券政策规范为样本，探讨试验性立法情境，解释实践、政策、法律三者之间的互动机理，为社会经济、生态环保等领域立法原理、立法技术的运用和把握提供可供参考的制度优化样本，特别是为相关绿色金融政策、环境经济政策的立法转化提供现实可行的参考样本。三是推动并保障作为领域法的经济法和环境法在原则、理念乃至规范层面的互动和沟通，以期发挥法律的激励功能，并为“生态环境法典”经济激励条款设置进行初步探索，完成法律完善的相关阶段性任务。

综上所述，梳理、统合现行法律政策中分散化的规制以实现绿色债券统一的激励功能是研究选题的主要目的。在实践运用层面和理论层面，对绿色债券相关法律问题进行识别，并对涉及绿色债券的具体法律制度进行探讨是推动绿色债券法律制度框架实现系统性完善时需要回应的首要问题，也是本论文研究的最终目标。因此，笔者拟通过对相应理论研究、实践成果的反复梳理和调试，为我国绿色债券运行过程中需要回应的具体问题提供初步解答，并希望以此为基础增强对法律激励功能、软法理论和法政策学等相关理论问题的宏观认识，为后续有关研究工作的开展奠定基础。

## 第二节　国内外实践与研究现状

虽然绿色金融概念自2016年进入政策制定视野后，其发展的时间仅有6年左右，而作为其中重要创新的绿色债券开展相关实践的时间也更是仅有数年，但是绿色债券在交易所市场和银行间市场的运行实践也已经积累了一定的经验。需要认识到，关于绿色债券的制度研究和运行实践呈现出相互促进、相互影响的关系，因此，对现有实践活动进行梳理对后续制度建设具有非常重要的作用。因此，笔者认为在研究绿色债券法律制度时,既需要关注我国绿色债券运行的具体案例和具体规范,还需要把握世界范围绿色金融、绿色债券相关业务开展、制度建设和理论研究的情况,以期较为全面地把握全球范围内绿色债券运行的态势,为绿色债券法律制度的系统化梳理提供基础。

## 一、国内实践与研究现状综述

目前,我国绿色债券法律制度主要依靠自上而下的政策推动,缺乏对现行规则的系统化整合。而从法秩序的角度来看,相关规范既缺乏立法论视角下软法与硬法、政策与法律间互动的实现,又缺乏解释论视域下有关制度、规则的衔接和分类。因此,为了解我国绿色债券的发展情况,笔者以中国知网刊发的文章为分析重点,参考网络上涉及债券、绿色金融和绿色债券的公开报道,拟以"债券法律制度""绿色金融""绿色债券"等为主题,采用文献计量的方法,研究我国绿色债券法律制度的具体实践及有关研究成果,把握相关制度的研究态势,以期为我国绿色债券法律制度的具体完善提供参照。

第一,关于债券法律制度的国内实践和研究现状。笔者利用《中国期刊全文数据库》(以下简称 CNKI),通过"债券""债券法律"等相关主题检索相关文献资料发现,涉及"发行人"主题的文献为 53 篇,涉及"公司债券"主题的文献为 34 篇,而涉及"企业债券"主题的文献为 20 篇,同时,为了回应 2019 年《证券法》修订的现实需要,涉及"《证券法》"主题的文献为 20 篇,由此可见涉及债券法律制度相关的研究比较分散,以法律制度为核心观察绿色债券实施的研究仍然存在一定不足,对债券法律制度研究的整体上缺乏系统性、整体性的认识,这对绿色债券运行中一般性制度安排的整体把握构成了限制。例如,陈怡西以中小企业集合债券为研究对象,对此类债券存在的监管漏洞进行了剖析,并以健全信息披露法律制度为核心,提出四项具体建议以完善相关制度建构;[1] 冯果提出我国债券市场主体架构虽然已经建立,但是,仍然存在投资者风险意识偏弱、市场监管不足、债券固有功能不突出等现实问题,因此,需要以培育相关主体为目标,并对交易主体、监管主体和中介主体三类不同主体提出了

---

〔1〕 参见陈怡西:《中小企业集合债券信息披露法律问题探析》,载《法律适用》2015 年第 6 期。

适应其实质定位的法制变革路径;[1]常健等以区块链等数字技术的发展为背景,提出基于区块链作为“信用的机器”的相关属性,推动了商事信用动态评价的设想,并在监管规则、协调规则等方面提出了具体的法治建议。[2] 考察现有研究可知,相关制度研究成果较多地集中在债券信用评级法律监管、债券发行人信义义务等方面的局部研究,而从债券的发行、承销、托管、交易与结算全流程角度对债券市场相关主体、相关活动进行整体梳理的法学研究并不多见。虽然现有债券法律制度研究的整体性仍有不足,但是,针对债券相关法律制度的细节研究仍然可以在不同层面为笔者对绿色债券相关法律制度的系统性建构提供支撑。

第二,关于绿色金融的国内实践和研究现状。从实践情况来看,2015年《生态文明体制改革总体方案》首次从中央政策层面明确了发展绿色金融的战略布局,并提出建立绿色金融体系的具体要求;2016年《国民经济和社会发展第十三个五年规划纲要》也强调加快构建包括绿色信贷、绿色债券和绿色基金等在内的绿色综合金融服务体系的目标,并强调了包括绿色债券在内的绿色金融工具在引导社会资本推动绿色经济发展,保障资金向生态环境领域倾斜的重要功能。以上中央政策表明了在我国建立绿色债券法律制度体系的客观必要性。从专著研究情况来看,较有启发意义的主要体现在如下研究:朱家贤在《环境金融法研究》一书中指出需要将环境金融作为环境治理的市场化手段,并从金融产品的分类对环境金融法的框架、制度进行了初步设计,其中对环境金融法实施中企业自律方面的探讨尤为值得借鉴;王小江的专著《绿色金融关系论》描述经济、社会、环境和金融的关系,对绿色金融的实践认识具有较强意义。而在学术论文方面,笔者对2000~2019年绿色金融、绿色债券相关国内研究做了初步分析,利用中国知网的数据统计对有关文献研究做了分析,其中绿色金融为1821篇(占41.19%),绿色债券为637篇(占14.41%)。国内关于绿色金融最早的研究是1995年《中国环境管理》上刊发的胥刚

[1] 参见冯果:《债券市场的主体培育:目标、进路与法制变革》,载《政法论丛》2018年第3期。

[2] 参见常健、罗伟恒:《我国公司债券发行引入区块链技术的法律因应》,载《江苏社会科学》2019年第2期。

所著《论绿色金融——环境保护与金融导向新论》一文，该文中提及的税收优惠政策、环保基金专户等设想，初步回答了对绿色金融的制度设计的有关问题。时至今日，仍有一定的参考意义，但是目前看来，其研究也缺少了法治原则的思考，没有结合法律制度给予较为系统的解决方案。其他学者对绿色金融有关问题也进行了一定的研究和论述。其中，禄正平所论述的"政策性金融债券"的有关理念，恰恰可以为我国绿色债券发展提供极强的参考。崔军林最早从法律视角，提出了"绿色金融法"及其价值取向的有关论述。马骏以《论构建中国绿色金融体系》[1]为题，从投资回报率、绿色消费等角度对该问题进行分析，为制度的建构提供了支撑。洪艳蓉对中国绿色公司债券的制度挑战进行了反思，针对绿色债券运作机制的国际规则与启示进行了研究和思考，并立足国际实践经验提出了改进建议。王靖国以《绿色金融新理念与新实践》梳理了自2016年中国人民银行、财政部等七部门联合发布《关于构建绿色金融体系的指导意见》以来，新疆在国家层面制度基础上对绿色金融的产品布局、重点领域和激励措施的细化和完善，研究中以发行绿色城镇化债券为案例，分析了绿色债券在城市综合管廊建设、大气治理和清洁交通等方面的重要作用，特别是对政府在绿色金融的引导作用做了详细论述，认为借助领域立法、实施细则完善和政策支持体系完善等方法可以助力绿色金融市场规模扩大，推动经济绿色转型的步伐。李妙然、樊珍娜借助 CiteSpace 对 2000～2019 年以"绿色金融"为主题的中文核心期刊和 CSSCI 文献进行了整理，并从时间、作者、发文机构、热点演化路径等进行了分析，[2]为我们从宏观上把握绿色金融发展变化提供支持。

绿色金融是保护生态环境的积极手段，也是环保产业发展、产业绿色转型的重要支撑力量，因此，相关研究十分关注通过信贷、证券、保险等金融手段调节企业发展模式，实现绿色发展，并尝试给出理论上的解释。例如，剧宇宏就从国内外立法两个不同的维度对绿色金融法律制度的整体

---

〔1〕 参见马骏：《论构建中国绿色金融体系》，载《金融论坛》2015 年第 5 期。

〔2〕 参见李妙然、樊珍娜：《我国绿色金融研究回顾与展望——基于 CiteSpace 的可视化分析》，载《金融发展研究》2020 年第 8 期。

情况进行分析,并基于比较给出了完善我国绿色金融法律制度的具体路径。具体来说,建议主要包括三个方面的内容,分别是绿色政策银行法、绿色信贷法律制度、绿色融资法律制度,同时,还对绿色融资制度进行了细化阐述,以期更加精细地剖析绿色金融制度的立法路径。张红则对绿色金融可能涉及的制度做了更加详细的阐释,其同样从绿色金融产品的类别出发对绿色信贷制度、绿色证券制度、绿色保险制度的建立、优化和完善提出了针对性的建议,最后,其对绿色金融的宏观政策立法路径进行了讨论,提出借助地方立法试验推动绿色金融政策法律化,进而完善我国环境经济立法的思路。范少虹指出,目前我国绿色金融法律保障体系还有待进一步完善,需要注重软法与硬法的有效沟通与协调,并加强示范性立法、管理型立法与促进型立法的衔接互动,并关注限制性规范与鼓励性规范具体功能的发挥;同时,除了对实然结构与应然选择做相应分析,为增强制度整体的可操作性,其还对诸如建立贷款项目的环境和社会影响的分类标准和评估制度、环境评审制度、环境责任保险制度等提出了具体建议。马莉同样也以绿色信贷、绿色证券、绿色保险等绿色金融实践为出发点,提出更加细致的操作性方案,包括银行业应当建立健全绿色信贷体系,并对企业环保数据进行分类分级管理;健全绿色证券制度,推动绿色基金的发展;保险业应当建立健全强制环责险制度,并拓宽绿色保险的适用范围等。秦芳菊从体系化实践需求的角度出发,对绿色金融的法律规制研究进行了整体探讨,其中涉及市场主导下绿色证券法律体系构建的相关论述,[1]同时还从绿色证券的功能分析出发,对绿色债券的本土勃兴做了初步讨论。黄雅芳对绿色金融市场上中介机构的法律责任特殊性进行了分类探讨和说明,对绿色债券市场相关主体的行为规制和权责配置都具有一定参考意义。

基于上述对中国知网相关统计数据的分析,以“绿色金融”为主题的研究成果主要有三个方面的趋势值得我们关注:一是绿色金融相关研究自 2016 年起开始受到关注。随着生态文明理念的逐步确认和实践经验

---

〔1〕 参见秦芳菊:《绿色金融的法律规制研究》,吉林大学 2020 年博士学位论文,第 29 页。

的日渐丰富,借助金融手段推动产业生态化转型和绿色产业发展的现实诉求也日益强烈,这与绿色金融政策推动的特征也比较一致。二是研究的视域主要集中在经济学领域。大部分的研究主要集中在对绿色金融发展现实状况的描述和分析,并倾向于提出针对性解决方案,从法律视域下对解决方法的法治化考虑不足。三是研究过程中对绿色金融制度进行整体性的讨论过多,对具体金融产品的讨论分析存在一定不足,特别是对具体制度供给的分析比较薄弱,而由于债券市场分割的现实情况,对绿色债券相关制度供给讨论就更加不足了。

第三,关于绿色债券的国内实践和研究现状。为更为清晰、全面地把握我国绿色债券法律制度实践和研究现状,笔者仍以 CNKI 作为文献计量的数据源,以篇名作为主题词对我国“绿色债券”相关研究进行了分析和整理。结果表明,截至 2021 年 9 月,CNKI 中以“绿色债券”为主题的研究成果共计 2432 项,其中学术期刊论文 1585 篇(包括核心期刊 308 篇),学位论文 304 篇。其中,对绿色债券法律制度研究多集中于监管领域的探讨,且硕士学位论文较多。笔者借助中国知网的可视化分析工具对北大核心期刊发表文献的关键词贡献网络进行了分析,将出现频次设置为 10,共现频次设置为 5。结果表明,“绿色发展”的共现频率最高,为 59 次;另外,“金融机构”的共现频率为 51 次、“绿色债券”的共现频率为 44 次、“绿色投资”的共现频率为 41 次、“债券发行”的共现频率为 38 次、“信息披露”的共现频率为 21 次、“人民银行”的共现频率为 18 次、“绿色保险”的共现频率为 15 次、“绿色信贷”的共现频率为 12 次。这些关键词有助于我们从制度系统的整体性理解绿色债券应当关注的内容。

此外,笔者还对作者合作网络进行了分析,以期关注主要研究机构、重要研究者的研究动向。笔者借助中国知网的可视化分析工具对北大核心期刊发表文献的关键词共现网络进行了分析,将共现频次设置为 2,合作频次设置为 0。结果表明,安国俊、王文、鲁政委、杜莉、郑联盛等在相关领域有较多成果,上述学者主要研究方向是经济学、管理学,这与我国当前绿色债券相关研究主要集中于经济学、管理学相关研究的情况是一致的。

综上所述,相关文献的研究主要集中在两种类型的主题进行讨论:一是开展绿色债券案例研究。例如,刘昊宁重点关注格林美的绿色债券发行,李莹探讨了南昌轨道交通发行的绿色中期票据,徐昶则讨论了交通银行发行绿色债券的相关实践,当然,这些研究中都初步涉及了一些法律问题的探讨。二是对绿色债券发行、监管等法律问题进行讨论。例如,李青对我国绿色债券监管进行了讨论,关注到了多头监管的漏洞、信息披露标准不统一等问题,郑心仪讨论了绿色债券发行中准入、监管、信息披露和第三方认证等方面的问题。总的来说,现有研究成果总体上对绿色债券运行过程中的相关问题进行了初步探讨,对我国绿色债券市场的规模、运行和制度进行了总体性把握,有利于后续对我国绿色债券市场整体认识的强化。

**二、国外实践与研究现状综述**

域外国家绿色债券运行实践是绿色金融制度的重要组成部分,可以为我国绿色债券法律制度的宏观设计提供重要参照,因而域外绿色债券运行实践具有非常重要的实践价值。从软法层面的制度建设来看,国际资本市场协会于 2014 年发布、最新修订于 2021 年的《绿色债券原则》(Green Bond Principles,GBP)和气候债券倡议组织于 2011 年发布、最新修订于 2023 年的《气候债券标准》(Climate Bonds Standard,CBS)两大标准对全球绿色债券发行等活动具有重要的指引意义。同时,鉴于绿色债券运行过程中需要面对大量制度规范,因此,绿色债券法律制度框架的考察也应当从更加多元化、多维度的角度出发,需要从理论、实践等不同视角对当前不同国家和地区的绿色债券运行实践进行考察,总结有益的具体经验,以期为我国绿色债券法律制度的建设提供指引。从实践层面来看,全球范围内绿色债券运行的具体实践经验积累和研究正日益丰富,其中,不同国家或者地区积累的经验都可以从不同层面为我国绿色债券法律制度框架的优化完善提供参考,由于后文域外镜鉴的部分将就相关绿色债券运行的域外实践进行详细剖析,在此不再予以赘述。本处主要对相关理论研究成果进行讨论,主要包括如下三个部分的内容。

第一,绿色金融政策理论研究的相关进展。与我国绿色金融的实践情况相比,欧美等地区的绿色金融实践起步较早,经过综合整理分析,笔者发现目前国外关于绿色金融的研究聚焦于以下几个面向。一是关于绿色金融概念和定位的研究。虽然国外很早就开始关注绿色金融实践情况,并对其进行了相关研究,但是,绿色金融的概念尚未取得统一意见。Mark A. White 曾率先提出“环境金融”的概念,[1] Eric Cowan 也对此作了讨论,他将绿色金融定义为金融和环境学的交叉学科,并认为其功能是为绿色经济发展提供资金。在他的研究中,绿色金融是环境经济的重要组成部分之一,其目标是发挥金融工具在生态环境保护中的作用,并将其作为实现可持续发展的重要制度安排。Sonia Labatt 等认为,绿色金融构成的金融产品体系需要以市场为基础,这也有助于提高生态环境质量并降低环境风险。他认为,有效可行的绿色金融产品必须建立在竞争市场的基础上,同时,还必须关注该产品在降低环境风险和改善生态环境质量中的具体作用。二是关于传统绿色金融产品创新的研究。传统金融产品在推动绿色经济发展中动力不足,这客观上为绿色金融产品创新提供了重大机遇。为推动绿色金融实践的纵深发展,金融机构不仅需要在经营活动中将生态环境因素纳入评估标准,还要重视绿色信贷、绿色保险、排污权交易等方面的创新,以期在降低环境风险并获取更多的利润的同时,让社会公众也可以通过绿色金融产品获益。需要强调的是,在此过程中建构结构完善、规则清晰的制度框架是推动绿色金融发展的重要条件之一,风险预防是在具体投资项目进行评估时必须考虑的重要因素,相关理念已经成为金融机构发展绿色金融业务必须遵循的重要原则。早在 20 世纪 90 年代初期,美国银行业联合会对会员机构的调查数据就显示,在具体项目审批时,有 45.2% 的银行因为贷款项目本身存在较大环境风险而主动终止了贷款的发放;52.5% 的银行主动修正贷款制度以避免因存在较大环境风险的项目融资而造成的经营风险,由此可见,对绿色金融具体产品创新的研究也需要关注具体金融机构自身的合规建设和软法功能的发挥。为满足相关研究的现实需要,Eric Cowan 尝试提出绿色金融的规范定义,并具体分析了金融机构经营活动中存在的环境风险,同时,还

---

〔1〕 See Mark A. White, *Environmental Finance: Value and Risk in an Age of Ecology*, Business Strategy Review, Vol. 5:3, p. 198 - 206(1996).

对环境风险管理制度建构提出诸多针对性、建设性的设想。三是关于碳金融的研究。碳金融市场的相关研究是绿色金融市场研究中最具有特质的组成部分,早在20世纪末欧美等发达经济体就初步形成了较为成熟的碳金融市场,因此,国外的经济、管理和法学领域的相关学者在碳金融方面也积累了较多的研究成果。Sonia Labatt 在专著《碳金融》中就详细阐述了完善碳金融市场在推动气候变化治理实际效果中的特殊重要性。他认为,传统的粗放型发展模式必然会对生态环境治理造成挑战,而碳金融可以通过影响资金流向和资金分配的方式,实现减少温室气体排放、改善全球气候的功能,同时,还可以为经济发展提供新的增长点,这论证了碳金融在全球气候治理中的重要功能。

第二,债券相关理论研究的相关进展。域外国家和地区对债券的研究主要集中在经济学和管理学领域,而在法学方面的研究相对比较匮乏。从对我国的影响力来看,专著形式的研究成果对我国债券领域的研究产生的影响力最大。例如,美国学者安东尼·克里森兹(Anthony Crescenzi)的专著《债券投资策略》从美国国债、公司债、市政债等不同类型的债券投资策略进行了讨论,其从主体对债券进行分类的思路对认识绿色债券市场制度安排具有参考意义。弗兰克·J. 法博齐在《债券市场》中对固定收益的债券投资策略进行了分析,其中对债券的概念和分类等基础知识做了比较全面的论述,有利于读者全面把握绿色债券运行中的基础概念。罗伯特·齐普夫的《市政债券运作》对市政债券的运作机制进行了细致的研究,其涉及市政证券合同和相关条款、市政债券市场、市政债券监管、市政债券评级、市政债券共同基金、市政债券保险等相关方面的阐释,这对纵览市政债券市场的宏观架构大有裨益,也对地方政府绿色债券的认识有所贡献。布莱·甘吉林的《公司信用分析基础》对债券发行人所处国家和行业风险评估、竞争环境、财务状况和战略等要素分析提供了可供参考的具体框架,并结合相关案例对信用债的评估进行了展开论述,这对公司债券的信用评级具有非常重要的指引作用。上述相关研究对我国相关企业债、专项债市场的探索具有重要参考意义,对我国绿色债券市场的发展和相关制度建构也具有重要的参考价值,因此,在后续研究工作中有必要关注此类域外研究相关成果,并对其进行及时性跟踪。

第三,绿色债券理论研究的相关进展。对绿色债券法律制度的研究的重点是监管制度,即对绿色债券监管制度的整体安排进行关注和探讨。现有绿色债券法律制度相关的中文研究主要是近年完成的学位论文,而这些研究成果集中于对绿色债券监管制度的关注,但对激励、交易等其他内容关注有所不足。因此,为把握域外相关研究动态,笔者以"green bond"为主题,借助 Web of Science、百度学术等数据库和搜索引擎查阅了相关研究成果,结果表明关于绿色债券的研究更多涉及软法和案例等相关方面的讨论。例如,Immel Moritz 等从经济学的研究视角出发发现 ESG 信息披露对绿色债券发行规模的扩大具有积极影响。〔1〕克里斯蒂安·埃利奥特、张乐因等分析了中国绿色债券市场迅速发展的重要因素,他们认为,我国绿色债券市场的高速发展主要受益于政策制定者和跨国组织深入合作这一关键要素,因此可通过达成共识、协调试验和分布式监测与评估,推动我国绿色债券市场政策的创新与推广。〔2〕Reboredo Juan C. 对绿色债券的价格溢出效应进行了分析,结果表明绿色债券市场与公司和国债市场耦合。Helvia Velloso、Thomas Játiva 等以案例分析的方式对拉丁美洲和加勒比海地区的绿色债券融资方式进行了讨论,展示了绿色债券在国际债券市场和当地债券市场的发展。〔3〕相关研究成果对绿色债券的具体制度安排、实施和问题等都进行了关注,由于关注的问题都偏向细节,因此,这些研究可以为我国绿色债券相关制度的建设提供一定参考。

## 三、实践与文献述评

借助中国知网、爱思唯尔等专业数据库、图书馆纸质资料和网络新闻报道等多方面、多渠道收集的资料,笔者初步对国内外实践和文献研究中

---

〔1〕 See Immel Moritz et al. , *Green Bonds: Shades of Green and Brown*, Journal of Asset Management, Vol. 22:2, p. 96 – 109 (2021).

〔2〕 参见[英]克里斯蒂安·埃利奥特、张乐因等:《中国绿色债券市场发展中的跨国治理》,载《国外社会科学》2019 年第 5 期。

〔3〕 See Helvia Velloso & Thomas Játiva, *The Rise of Green Bonds: Financing for Development in Latin America and the Caribbean*, Repositorio Digital (Oct. 15, 2017), https://repositorio.cepal.org/bitstream/handle/11362/42230/S1700985_en.pdf;jsessionid=09570173D1B4597F58EEF0AB9DC6BF69?sequence=1.

涉及绿色债券的相关内容进行了整理汇总。经过对相关文献资料的分析后,笔者发现目前绿色债券实践发展和理论研究总体呈现出以下特点。

第一,绿色债券实践发展较快,但是,其中涉及法学的理论研究却相对滞后。笔者利用中国知网查阅的相关数据表明,目前为绿色债券发展提供支撑的法学研究相对而言有所不足;而在绿色债券发行、交易等活动中涉及大量相对具体的制度安排,从总体上把握具体规则的运行是非常必要的,但是,国内对债券的研究主要集中在公司债券、企业债券的研究,研究的方法和视角大多是借助经济学、管理学方法展开,因此,目前对整体制度供给的系统梳理还存在一定不足。法学尤为注重概念的类型化解释,通过对相关研究的整理不难发现,我国对绿色债券法律制度类型化的探讨处在相对滞后的状态。但是,参考安东尼·克里森兹(Anthony Crescenzi)在《债券投资策略》中对美国国债、公司债、市政债进行分类,并相应提出优化投资策略的思路来看,对债券的类型化分类关系到制度的完善和投资思路的优化,因此,有必要发挥法学在概念类型化探讨中的特殊优势,及时开展相关研究。虽然当前国内相关研究的法学视角研究不足,但是国内学者在进行案例研究时,也提出了一些可供参考的具体建议,这可以为本书绿色债券类型化探索和整体制度建构完善提供重要参考。

第二,在注册制改革背景下,不同类型绿色债券法律制度建构的整体性、及时性回应缺失。随着《证券法》的修订,我国正在稳步推进证券发行领域的注册制改革,因此,在绿色债券运行中亟待建立起相关制度对注册制改革予以专门回应。特别是在企业债、地方政府债等与公司债发行存在一定差异的领域,需要整合证券发行制度,落实有关注册制改革的相关要求,以保证债券发行秩序,提升债券发行效率。虽然由于监管机构、发行场所的不同,我国债券市场目前仍存在市场分割的情况,但是结合现有实践对绿色债券注册发行制的实施情况进行梳理仍然具有很大的价值。因此,绿色债券法律制度研究有必要结合现行债券注册制改革工作的开展情况适时开展针对性研究,增强研究对实践的参考价值。

第三,缺乏从环境治理整体性、法律供给系统性维度对包括绿色债券在内的绿色金融制度的宏观把握。从逻辑脉络上来看,绿色债券是绿色金融的一个分支,其应当是环境经济政策的重要组成部分,同时,也是环境治理体系必不可少的内容。因此,绿色债券法律制度的梳理需要从制度架构的整体性、系统性要求出发,整体把握相关制度结构功能,关注相关制度的衔接以提升制度运行的整体效能。通过对相关文献的梳理分析可以发现,目前研究缺乏对绿色债券发行、交易等活动中涉及评估认证、信息披露等相关制度的系统化、体系化回应,特别是缺乏硬法和软法的功能性协调和整体性互动等方面问题的探索。

第四,缺少对配套制度的整体性关注。绿色债券市场的发展和成熟需要依赖信用评级、评估认证、激励措施、信息披露、公募基金支持、投资者保护等相关制度的整体性安排提供支撑,并形成绿色债券运行整套制度保障。但是正如后文整体性梳理所得出的结论所述,通过对相关研究成果的分析不难发现,目前我国绿色债券运行相关配套制度呈现出明显的碎片化特质,这难以支撑绿色债券整体效能的发挥,因此后续研究亟待对相关制度框架进行整体性梳理,通过针对性、系统性安排来回应绿色债券发展的现实需要。同时,基于对有关文献的分析可以得知,从制度规范群的角度考虑,相关制度在规制设置、适用逻辑和完善路径上仍然存在较多尚待完善的内容,因此,需要在先一步研究中从现实需求出发对制度规范群进行类型化讨论,以厘清绿色债券法律制度运行的现实脉络,为后续法律制度体系化梳理奠定基础。

## 第三节 研究思路、研究方法与研究创新

笔者拟从绿色债券及相关概念的厘清出发对绿色债券进行类型化区分,在此基础上从动态和静态两个角度对我国绿色债券实践运行的具体情况进行把握,以期初步确定后续研究拟采用的思路和方法,并结合域外经验对我国现行相关制度的优化完善提出具体建议。本书拟从法律与政策的互动、软法功能的发挥等视角入手剖析绿色债券运行实践活动,探寻选题研究成果可能产生的具体创新点,以期有效指引我国绿色债券运行过程中关涉法律制度的调整和完善,最终为绿色债券运行的整体性制度安排提供有益参考。

## 一、研究思路与技术线路图

笔者拟从绿色债券运行的实际情况出发，以绿色债券及其关涉概念的阐释为起点，对绿色债券运行过程进行全面的检视和研究。通过对中国知网等数据库收集的相关文献进行分析、发掘可以得知，当前我国绿色债券的相关学术研究主要集中在经济学领域，而相关法律方面的研究多是对绿色金融制度安排的整体探讨，具体对绿色债券相关法律制度的研究却显得比较薄弱，这对整体理解绿色债券的实际价值会造成一定阻滞。因此，基于发现问题、分析问题到解决问题的整体思路，笔者认为有必要从现实需求出发，整合临近学科中关于绿色债券研究成果和绿色金融法律制度研究成果的亮点，并从现有研究基础上抽象、整合我国绿色债券运行中的具体制度规范，以期建构起相对严密、有效的绿色债券法律制度体系，深化对我国绿色债券运行相关法律制度的认识和把握（见图 1.1）。

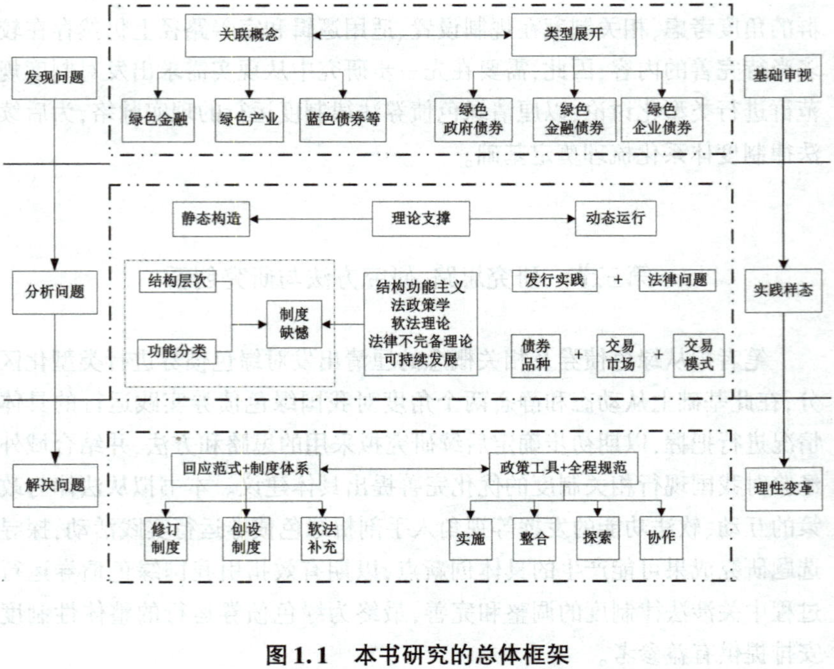


**图 1.1　本书研究的总体框架**

## 二、研究方法

在研究方法上，笔者拟采用案例分析法、文献分析法、文本分析法等多种方法从不同视角、不同维度、不同层次对绿色债券法律制度的实然情况进行整体性梳理，以期对研究主题进行全面、有效的分析，并在此基础上对绿色债券法律制度的系统性优化和完善提出更多有效的制度建议。其中，文献资料以各类各级图书馆的馆藏纸质专著、CNKI、斯普林格等数据库获取的电子期刊文献等为主要来源，分析所用的案例主要来源为中国债券信息网、巨潮资讯、上海清算所等信息披露平台公开的相关信息和北大法宝等数据库检索到的法律法规、规范性文件。利用前述相关研究方法，笔者拟从案例实证和制度框架两大维度出发，对绿色债券法律制度建构与实践运行进行较为全面的分析和梳理，以更为全面、宏观地把握我国绿色债券实施过程中的具体情况和亟待解决的现实问题。

## 三、研究创新

从全球范围来看，从 2008 年至 2024 年，绿色债券运行时间也不过十余年，而我国自《关于构建绿色金融体系的指导意见》（银发〔2016〕228 号）发布以来，在政策引导下才开始进行绿色债券发行等活动的实践尝试，发行了绿色金融债券、绿色公司债券、绿色企业债券等不同种类的绿色债券，并初步建立了一些配套制度，这表明无论是在实践中还是制度建设上，我国绿色债券都取得了初步进展。但是，如果对相关制度安排进行总体观察，不难发现相关制度设计仍比较粗糙，有进一步细化和完善的现实需要；且在绿色金融领域如何协调法律与政策之间的关系属于尚待解决的重要问题，在绿色债券法律制度建构中该问题也未得到妥善解决。因此，有鉴于对绿色债券法律制度研究的关注，笔者认为本书主要的研究创新点主要如下。

第一，在秉持有限理性的制度实践前提下，提出绿色债券法律制度分时间、渐进式立法的时间线路图。当前我国虽然针对绿色债券运行的现实需要设计了一些制度，但是，这些制度多是由不同监管主体基于具体绿色债券品种运行的现实需要设计的，因此，相关规制呈现出较强的碎片化特点，难以满足绿色债券法律制度体系化的具体目标。但是，鉴于现行制度已经运行了相当长的时间，为降低后续制度设计成本，需要寻求绿色债券法律规范体系化的方法和策略，以期增强法律制度的整体性和可操作性，推动绿色债券法律制度的优化和完善，为绿色债券发展提供支撑。

第二，以绿色债券市场运行法律制度研究作为样本，讨论包括软法在内的广义上法律运行的体制机制。在绿色债券实际运行中，交易所自律规则、中国人民银行等监管主体制定的规范性文件等发挥着重要作用，因此需要借助法政策、软法等理论进行剖析，例如，可以对绿色债券运行中激励性政策法治化的原理、技术和具体实践进行分析，以期清晰厘定在法律与政策在发行、交易、评估和激励等运行实践中复杂的互动关系，终为不同类型绿色债券运行实践活动提供坚实的制度支撑，同时，还可以以此为基础凝练法律与政策互动的关键要素，为经济、环境领域试验性立法工作、政策法律化提供可供参考的框架。

第三，从法律的激励功能出发，探讨部门立法对绿色债券运行的激励作用。梳理现行环境资源保护立法中激励性条款的运行机制和运行模式，可以从一般性的角度探讨制度激励的必要性和可行性。笔者认为，由此可以理解实然层面激励规则的运行模式，这可以为绿色债券运行中激励规则的体系化安排提供支撑。鉴于相关分析，笔者认为可以通过《环境保护法》《预算法》等相关法规的体系性梳理和包裹修订为激励规则的实施提供法律层面的基础依据，以保证绿色债券激励制度的功能发挥。

在后文的论述中，笔者拟通过绿色债券法律制度的研究来探讨上述相关问题，积极尝试借助不同理论对其制度安排的应然构造进行分析和解答，以期初步对我国绿色债券市场中的相关法律制度进行较为系统的梳理，并有效给出相对具有操作性的整体优化方案。因此，笔者拟从现实情况出发结合绿色债券市场发展的实际情况给出一些参考答案，为后续研究的开展和具体内容的展开提供支持，特别是为绿色金融法律制度的剖析提供方法和内容上的有益参考。

# 第二章　绿色债券的概念阐释与类型化展开

概念是反映事物本质属性的语词，也是进行判断、推理与论证的基础，〔1〕由此可见，在制度建构中对概念进行准确把握的必要性，而法律概念的界定对实然制度的观察和应然制度的建构也都具有重要意义。同时，对法律概念的把握也绝非易事，因为现代法律概念建构不但需要关注形式逻辑的合理性，还需要关注语境、主体间性、正当性等相关要素。〔2〕由于“定义是以人们的感情和观念为基础的”，故单纯进行词源考察难以获得全面信息，而对概念的准确理解还需要以实践为基础，因此，绿色债券概念的理解需要建立在对绿色债券市场的了解和相关概念的认知基础之上。为切实把握绿色债券发行的具体脉络，需要对各类绿色债券运行中面临的相关问题进行分析，并借此深化对关涉概念的具体认识，以期为后续法律制度完善工作奠定基础。

## 第一节　绿色债券及关联概念的剖析

美国学者波赫南认为概念包括“民俗的”和“分析的”两种不同类型，〔3〕而“绿色债券”的概念就是典型的“分析的”概念，因此，从语义学、

---

〔1〕　参见金岳霖主编：《形式逻辑》，人民出版社 2006 年版，第 22 页。

〔2〕　参见聂长建：《法律语用推理的三元维度研究》，载《政法论丛》2019 年第 5 期。

〔3〕　参见王涌：《私权的分析与建构：民法的分析法学基础》，北京大学出版社 2019 年版，第 1－2 页。

构词学的角度观察，绿色债券从字面理解是由“绿色 + 债券”两个部分共同构成的偏正结构词组，这也体现了制度构建中需要把握的两项本质性要求。为把握该概念的一般性和特殊性要求，需要从债券、绿色金融和绿色经济等有关概念出发对绿色债券的边界和内涵进行理解。由此看来，绿色债券概念的认识是以相关概念的理解为基础，下文将对相关概念进行分析，以期从整体上理解把握绿色债券及其相关概念的总体情况。

### 一、上位概念的把握：绿色金融与债券

对绿色债券概念演进历史的准确把握需要从理解种属概念的关系出发，这可以有效理解绿色债券与相关概念之间的互动关系，因此，从现有逻辑层面来看，具体实践中尤其需要廓清“绿色金融”和“债券”两个相关概念的适用范围，并梳理相关概念在绿色金融制度适用中的具体位阶，这样才有可能为后续的制度完善提供支撑。

第一，关于绿色金融及相关概念的梳理。绿色金融是贯彻绿色发展理念，推动生态文明建设和经济文明建设耦合并进的重要模式，廓清“绿色金融”概念的内涵和外延将有助于清晰把握绿色债券推进实施过程中的重要金融产品的相互关系，为进一步厘定相关制度适用的空间范围奠定基础。而从该概念的发展脉络来看，二十国集团（G20）于 2016 年首次将绿色金融纳入议程，并对绿色金融进行了广义上的定义，指出绿色金融是一切可以为可持续发展提供支持的投融资活动，具体来说，除了最具特色的气候融资，还包含为实现更广泛生态环境目标而开展的投融资活动。具体来说，包括预防或者减少空气、水和土壤等环境要素的污染，提高自然资源使用效率，推动生物多样性保护等三种情形。此外，为回应风险治理的现实需要，绿色金融还关注整个金融体系对环境风险的有效管理。除此之外，由于对绿色金融实践的理解不同，不同国家对其概念界定略有差别，例如，英国将其定义为“以发展低碳能源、提高能效、适应气候变化为目的，以及在环境保护、自然资源领域的投资”。而德国发展研究所（DIE）的定义偏重环境风险的管理，将其定义为“所有考虑环境影响和增

强环境可持续性的投资或贷款”。[1] 为保证对绿色金融的定义与我国绿色债券法律制度研究保持一致，笔者结合我国2016年施行的《关于构建绿色金融体系的指导意见》等相关政策性文件的表述认为，“绿色金融”是指为支持生态环境改善、应对气候变化和资源节约高效利用的绿色经济发展，专门为环保、节能、清洁能源、绿色交通、绿色建筑等领域的项目投融资、项目运营、风险管理等提供的专业金融服务。为廓清绿色金融概念的内涵和外延，还需要对绿色金融概念的下位概念和上位概念进行确定，以把握概念之间复杂的相对关系。从工具范畴的类型化来看，绿色金融的发展主要包括两种类型的制度安排：一是传统金融工具的绿化创新，例如，绿色信贷、绿色债券、绿色股票和绿色保险等；二是新型环境金融产品的实施探索，例如，可交易的排污（用能）许可证、生态环境类公私合作（PPP）模式等。鉴于不同领域的绿色发展具有各自的环境经济特性，笔者认为需要借助不同的制度安排回应绿色金融发展的实际需求。[2]

此外，“绿色金融”概念的准确理解还依赖于“环境金融”“环境经济政策”等相关概念的进一步廓清，以期为绿色金融概念的现实理解提供更加多维的视角，具体来说需要关注如下两个方面的内容：一是与绿色金融相互关联的概念界定。绿色金融（green finance）又称环境金融（environmental finance）、可持续金融（sustainable finance），而2000年《美国传统词典》第4版[3]的解释表明前述三个概念在实际运用中并无实质性差异，只是不同时间段、不同使用人在具体表述中使用偏好有所差异而已。因此，本书在相关内容的讨论中也对相关概念的研究进行了吸收借鉴，以期丰富研究的相应基础，并为后续法律制度完善提供支持。二是作为绿色金融上位概念的环境经济政策。环境经济政策（environmental

---

〔1〕 参见田慧芳：《绿色金融发展中的政府行为——基于欧美国家的经验分析》，载《国际经济合作》2016年第11期。

〔2〕 参见马中、陆琼、昌敦虎：《绿色金融需求与绿色金融工具》，载《中国生态文明》2016年第1期。

〔3〕 参见雷立钧、高红用：《绿色金融文献综述：理论研究、实践的现状及趋势》，载《投资研究》2009年第3期。

economic policy)是绿色金融的上位概念,其是指遵循市场经济运行的基本规律,综合运用价格、税收、财政、信贷、金融等多种经济措施调节或者影响市场主体的行为,进而以实现经济建设与环境保护协调发展的政策手段。环境经济政策实施需要将内化环境成本作为原则,其目的是基于环境资源利益配置对多元市场主体进行规制,进而构建有效的激励约束机制来实现保护和可持续利用资源环境的目标。相较于传统的"外部约束"行政手段,环境经济政策是一种"内在约束"力量,而且运行中具备促进环保技术创新、增强市场竞争力、降低生态环境治理成本与行政监控成本等优势。由此可见,环境经济政策是环境治理不可或缺的重要组成部分,也是环境法、经济法与公共政策研究的重要交叉点,而绿色债券作为一种新兴的环境经济政策工具,可以与传统环境政策工具协同发挥各自的功能,共同推动环境治理工作的纵深推进。因此,绿色债券生态环境效益的发挥需要依赖于所有环境经济政策及相关支持性法律规制的有效衔接和互动协调,后文也将绿色债券视为环境经济政策的重要组成部分,并从系统论的角度出发,以绿色债券法律制度为核心讨论相关制度的互动协调。

第二,关于债券的概念、属性和分类等相关内容的梳理。关于债券相关信息的梳理主要包括三个方面的信息:一是债券的概念定义。从民法的角度理解,债券本质上是债权债务关系。因此,可以将债券(bond)定义为由企业和政府机构发行的长期债务凭证。从经济法的角度理解,其本质上又是一种有价证券。因此,参照《证券法》的规定,债券是指政府、企业、银行等债务人为筹集资金,按照法定程序发行并向债权人承诺于指定日期还本付息的有价证券。二是债券的资金流向。从资金投入的角度来看,债券发行人将发行债券所筹集到的资金用于支持其长期业务(例如,资本投资项目的支出等情况);另外,从债券偿付的角度来看,债券发行人应当承诺在将来债券到期的时候,及时向投资人支付固定的金额(面值)外加截取资金所产生的利益(息票率乘以债券面值)。[1] 三是债

---

〔1〕 参见[美]安东尼·桑德斯、[美]马西娅·米伦·科尼特:《金融市场与机构》,韩国文、张彻译,机械工业出版社2017年版,第145页。

券的属性特性。债券的主要特性需要从其法律属性和资产属性两个主要的方面论述:一方面从法律层面来看,债券具有鲜明的证券性、债务性特点。债券的证券性决定其需要对债券发行、承销、交易和信用评级等活动进行监管,以有效维护金融秩序,这也是绿色债券监管制度建构的重要基础。另一方面,债券具有金融产品的特性。作为直接融资的重要组成部分,债券在安全性、收益性和流动性方面的均衡也是债券市场得以长期、良性发展的重要基础,而合格的绿色债券产品也需要符合相应的要求。

与前述三个方面相比,对债券分类的关注是本书讨论的重点。由于分类标准的不同,债券的类型化划分具有很大差异,但是,目前主要包含两种主要的分类标准:第一种分类是以信用风险为标准,将债券划分为利率债和信用债两种类型。其中,利率债券是指以国家或者中央政府信用作为背书,一般认为不存在信用风险,其风险主要受长短期利率、宏观经济运行现状、通胀率和流通中的货币量等相关因素影响的债券。此类债券主要包括财政部发行的国债、地方政府债、我国的三家政策性银行发行的政策性金融债、铁道债和央行票据等五种类型。信用债券除了受到系统性风险影响外,主要还会受到信用风险影响。此类债券主要包括企业债、公司债、由商业银行和非银金融机构发行的普通金融债、由商业银行为满足巴塞尔协议要求发行的次级债和由混合资本债,此外,还有由交易商协会主导发行的企业债务融资工具,具体包括短期融资券(CP)、超短期融资券(SCP)、中期票据(MTN)等品种。第二种分类标准是按照发行主体的不同进行的分类,以满足不同监管主体的监管需要。基于此种分类标准,可以将债券大致划分为政府债券、金融债券、企业(公司)债券等三种不同类型,并按照债券发行人的差异分类设计监管规则,在满足监管需要的基础上尊重现有法律基础的差异性。[1] 由此可见,从交易场所、监管规则的差异出发,债券应当包括监管规则、融资功能差异较大的多种类型,而结合本书的研究对象选择适当的标准对债券进行分类正是后续

---

〔1〕 参见冯中圣:《我国金融债券属性问题研究》,载《宏观经济管理》2002 年第 11 期。

研究工作的重要内容之一。

## 二、第一类关联概念的认识:绿色产业与绿色项目

从广义的角度出发,笔者认为绿色产业是指积极采用清洁生产技术、积极采用无害或低害的新工艺、新技术,并努力降低各种材料和能源消耗,并尽可能把环境污染物的排放消除在生产过程之中的产业。自20世纪80年代以来,绿色产业的表述在我国越来越多地被运用相关制度设计和市场宣传中,而激励制度的出台和企业营销或者套利等特殊需要使该词汇在一定程度上被滥用。为防止上述情况的持续性扩大,国家发改委等多个部门联合印发了《绿色低碳转型产业指导目录(2024年版)》,该目录包括7类一级目录、31类二级目录、246类三级目录,借助该目录的定位可以有效指引我国绿色产业的转型和升级。与绿色产业相关的是关于"绿色项目"的定义,该定义与绿色债券的实施更是关系密切,随着《绿色债券支持项目目录(2021年版)》的发布,绿色产业、绿色项目的认定与绿色债券运行之间的联系更加紧密。从现行实践来看,前述两个概念具有较强的关联性,对后续制度安排的细化也具有特别重要的意义,因此,有必要从我国已经发布的规范性文件中把握两个概念的核心内容,为本书后续研究的开展做好基础支撑。

前述两个概念与绿色债券的认证评估、资金管理等核心制度安排具有重要关联,金融投入方向的"绿色"属性是绿色债券生态效益价值实现的重要保证,而与之相关联的就是对"绿色产业""绿色项目"等概念的准确把握,对绿色项目的把握对具体绿色债券项目的实施更是具有重要意义。绿色产业政策已经成为推动绿色发展的重要措施,而在中国绿色产业政策中,包括绿色债券在内的绿色金融措施作为其中的重要构成,与其他市场化政策、命令控制性政策、自愿协商政策等共同推动着绿色产业的发展完善。[1] 这正是明晰本部分论及的两个概念的关键原因,笔者拟将"绿色产业"和"绿色项目"作为概念对比的重要组成部分,两者具有较多

---

[1] 参见李晓萍、张亿军、江飞涛:《绿色产业政策:理论演进与中国实践》,载《财经研究》2019年第8期。

重合,同时为绿色债券概念的把握提供支撑,总体来说,绿色产业更多关注宏观方面的产业布局等问题,为绿色发展提供整体指引,而绿色项目更多关注制度的微观层面,功能在于对具体项目的识别。正如前文所述,对绿色项目的识别关系到绿色债券认定标准是否明确等,因此,绿色项目认定的相关制度安排在绿色债券市场法律制度完善中处于基础性的位置。

### 三、第二类关联概念的厘清:蓝色债券与乡村振兴专项债券等

绿色债券的概念生成和实践开展并非孤立的案例,其根植于金融市场多方参与人长期以来对特殊品种债券的持续关注和探索,当然,需要认识到相对特殊领域的健康发展使其需要特定法律制度框架进行支撑。因此,对其他特殊品种债券的关注对于绿色债券的把握具有重要参考意义,此处,笔者就希望通过对类似相关概念及其适用逻辑进行简单介绍,为后续绿色债券的相关论述奠定基础。总体来说,目前与绿色债券关系比较紧密的特殊品种债券主要包括三种类型,即蓝色债券、乡村振兴专项债券和社会效益债券。

第一,关于蓝色债券的概述和说明。原中国银保监会于 2019 年 12 月发布《关于推动银行业和保险业高质量发展的指导意见》中明确要求探索发行“蓝色债券”。鉴于蓝色债券在海洋生态环境保护和资源利用中的重要作用,其有希望成为银行业金融机构探索可持续金融的重要业务领域,并与绿色债券一起为我国绿色金融制度的建立提供支持。按照现有相关论述,蓝色债券的基础是蓝色经济,其本质在于强调经济、社会和环境的平衡,并认为健康的海洋生态系统将更具生产力。由此可见,蓝色债券被视为海洋经济可持续发展的必要条件,是推动海洋经济高质量发展中非常重要的金融制度安排。我们可以发现,蓝色经济与绿色经济类似,二者的目的都是改善人类福祉,促进社会公平;同时显著降低环境风险,减少生态灾难。[1] 由此可见,蓝色债券与绿色债券也天然具有一定的亲和性,二者的制度构造也存在非常广阔的交叉点;在规则设计的方

---

〔1〕 参见郭少泉:《探索蓝色债券》,载《中国金融》2020 年第 9 期。

法论上也具可以相互参考借鉴的内容。

第二,关于乡村振兴专项债券的概述和说明。乡村振兴专项债券是指用于支持农村基础设施、乡村公益性项目的政府专项债券,此类债券也非常重视社会效益的实现。从发展历程观察可知,乡村振兴专项债券也是近年才出现的一种细分品种的特殊品种债券。2017 年 2 月发布实施的《国务院办公厅关于创新农村基础设施投融资体制机制的指导意见》首次提出允许通过发行地方政府专项债券的形式推动农村基础设施的建设;《中共中央　国务院关于全面推进乡村振兴加快农业农村现代化的意见》(2021 年)又进一步明确将继续支持地方政府以发行一般债券和专项债券的方式筹集资金开展现代农业设施建设或者乡村建设等行动。鉴于乡村振兴专项债券具有拓宽乡村振兴融资渠道,缓解资金制约瓶颈的特有功能,其在绿色金融市场发展中将具有相对广阔的发展前景。在乡村振兴专项债券运行实践中需要注意,由于专项债券规模膨胀与债券收益提升将分别对债券有序发行起到一定的抑制与促进作用,乡村振兴专项债券也应当从实际需要出发对具体制度予以完善。[1] 同时,为提升此类债券的运行效能,资金使用时还需要满足"偿还安全、专款专用"的监管要求,并重视乡村振兴专项债券具备的"兴产业、拓渠道"的特殊功能,由此出发,为乡村振兴专项债券可持续发展提供稳定的政策供给。

第三,关于社会效益债券的概述和说明。社会效益债券也是一种非常特殊的债券创新类型,其特殊的交易结构推动了政府、社会资本和社会组织的三角合作框架的形成,通过此类债券特殊条款的设置可以通过更为弹性的债券利息支付方式实现,具体包括绿色项目、教育设施建设等在内的多种社会公益项目等,与一般政府债券的必然偿付性存在明显差异,社会效益债券如果未能实现约定社会治理目标,则政府无须偿付相应利益。由此可见,其不必然加重政府财政负担。[2] 虽然社会效益债券具有上述的功能优势,但是其发展也存在明显的阻力。在我国现行法律制度

〔1〕 参见刘骅、朱逢雪:《乡村振兴专项债券发行中政府决策行为分析》,载《南京审计大学学报》2021 年第 5 期。

〔2〕 参见郝志斌:《社会效益债券:"新基建"融资的创新工具》,载《商业研究》2020 年第 11 期。

框架之内，此类研究主要存在具体规则适用上的困境。因此，笔者认为将社会效益债券纳入地方债体系，并明确地方政府作为直接责任主体的模式是后续法律制度构造中可以尝试的一种方式，通过此种模式可以更好地推动债务约束功能的实现，保证社会效益债券的运行安全和效率。

### 四、核心概念的界定：绿色债券

绿色债券的界定需要建立在正确理解“债券”概念的基础之上，从前文对关联概念的相关论述中可以得知，债券本质上是债券发行人和债券持有人之间债权债务法律关系的凭证。[1] 因此，笔者认为对绿色债券概念的有效把握必须建立在对上位概念“债券”“绿色金融”“绿色项目”“蓝色债券”等关联概念的准确理解的基础上。在下文的讨论中，笔者拟结合前文对债券概念、特性和分类等相关问题进行初步探讨相关结果为基础，下文将对绿色债券的概念、分类进行讨论，以期为后续制度规范设计奠定基础。

首先，按照气候债券倡议组织（CBI）对绿色债券的统计口径观察，绿色债券本身存在广义和狭义的区分。其中，狭义的绿色债券专指贴标绿色债券，按照要求贴标绿色债券募集资金用途被严格地限定在“气候债券分类方案”之中；而广义上的绿色债券应当涵盖提升气候绩效、保护生态环境相关的所有债券，[2] 在具体运行中则不要求按照已有的标准进行评估认证。本书的论述逻辑和制度建构思路都有明显的公私合作和制度互动的理路，因此，从便于监管和激励的角度考虑具体制度的优化时，本书拟将主要讨论的制度规范限定在与贴标绿色债券相关的讨论之中。

其次，从“绿色债券”的汉语表述的概念史进行考察，我国相关债券

---

[1] 参见马栋梁编著：《债券发行与承销业务指引》，法律出版社 2015 年版，第 1 页。

[2] 绿色债券概念的准确认识需要从气候债券倡议组织早期的实践入手，但是，又需要客观回应我国绿色债券发行与交易的客观实践情况，因此，从狭义和广义两个层面把握绿色债券的客观内涵不失为相对稳妥的方式。参见张浩良、安然：《中外绿色债券发展比较》，载《开放导报》2016 年第 5 期。

发行监管机构对绿色债券的概念也作出了规范。[1] 例如,国家发改委最先在我国提出了绿色债券的概念,并在此基础上展开了绿色企业债发行相应制度建设工作,这有力推动了绿色债券实践的开展。当然,绿色企业债券在我国绿色债券市场占据重要地位这一现象与实践开展初期国有企业是绿色债券的主要发行人这一事实相一致,[2]这表明既有市场安排对我国绿色债券市场发挥着重要的影响。同时,在绿色债券实践探索的初期,绿色企业债在发行、交易等方面的运行实践中处于比较领先的位置,其也为后续绿色债券相关制度创新积累了宝贵的经验。

最后,地方政策文件中对绿色债券的概念进行了探索。例如,《深圳经济特区绿色金融条例》(2021 年)第 72 条对绿色债券作出概括的界定,通过文本分析可知,该概念所囊括的范围较广,总体来说,主要包括三个方面的要素:一是募集资金的使用范围;二是需要符合法定程序要求;三是按期还本付息的要求。从现有绿色债券运行实践来看,绿色债券主要包括绿色地方政府债券、绿色金融债券、绿色企业债券、绿色公司债券、绿色债务融资工具、绿色资产支持证券、绿色熊猫债七种不同类型。由于类型较多不利于对绿色债券法律制度进行梳理,后文将专门对绿色债券的分类作专门论述以便于研究的展开,此处就不再赘述。

从前文的分析可以得知绿色债券本身包括多样品种,而对其进行分类将有利于进行差异化管理,但这又需要明确的区分标准。虽然利率债和信用债的二分法在相关金融学研究中更为普遍,但是这种分类方式主要立足于风险管理的视角,对主体方面的关注有所不足。鉴于发行主体、资金投入生态环境领域的路径差异,从主体入手可以将绿色债券划分为绿色政府债券、绿色金融债券、绿色企业债券等三种不同类型,并制定既

---

[1] 《国家发改委办公厅关于印发〈绿色债券发行指引〉的通知》中对绿色债券的概念进行了规定,其采用的概念明显比绿色债券实践的范围要狭窄,但是,这对绿色债券概念界定进行了初步尝试,有利于后续相关制度的系统性完善。

[2] 联合资信发布的《2019 年度绿色债券运行报告》,对我国绿色债券的实际运行情况进行了较为全面的梳理,其中对截至 2019 年绿色债券的融资特征进行了较为细致的梳理。参见陈姝含:《联合资信发布〈2019 年度绿色债券运行报告〉》,载中国经济新闻网 2020 年 3 月 26 日,http://www.cet.com.cn/wzsy/ycxw/2515013.shtml。

有共性又有个性的层次性制度安排,这将有助于我们从整体上把握绿色债券交易的具体实践和制度安排。因此,在下文论述中,笔者拟以此分类标准的类型化讨论为基础,结合具体类型对我国绿色债券进行全面的分析,并在此基础上对该概念的法律化提供思考。从政策规范和制度规范两个层面观察可以发现,由于监管部门的不同,我国对绿色债券的定义也具有一定的差异。实际上,绿色债券概念的差异客观上导致我国现行法律制度供给存在不充分和不匹配的问题,这也制约了我国绿色债券市场的深度拓展和成长。由于债券市场分割的现实情况,按照审批或者注册主体、交易场所的差异,通过观察可以得知,目前我国绿色债券市场存在绿色企业债券、绿色公司债券、绿色金融债券等比较常见的分类。因此,我们有必要寻求现有诸多概念的共性,从中把握绿色债券概念的发展脉络,以更好地指导我国绿色债券市场的具体实践。

综上所述,笔者拟将绿色债券定义为“将募集资金专门用于支持符合规定条件的绿色产业、绿色项目或为绿色产业、绿色项目进行再融资,依照法定程序发行、约定在一定期限还本付息的有价证券”。对该概念的主要理解需要把握树立以下两个理念:一是认为绿色债券是绿色金融的直接融资工具,其准确界定需要与绿色产业、绿色金融、政策金融、普惠金融等概念关涉概念的理解结合;二是绿色债券最主要的特征就是需要按照监管机构要求将全部或者一定比例的募集资金专用于资助可促进环境可持续发展的绿色项目,此要求有效地提高了绿色产业融资的可获得性,[1]并有利于生态环境效益的提升。在此基础上,绿色债券法律制度可以被界定为规范绿色债券发行、交易、结算和监管等多种行为的法律规范的总称。从静态上来看,其既包括硬法规则,也包括软法性规范;从动态上来看,其包含着法律系统与政策系统的互动。

---

〔1〕 直接增强绿色项目融资的可获得性是绿色债券的最主要优势,也是绿色债券相应法律制度设计的基本目标。参见华冰、张颖:《绿色资产证券化对可再生能源发电行业的金融支持——以新疆金风科技为例》,载《财会月刊》2019 年第 11 期。

## 第二节 绿色债券的特征

基于对绿色债券实践的观察，笔者认为绿色债券应当具有市场性、生态性、政策性、补充性等四种特征，这与普通债券只强调市场属性当然存在差异，而这样的区别也使绿色债券法律制度设置与普通债券有所不同。因为生态性、政策性的要求，绿色债券必然需要兼顾环境、社会和经济效益的统一，需要处理好短期效益和长期效益的关系，而这本质上就是要求科学处理好金融支持绿色发展与自身可持续发展的关系。

### 一、生态性

处理好环境效益与经济效益之间的关系是绿色金融发展的核心问题之一，同时也是法律生态化的重要表征之一，[1]而基于对绿色债券运行实践的观察不难发现，生态环境问题的治理需求是催生绿色债券的重要因素。[2] 绿色金融可持续发展的前提就是要求绿色金融产品既要有经济收益，也要有生态收益。更为重要的是，生态收益是此类金融产品收益的核心和基础。由此可见，绿色金融生态效益的提升有利于保障人民对优质生活环境的需要，其关键就是借助法律规范将环境污染外部性问题内部化，而绿色债券的生态性最主要就是对生态效益的关注。因此，绿色债券发行、交易等相关活动中需要将生态效益的实现作为制度规范和具体实践的出发点。也就是说，生态效益目标的追求应当作为绿色债券立法的重要目标，并基于此回应具体制度的建构、监管权限的分配等诸多微观内容。例如，在绿色债券监管权限的具体配置过程中，中国证券监督管

---

〔1〕 按照王树义教授在《环境法基本理论研究》中关于法律生态化的论述，商法、经济法的生态化都是在法律制度回应社会现实需要的表现，因此，该观点对绿色债券相关制度安排的调试和优化具有一定的指引作用，本书认为绿色债券法律制度就是债券法生态化的过程，需要在遵循传统债券法基础上对回应当前绿色债券发展的现实需要，因此，一般规则和特殊规则才会呈现出相互影响的情况。

〔2〕 参见杨超凡：《污染防治类绿色债券研究》，载《中国金融》2017 年第 13 期。

理委员会(以下简称证监会)、中国人民银行、国家发改委等单位对绿色债券进行监管时需要依赖生态环境主管部门的协助才能够保证现有制度安排发挥具体效能,因此,对生态效益的关注是绿色债券法律制度建构中的重要内容。传统私法对"人"的理解缺乏对人与自然关系的正确认识,没有生态理性的思考,[1]这正是传统私法在回应生态环境领域问题时的固有缺陷,其难以回应时代对绿色发展的特定诉求,因此,需要基于新的理念对法律调整对象进行反思,并在对生态性的准确把握的基础上探索建构相对完善的绿色债券法律制度体系。

绿色债券的生态性蕴含着两个层次的认识要素:一是从功能论层面来看,绿色债券是为了回应社会—经济—自然复合生态系统整体协调性的客观要求,并寻求资金供给模式上的生态化发展。因此,借助绿色债券等金融工具可以解决经济发展中的生态环境问题,降低生态环境风险,并为可持续发展提供必要的支持。由此可见,绿色债券关注生态环境效益的本质应是以环境容量为基础的新型财产权,但是其在市场化之前又是典型的公共物品,因此,就迫切需要在具体制度建构通过生态产品定价、治理成本分担等相关规则来努力实现企业的财产利益和公众环境利益的有效衡平。二是从方法论层面来看,生态化价值取向要求金融制度创新过程中树立多样性、共生主义等价值理念,并将这些理念落实到现实治理活动中,[2]发挥可持续融资在生态环境治理中的独特价值。由此可见,绿色债券具有义利兼具的独特属性,这让其有机会在环境利益与生态利益之间寻求衡平。

## 二、政策性

正如著名经济学家刘易斯所言,"政府在后发国家的作用更大",也

[1] 参见吕忠梅:《〈民法典〉"绿色规则"的环境法透视》,载《法学杂志》2020年第10期。

[2] 随着社会的发展,金融工具的运用越来越重视对可持续发展理念等独特价值的有效落实,这表明包括绿色债券在内的绿色金融产品在实践中努力寻求其最佳的适用场景。参见许凌艳:《金融监管法制比较研究:全球金融法制变革与中国的选择》,法律出版社2016年版,第176－178页。

就是说,后发国家的发展往往需要比先发国家更重视发挥政府的作用。[1]由此可见,政府在类似我国这种发展中国家的社会治理和经济发展中发挥的作用是不容忽视的。其中,生态环境问题可以被视为一种为公众提供集体利益的公共产品或者劳务,因此,从消费层面来看,它往往是运行集体成员进行免费消费的,而非竞争性和非排斥性就是其非常重要的特性。可见,生态环境问题的产生根源于其"公共物品"的属性,而这恰恰是市场失灵的结果。也就是说,单纯依靠市场机制这只"看不见的手"进行生态环境问题治理是存在一定不足的,因此,为保证生态治理的效率就必然需要政府干预这只"看得见的手"的共同参与。由此可见,包括绿色债券在内绿色金融作用于生态环境治理之一特殊领域,有着人们对生态效益追求的特殊需要,这使政府的作用需要得到应有的重视,而从这个角度来看,绿色金融制度应当隶属于政策性金融。因此,绿色债券必然呈现出较强的政策性,即绿色债券运行中正外部性功能的发挥需要依赖国家干预,例如,通过补助政策实现绿色债券的经济激励就是干预的典型形式。因此,在绿色债券运行中涉及大量政府部门发布的规范性文件,这些软法规范的适用为绿色债券运行提供规范支撑,有力推动了我国绿色债券发行实践,也为后续国家法律、行政法规的修订奠定了基础,这体现了政策在绿色债券运行中的重要作用。但是,也需要关注到政策性支撑虽有激励之功效,短期内可以快速推进绿色债券发行等实践,然而,其同时也存在扭曲市场机制之虞,这就意味着在具体制度构建中需要秉持慎重的态度,既审慎又主动地发挥政策等软法规范的功能,以持续推动绿色债券法律制度的系统性创新。

按照詹姆斯·萨尔兹曼等的观点,生态环境治理的"工具箱"可以概括为"5P",即规范性规定、产权、惩罚、支付和说服,[2]而绿色债券激励型措施的实施中就包含大量支付和说服工具的使用,这些工具的运用凸显

---

[1] 参见王波、郑联盛:《绿色金融支持乡村振兴的机制路径研究》,载《技术经济与管理研究》2019年第11期。

[2] 参见[美]詹姆斯·萨尔兹曼、[美]巴顿·汤普森:《美国环境法》,徐卓然、胡慕云译,北京大学出版社2016年版,第38页。

了绿色债券的政策性特征。实践表明,生态环境治理激励性政策需要大量财政政策、价格政策、税费政策等相关政策与绿色金融政策形成整体性互动,以共同发挥政策制定的整体性功能。中国人民银行贵阳中心支行青年课题组在2020年的研究成果也表明,政策推动是绿色金融发展的关键因素。由此可见,若欲推动绿色债券市场的发展,政策激励是必须予以重视的重要条件之一。[1] 但是,周新苗等的相关研究表明:"为政府占据一定主导作用所致的绿色债券的非预期或非理性市场分割现象存在。"[2]因此,监管机构、自律组织在自上而下设计相关绿色债券法律制度也需要认识到,政府的参与和介入客观上也存在扭曲市场机制的客观风险,从这个角度来看,通过法治化的手段介入绿色债券市场运行恰恰是矫正市场失灵的有效手段。

### 三、市场性

秩序是市场经济必须关注的内容,也是法律的重要价值追求。[3] 按照"法秩序理论"的客观要求,中央政府、地方政府、监管机构和市场自律组织之间的权力配置决定着绿色债券规则产生的基本逻辑,也影响着立法权、执法权之间的有效配置。但是,需要认识到,相应制度的供给仍然是以市场的基本规律为基础的。这是因为,绿色债券本质上属于"债券",其不但具备普通债券的基本功能,同时,也具有募集资金规模较大、期限较长的特点,[4]当然,绿色债券同时也应当具备债券的三个基本特

---

〔1〕 参见中国人民银行贵阳中心支行青年课题组、任丹妮:《政策推动还是市场驱动?——基于文本挖掘技术的绿色金融发展指数计算及影响因素分析》,载《西南金融》2020年第4期。

〔2〕 参见周新苗、唐绍祥、刘慧宏:《中国绿色债券市场的分割效应及政策选择研究》,载《中国软科学》2020年第11期。

〔3〕 国家必须承担规范市场运行中法律秩序的任务,因此,对经济秩序的维护是法治在市场经济活动中的重要功能之一,而这恰恰也是法律在金融市场监管中发挥其应有功能的重要理论依据。参见[德]彼得·科斯洛夫斯基、陈筠泉主编:《经济秩序理论和伦理学》,中国社会科学出版社1997年,第94页。

〔4〕 参见王格致、张韶华:《绿色债券服务生态文明体系建设》,载《中国金融》2020年第17期。

征,即面值、利率和到期日,[1]这些也是绿色债券必不可少的要素。由此可见,市场性是债券作为金融商品所具有的共性,也是绿色债券存续和发展的必要前提。通过观察国内外的相关讨论可以发现,绿色金融能否引导民间资金流向绿色产业、推动经济绿色转型是理论和实践领域都颇为关注的问题。其中比较主流的观点认为,生态环境保护是一种典型的公共产品,其缺少盈利的空间,以盈利为目的民间资本和金融机构对主动参与到生态环境治理活动中缺乏动力,因此,公共财政必须主动在绿色投资的促进中承担主要责任。然而,笔者认为该观点是似是而非的,因为,在具体实践中,大多数绿色项目是兼具相应外部性的私人产品,而非纯粹的公共产品,因为,绿色项目也可盈利,只是利润率和风险与预期合理水平偏离——利润率稍微低于预期或者风险稍微高于预期。[2]

因此,市场性也是绿色债券所固有的一种特性,这就意味着绿色债券法律制度的微观建构需要尊重资本市场运行的具体规律,深入发掘债券运行中涉及的经济机理,尝试运用法律原理、法律技术将涉及该原则的具体制度安排固定下来。也就是说,绿色债券发行、交易和监管等相关活动必须要尊重市场运行的基本规律,重视金融市场功能的整体性发挥,特别是其在生态环境治理工作中的重要作用。因此,激励制度设计需遵从绿色债券运行的现实需求,并采用更为审慎的态度,以防止激励机制的不当滥用。从法律制度角度考虑,法律、政策等层面的制度设计需要尊重市场规律,以保障并提升市场的透明性、有效性等作为制度设计的重要出发点,由此出发,就不难理解在绿色债券法律制度设计中为何要将第三方认证评估制度作为一项关键的制度安排,并重视不同品种绿色债券信息披露规则的标准化、统一化了。

## 四、补充性

绿色债券的补充性是指包括绿色债券在内的绿色金融手段都是生态

---

[1] 参见[英]艾利斯·费伦:《公司金融法律原理》,罗培新译,北京大学出版社 2012 年版,第 516 页。

[2] 参见马骏:《用金融工具缓解绿色企业融资难》,载《中国金融》2015 年第 10 期。

环节治理中必不可少的一类补充措施，其也是环境经济政策的重要组成部分。也就是说，在生态环境治理中不能迷恋单一的治理手段，而是需要综合考虑多种治理措施的协同性使用，这是环境法综合治理原则的客观要求，其能够最大限度发挥不同规制工具的综合作用。由此可见，在生态环境治理过程中需要依赖于大量的制度性措施，而绿色债券是必要的组成部分。由于绿色债券所从属的绿色金融只是环境经济政策中的组成部分，其在生态环境治理中又不占有决定性的地位和优势，因此，对于绿色债券运行的相关法律制度安排的重视程度有所不足，然而，绿色债券补充性的定位并不意味着绿色债券处于可有可无的位置，因为生态环境治理工作的最终实现依赖于多种工具的综合运用，因此，对绿色债券运行相关制度也必须予以高度重视。

从系统论的角度出发，绿色债券补充性功能的实现依赖于对不同类型制度工具基本功能的探究，还需要结合生态环境治理的现实需要优化具体规则，才有可能保证绿色债券在具体运行中可以发挥其应有作用。也就是说，生态环境治理工具箱具有多样性的特征，绿色债券是其组成部分，而绿色债券的发展又依赖法律、政策等多种制度的有效协同；鉴于绿色债券创新性的要求和绿色金融探索性的实际，规范性文件等政策在绿色债券运行中发挥着非常重要的功能，因此，有必要从软法和法政策视角发掘规范性文件、自律规则等绿色债券运行的必需制度安排，探索更为自洽的制度解读方式。

## 第三节 绿色债券的运用场景

根据《绿色债券支持项目目录（2021 年版）》的规定，按照绿色债券的资金用途可以将其支持项目划分为节能环保产业、清洁生产产业、清洁能源产业、生态环境产业、基础设施绿色升级、绿色服务六大类。[1] 从具

---

〔1〕 参见何德旭、王朝阳、闵逸杰：《中国金融发展十年主要成就及重要经验》，载《国外社会科学》2022 年第 5 期。

体运用场景来看，绿色债券的运行要求募集资金的项目具有较为明显的生态效益，而这就要求对具体产业和项目进行严格的界定，并在此基础上推动绿色债券的发行工作。具体来说，绿色债券具体投放的项目和产业，既是判断绿色债券属性的重要依据，也是监管过程中需要重视的关键问题。笔者认为将债券投放到具体项目之中是绿色债券生态效应实现的关键途径，其也具有非常关键的实践意义。鉴于前述六类项目较多，为突出绿色债券的投向重点，笔者拟就绿色债券主要的投放领域进行归纳分析。

## 一、污染防治领域

污染防治领域是绿色债券发行的重要领域之一，具体来说，在污水处理、垃圾焚烧、土壤整治、大气治理和流域治理等多个领域都可以将绿色债券作为重要的融资手段，《绿色债券支持项目目录（2021 年版）》中节能生态环境产业、基础设施绿色升级等类别多属于此种分类。在污染防治领域市场化进程中，作为融资手段的绿色债券可以与环保 PPP 项目的开展形成有效互动，因为在环保 PPP 项目的融资阶段，无论是社会资本方、服务购买方还是项目公司都有较强的资金需求，通过发行绿色债券募集项目资金具有其必要性和可能性。在实际项目运营中，绿色债券的运用形式也相对多样，其既可以通过发行绿色公司债券、绿色企业债券和绿色债务融资工具等进行直接融资，也可以由金融机构发行绿色金融债筹集相关资金后通过绿色信贷的方式将募集资金间接投入污染治理领域。

当然，污染治理领域募集资金的投向也彰显出绿色债券在运用领域和具体实施上都需要关注项目生态效益的实现。这是绿色债券特有的功能，也是绿色债券在绿色项目实施过程中发挥越来越重要作用的主要原因。绿色债券的运行实践在很大程度上可以视为公私合作的重要创新，污染治理领域重视绿色债券的运用正是生态环境治理中经济激励机制的重要体现。为保障具体污染防治项目中绿色债券发挥既定的功能，需要贴息、担保等有关政策对污染防治领域支持，并重视经济激励制度的整体性和系统性。例如，长江流域治理中就需要政府制定配套的财政、税费等有关政策以鼓励和引导有关市场主体积极开展水污染防治相关的技术研究、设施建设和运营、水生态修复等环保服务。[1]

## 二、资源利用领域

《绿色债券支持项目目录(2021年版)》也涉及节能、资源节约与循环利用等相关产业的制度安排,这都是自然资源综合领域比较典型的部分。资源综合利用是绿色发展理念落实的重要组成部分,也是绿色债券资金募集时必须要关注的领域,因此,绿色债券有必要结合相关领域资金需求的特点、生态效益的评价方法等内容优化具体制度安排,以有效指引节能环保、资源综合领域等绿色产业的发展。这也是绿色债券法律制度体系需要予以关注的重要内容,后文中将结合资源综合利用领域的现实发展,从清洁能源开发、资源综合利用具体案例出发凝练具体制度实施中的共性因素,为后续制度优化提供支撑。

由发行绿色债券募集资金的资源节约与循环利用项目主要集中于垃圾焚烧、工业园区废水综合利用、清洁交通设施建设、清洁能源开发和自然保护地建设[2]等领域,因为相关项目多属于前期资金投入大、建设运营周期长的公共项目。众所周知,公共项目的建设和运营都十分依赖政府补贴支付或者进行缺口性补助,若采用传统的公共设施资金筹集模式,极可能会造成资金的错配。因此,通过发行绿色债券可以及时筹集资金开展具体项目的建设运营工作,保证相关项目生态功能的有效发挥,其中,清洁交通和清洁能源一直是绿色资金投入的重点领域,例如,2015年以前未贴标的绿色债券中对铁路和城市轨道建设等清洁交通的占比为55%,而对水电、风电等清洁能源项目建设和运营的占比为30%,由此可见,对该领域绿色债券法律制度的总结可以为国家层面硬法和软法的制定和完善提供支撑。

[1] 参见吕忠梅等:《长江流域立法研究》,法律出版社2021年版,第386页。
[2] 参见谢忠洲、陈德敏:《类型化视域下自然保护地立法的制度建构》,载《重庆大学学报(社会科学版)》2021年第1期。

## 三、气候变化领域

从绿色债券运用场景和资金投入领域来看,碳中和债券是绿色债券实施中比较特色的组成部分,《绿色债券支持项目目录(2021 年版)》的清洁生产产业、清洁能源产业两项分类中的一些项目与气候变化领域具有较强的相关性,而基于回应气候变化需要发行的碳中和债券就具有较为广阔的发展空间。我国发行的碳中和债券与域外的气候债券在功能上具有一定相似性,也在具体认证评估、发行流程等方面存在一些差异。我国的碳中和债券发行需要符合《绿色债券支持项目目录(2021 年版)》关于绿色项目的认定要求,作为绿色债券的子品种,碳中和债准入目录中对项目的要求会更加细致,即要求募集资金专项用于清洁能源、清洁交通、绿色建筑、碳汇林业等具有碳减排效益的绿色项目,并要求由第三方机构对以上项目的环境效益进行评估。同时,在信息披露方面也提出了更严格的要求,碳中和债券存续期内需要按照规定持续披露项目进展情况,特别是需要对碳减排效益实现情况进行专业的测算和披露。

为推动碳达峰、碳中和等目标的最终实现,需要注重绿色债券在相关市场的创新运用,推动我国绿色债券市场的深度拓展,因此,绿色债券法律制度的健全和完善对后续制度的优化和完善具有十分重要的现实意义。例如,在清洁能源领域发行的一些绿色债券实际上也被称为"碳中和债券",这一措施有力推动了我国绿色债券领域相关实践的发展,丰富了碳中和债券领域的运行经验,可以为后续我国碳中和债券相关规则的建构提供有益的实践样本。例如,2021 年中国长江三峡集团发行的绿色中期票据(碳中和债)由中诚信绿金出具了专门的独立评估报告,其中环境效益部分明确表明项目建成运营后可替代的火电年均发电量为610.94 亿千瓦时,相较于火力发电每年可以协同减少二氧化碳排放量 3367.79 万吨。[1] 由此可见,2021 年我国境内发行的第一批碳中和债券在独立评

---

〔1〕 独立评估报告对生态效益的测算较为清晰、明确,是对确定绿色债券效果的重要支撑。因此,在绿色债券运行中,优化、完善信息披露制度是非常重要的制度安排。参见《中国长江三峡集团有限公司 2021 年度第一期中期票据(碳中和债)独立评估报告》,载全国银行间同业拆借中心网,https://chinamoney.com-cn/chinese/zqfxgg/20210204/1888745.html? cp = zqfx。

估报告出具的依据、形式和内容上都可以为后续绿色债券在第三方评估、债券发行人内部制度完善等方面提供有益参考。

### 四、绿色服务领域

绿色服务也是绿色债券市场发挥其功能的重要领域，按照《绿色债券支持项目目录(2021 年版)》第六大类绿色服务的相关规定，绿色服务也属于绿色债券可以支持的项目类型，具体来说其大致包括咨询服务、运营服务、项目评估审计核查服务、监测检测服务、技术产品认证和推广等六种业务类型，而这些服务都是支持绿色产业发展和生态文明建设的重要支撑，因此，为保障绿色产业长期、稳定发展，有必要从实际需要出发对上述绿色债券的制度规定予以完善。虽然诸如环境权益交易服务、咨询服务、技术产品认证和推广等相关服务行业都属于绿色产业的辅助产业，其发行绿色债券的可能性和迫切性相较于设备制造、建设运营等环节而言都较低，但是，在目录设置时还是需要采用比较弹性的分类方法，为后续相关服务行业发行绿色债券发行预留制度空间。

需要说明的是，在绿色服务领域仍然有很多颇具特色的绿色服务类型需要资本和技术的支持。例如，“环境权益交易服务”中用能权、水权、排污权、碳排放权和可再生能源绿证等进行交易过程中涉及的权证的申请审核、法律服务、方案设计和交易平台建设等专业性较强的工作，这都需要一定时间、一定数量资金的投入，而借助绿色债券就可以很好处理资金投入和产出之间的时间矛盾，这正是金融产品可以发挥的功能。从前文的论述可以得知，绿色债券所支持的都是不同消费方式供给的生态产品，而绿色债券的引入正是希望通过交易机制发掘、凸显生态产品的具体价值，[1]并推动绿色产品具体功能的最终实现。因此，包括绿色债券在内的绿色金融体系对生态产品的价值发现具有重要的支撑功能，而通过绿色债券对绿色服务的支持也是整个支持项目目录中不可缺少的一部分(见图 2.1)。

---

〔1〕 参见李宇亮、陈克亮:《生态产品价值形成过程和分类实现途径探析》，载《生态经济》2021 年第 8 期。

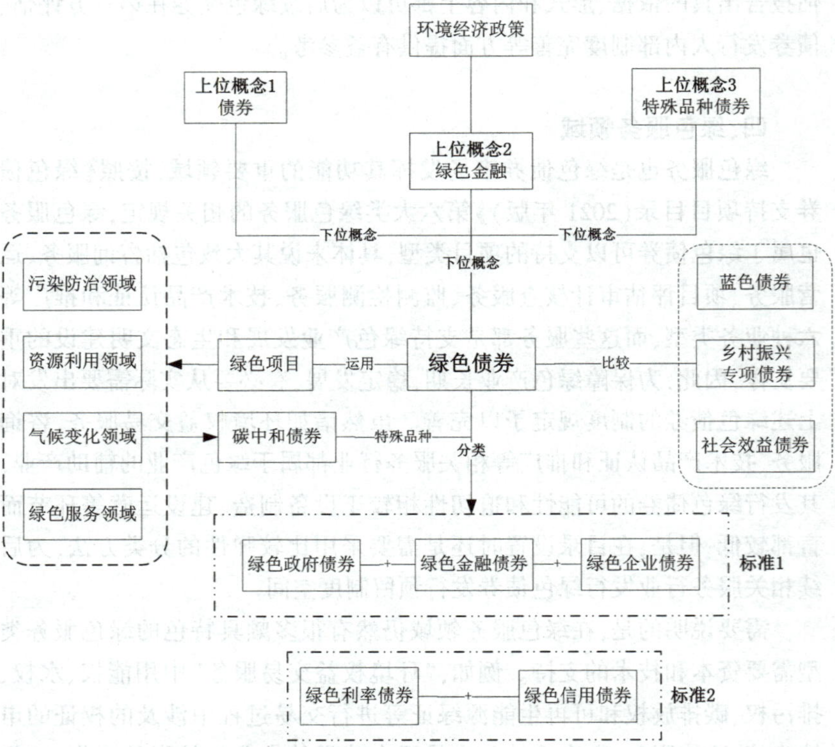


**图 2.1　绿色债券关联概念的结构位置**

## 第四节　绿色债券的类型化

正如拉伦茨所言："将大量彼此不同而且本身极其复杂的生活事件，以明了的方式予以归类，用清晰易变的要素加以描述，并赋予其中法律意义上'相同'者同样的法律效果，正是法律的任务所在。"[1]因此，从建构层次性制度安排的需要出发对绿色债券进行类型化的分工是有必要的。

[1] 参见[德]卡尔·拉伦茨：《法学方法论》，陈爱娥译，商务印书馆 2004 年版，第 319 页。

从实践工作中不难发现，绿色债券的类型比较多样，除前文所述从实践维度出发将绿色债券分为七种不同类型之外，还可以利用信用债券和利率债券的标准对绿色债券进行分类。由此可见，绿色债券的分类标准并不统一，通过简单的标准廓清绿色债券的分类也是颇为必要的。虽然《浙江省湖州市、衢州市建设绿色金融改革创新试验区总体方案》等文件的有关论述也对绿色债券的实践分类进行了初步讨论，但是，不同绿色债券在具体规则供给层面仍存在一些差异，因此，绿色债券法律制度规范的供给需要衡平好普遍性和特殊性的要求。综上所述，笔者认为对绿色债券的类型化展开需要结合绿色债券的实践情况作出判断，以此为后续制度框架设计和制度规范完善提供指引。

## 一、分类标准的类型化探讨

目前，中国债券市场形成了统一分层的市场体系，并以全国性债券市场为主，其主要包括银行间市场、交易所等两个子市场，同时，需要说明的是，债券跨市场发行的情况并不鲜见。因此，对当前我国绿色债券品种的观察也需要结合这一实际情况。从实践来看，目前我国发行的绿色债券品种比较多，基本包括绿色熊猫债券、绿色企业债券、绿色公司债券、绿色金融债券、绿色债务融资工具、绿色集合债券、绿色资产支持票据、绿色项目收益票据等不同种类。[1] 从实践情况不难看出，目前绿色债券的种类比较庞杂，涉及的制度规范也比较多样，如果对现有绿色债券进行分类缺少统一、明确的标准，很难系统性梳理和整合我国现有绿色债券法律制度的建构，明晰相关制度安排之间的复杂关系，并在此基础上提出针对性完善建议。因此，笔者认为亟须将现有绿色债券品种予以系统化梳理，以整体全面地把握我国绿色债券市场的情况，为后续相关法律制度研究与完善提供基础。

债券的分类因分类标准不同而有所差异，因此，首先需要对债券划分的主要标准和相关类型进行明确。总体来说，债券分类主要有如下四类标准：一是按照发行方式的差异，可以将债券分为公募债券和私募债券；

---

[1] 参见史英哲：《中国绿色债券市场发展报告（2019）》，中国金融出版社 2019 年版，第 35 页。

二是按照发行主体的差异,可以将债券分为政府债券、金融债券和公司债券;[1]三是按照付息方式的差异,可以将债券分为零息债券、付息债券和息票累计债券;四是按照利率的差异,可以将债券分为利率债和信用债(见表2.1)。由此可见,由于标准的不同,债券的分类也呈现出较为复杂的形态。而类型化工作的开展将为制度梳理奠定基础,因此,债券分类的明晰是确定绿色债券分类标准的基础。

**表2.1 债券分类标准与类型**

| 发行主体 | 信用状况 | 发行方式 | 付息方式 | 利率固定性 | 期限长短 |
|---|---|---|---|---|---|
| 政府债券 | 利率债 | 公募债券 | 零息债券 | 固定利率债券 | 长期债券 |
| 金融债券 | 信用债 | 私募债券 | 付息债券 | 浮动利率债券 | 中期债券 |
| 公司债券 | | | 息票累计债券 | 可调利率债券 | 短期债券 |

注:分类来源于网络公开数据。

正如前文所述,债券的范围较为广泛、品种较为多样,且对具体种类尚有诸多需要明确的内容,这导致债券市场制度供给呈现出碎片化的特征。虽然,参考《证券法》(2019修订)第2条的规定可以对绿色债券产品的大致范围进行初步分类,这对绿色债券范围和类型的确定也仅仅具有一定参考意义,须知债券品种是一直处于动态变化和调整的范围,对其具体规则适用应当从动态的视角考察。从现有绿色债券运行实践来看,其呈现出两种较为明显的进路:一是由政府主导发行的绿色债券;二是由市场主体主导发行的绿色债券。[2] 市场主导发行的绿色债券鉴于其主体的差异性和资金进入生态环境领域的差异性,又可以分为金融企业发行

[1] 参见王福重:《金融的解释》,中信出版社2014年版,第77页。

[2] 郝志斌在论证环境效益债券运用于农村环境治理两种理论进路时也采用了相似的分类方法。虽然鉴于付费机制的差异性,采用政府主导发行社会效益债券的方式可能存在《预算法》上的阻碍,但是,在其他绿色债券发行中却不存在相应问题。参见郝志斌:《论农村环境治理的工具创新:以环境效益债券为例》,载《社会科学》2020年第11期;郝志斌:《论农村环境治理的工具创新:以环境效益债券为例》,载《社会科学》2020年第11期。

的绿色金融债券和一般企业发行的绿色公司债券等。因此，如果采用利率影响机制下利率债、信用债的二分法，在制度建构上反而很难回应生态环境治理的现实需要。鉴于此，笔者认为可以采用绿色政府债券、绿色金融债券、绿色企业债券(广义，含绿色公司债券)的三分法，并以此为视角展开类型化工作，以观察绿色债券市场的具体实践情况。

此外，在绿色债券的发展与创新方面，随着绿色债券发行量的持续增长，绿色债券发行的区域、领域和种类也呈现出更加开放、多元的态势，因此，在进行绿色债券类型化工作时也应当持有更加稳健、审慎的态度，因此，本书建议在国家立法、地方立法、行业自律规范、政策文件的制定过程中，专门立法需要与《证券法》(2019 修订)等相关法律法规形成有效互动，在立法技术上采用兜底立法的方式。具体的条文表述既需要将主要、典型的绿色债券列举出来，同时，也需要通过"等其他"的表述方式为我国绿色债券品种创新预留必要空间。

综上所述，本书所述的债券与《证券法》(2019 修订)第 2 条虽然在一定程度上重合，但是也存在一定区别。例如，与公司债券、企业债券、银行间市场非金融企业债务融资工具等一般意义上的债券相比，绿色政府债券的发行主体、利率生成机制等都存在其自身特性，因此，需要从主体的差异性出发，还应考虑到资金投放到绿色产业的具体方式有所不同，进而设置差异化的制度规则，这与《证券法》(2019 修订)第 2 条第 2 款"另有规定"的安排是一致的。因此，笔者认为采用三分法将绿色债券分为绿色政府债券、绿色金融债券和绿色企业债券比较妥当。因为三分法从监管主体、发行主体的差异性入手，契合法律关系主体、客体和内容三分法的判断逻辑，可以满足不同品种绿色债券在适用法律和具体规则上的差异性，同时，还对把握绿色债券运行实践中的法律适用具有很强的参考意义。

## 二、绿色政府债券

如果参考一般政府债券的具体品种对应的设计思路将绿色政府债券分类，品种齐全的绿色政府债券主要应当包括绿色主权债券、绿色国债、绿色地方政府专项债券三种类型。下述分类将从绿色政府债券的具体品种出发，对绿色政府债券的概念进行初步介绍。需要特别指出的是，鉴于目前我国在绿色政府债券运行实践方面的经验仍相对薄弱,本处只从概念的层面论述我国可以尝试发行的绿色政府债券。从全球范围内绿色政府债券的运行实践来看,绿色政府债券具体包括以下三个部分。

第一,由财政部等部门或代理机构对内发行绿色主权债券。主权债券是指国家政府作为发行人,以国家信用为背书,并以外币发行、由外国投资者购买的利率债券。具体来说,主权债券的发行主体是政府财政部门或其他代理机构,发行市场为境外市场,发行币种是外币。发行主权债券具有提升国内债券市场的定价效率、分散融资风险和助力发行地金融发展等积极意义,因此,我国近年来颇为重视主权债券的发行工作。例如,2019 年中国政府在巴黎成功定价发行 40 亿欧元主权债券。绿色主权债券可以以国家信用作为背书,其所募集的资金又可以运用于所有契合《绿色债券支持项目目录(2021 年版)》的项目中,因此,其平均发行规模相较于我国当前发行的绿色债券而言会更大,也具有较强的投资吸引力,这对增强我国绿色债券的流动性大有裨益。但是,目前我国尚未发行真正意义上的绿色主权债券,这与欧美国家重视绿色主权债券的发行形成了鲜明的对比。

第二,由财政部对内发行的绿色特别国债。国债(national debt; government loan),又称为“国家公债”,是指国家作为主体以其信用为基础,按照发行政府债券上市交易的法定规则,通过向社会筹集资金所形成的债权债务关系。由此可见,国债是中央政府向投资者出具的、承诺在一定时期支付利息和到期偿还本金的债权债务凭证。由于国债的发行主体是国家,因此,国债一般都具有最高的信用度,是投资风险很低的金融产品。一般来说,国债包括凭证式国债、[1]无记名(实物)国债、记账式国债等三种类型。而从理论层面观察,为有效支持生态文明建设,可以借鉴发行抗

[1] 按照我国国债管理的有关规定,凭证式储蓄国债只能在银行柜台购买,购买后不可以在二级市场流通转让,并且购买对象只能为个人,任何组织、机构不得认购。

疫特别国债等实践探索,[1]在重大自然灾害、重大环境卫生问题等特殊情形下尝试发行生态文明建设特别国债。虽然,迄今为止我国尚无关于特别国债比较权威的定义,但是,从与一般国债的对比中可以发现,其具有用途特定、流程简易、发行频率低、不增加财政赤字四个核心特征。[2]但是,目前我国尚未开展相关方面的尝试,为进一步拓宽绿色发展、产业绿色转型,保证碳达峰、碳中和目标的实现,可以论证通过绿色特别国债拓展融资渠道的可能性,激发公众关注绿色投资、绿色消费的积极性。

第三,由地方政府发行的绿色政府专项债。地方债是指地方政府、地方公共机构按照法定条件和程序发行的债券,具体来说包括地方政府债券发行的一般债券和专项债券两种类型,本书主要论述的是绿色政府专项债。此类债券募集的资金主要用于公共交通、通讯服务、公共住宅、义务教育、公共卫生和污水处理系统等基础设施的建设或者公共服务的供给,并以当地政府的税收能力和其他收入作为还本付息的担保。按照相关要求,专项债券收入、安排的支持、还本付息、发行费用纳入政府性基金预算管理。绿色政府专项债本质上是地方政府债务融资工具的重要组成部分,因此,理解绿色政府专项债的概念需要以把握政府债一般性运行规律为前提,并对融资条件和整体制度安排予以整体考虑。目前,为推动地方生态文明建设,部分省(自治区、直辖市)都有选择地尝试通过绿色政府专项债的方式筹措资金进行地区生态环境治理。例如,山东省首只黄河流域生态治理项目[3]专项债券等相关地方专项债的发行就是该领域比较积极的尝试。

---

[1] 自新中国成立以来,我国共发行了4次特别国债。第一次是20世纪90年代为补充工农中建等四大行的资本金,满足监管要求、降低资本充足率;第二次是2007年为有效调整内部流动性过剩和外部货币升值,发行特别国债购买美元外汇;第三次是2020年发行抗疫特别国债,为抗击疫情筹集必要资金;第四次是2024年为用于国家重大战略实施和重点领域安全能力建设而发行的超长期特别国债。

[2] 参见邓文硕:《特别国债发行的历史经验、国际借鉴和未来展望》,载《武汉金融》2020年第6期。

[3] 参见代玲玲、李金清:《山东发行专项债券1.11亿元支持东平湖生态治理建设》,载大众网,http://paper.dzwww.com/dzrb/content/20200706/Articel04005MT.htm。

## 三、绿色金融债券

按照中国人民银行在《关于在银行间债券市场发行绿色金融债券有关事宜的公告》(中国人民银行公告〔2015〕第39号)中的定义:"绿色金融债券是指金融机构法人依法发行的、募集资金用于支持绿色产业并按约定还本付息的有价证券。"绿色金融债券是我国目前绿色债券中较为典型的组成部分,在现实运行中也有较多的实践经验可以供参考。从发行地域来看,绿色金融债券发行地可能在域内,也有可能在域外,而从我国绿色债券的运行实践来看,其大致可以包括四种类不同类型。

第一,由国家开发银行等发行的准主权国际绿色债券。准主权债券是政策性银行在香港联交所、中欧国际交易所等域外金融市场发行和交易的一种特殊金融债券,我国发行准主权国际绿色债券对加强生态文明建设,推动区域乃至全球生态环境治理具有重要作用。例如,国家开发银行于2017年11月成功发行首笔准主权国际绿色债券,该批债券包括5年期5亿美元债和4年期10亿欧元债两种类型,且该债券在香港联交所和中欧国际交易所同时上市,募集资金主要用于支持"一带一路"建设相关清洁交通、可再生能源和水资源保护等绿色产业项目。在制度建设方面,该债券对募集资金用途及环境效益进行年度披露,这对国内债券信息披露制度的完善具有重要参考意义。

第二,由国内金融机构在国内市场发行的绿色金融债券。绿色金融债券是指由金融机构在银行间金融市场发行和交易,并将募集资金投放到绿色信贷产品中的一种绿色债券。由此可见,绿色金融债券的运行与绿色信贷的具体实施具有天然的亲和力和关联性,在具体制度配套和规则互动上具有重要作用。在现实中,金融机构也颇为重视此类债券的运行,目前,金融机构在该领域已经积累了颇多有益成果经验。例如,国家开发银行就于2021年3月在北京发行了首单"碳中和"专题"债券通"绿色金融债券,借此拓宽我国绿色债券融资渠道,推动绿色债券市场的发展完善。需要说明的是,绿色金融债券是绿色债券领域较早开始实践的部分,其对推动绿色债券实践具有重要意义,故对此类债券的制度关注也是本书关注的重要内容之一。

第三,由国内金融机构在域外市场发行的绿色金融债券。此类债券可以有效扩大我国生态文明建设的资金来源,并可以在国际资本市场产生良好的示范和引导效益，因此，其发行实践对推动我国绿色债券的发展具有重要的现实意义。由于相关债券的发行地是域外市场，因此，此类债券不仅需要遵守我国对域外发行债券的相关规定，同时，还需要适用发行地关于绿色金融债券发行的相关制度安排。目前，为拓宽我国绿色债券融资渠道，我国也颇为重视商业银行在域外发行绿色金融债券的尝试。例如，2019 年 10 月，农业发展银行发行的“粤港澳”主题绿色可持续金融债券是国内首例获得香港品质保证局绿色金融认证的利率债券，该债券拟将募集资金投向大湾区环境保护和生态修复项目，[1]这是我国在域外资本市场发行绿色金融债券的重要尝试。

第四，由多边金融机构、域外公司在我国发行的绿色熊猫债券。熊猫债券是指国际多边金融机构、境外公司在中国境内发行的人民币债券。[2] 按照国际惯例，金融机构在他国发行债券时，债券一般以发行地国家最典型的国宝吉祥物来命名。据此，我国将国际多边金融机构、境外公司等在华发行的人民币债券命名为“熊猫债券”。绿色熊猫债券专门用于绿色项目的使用和推广，作为一种特殊的国际债券，自“一带一路”倡议实施以来，其对共建国家基础设施项目融资发挥了重要作用。绿色熊猫债券市场规范的完善还将推动中国资本项目开放水平，有利于人民币国际化和生态文明建设目标的实现。例如，金砖国家新开发银行于 2015 年就曾在我国全国银行间债券市场发行了 30 亿元人民币的绿色金融债券，该绿色金融债券不但由联合资信、中诚信进行了债券信用评级，并由安永进行了信用评估认证，还按照季度通过使用情况专项报告的形式披露了募集资金的使用情况，此类实践可以为我国通过立法方式确立强制性信息披露制度提供支持。

---

[1] 参见《2019 年中资主体境外发行绿色债券情况分析》，载雪球网 2020 年 8 月 6 日，https://xueqiu.com/1453552495/155920574。

[2] 目前，梳理我国熊猫债券发行的实际案例，可以看来绿色熊猫债券发行的实践主要有两种类型：第一种是国外主体发行的绿色熊猫债券；第二种是我国在海外上市的企业在国内交易所市场发行的绿色熊猫债券。两者虽然在实际运行中受到的关注不同，但是，都为推动绿色经济发展发挥了重要作用。

## 四、绿色企业债券

虽然广义的绿色企业债券主体比较多样，交易市场和监管主体也有所不同，且其在发行与交易规则、信息披露规则等方面也存在一定差异性，但是，相关债券的发行人都属于营利性非金融机构，因此，此类债券存在筹集资金目的、交易流程等方面的一致性。故而，此类绿色债券应当在具体监管和激励规则上秉持统一性，这也是对相关规则进行后续优化的主要方向。从实际案例出发，绿色企业债券应该具体包括以下四种类型。

一是由证监会等注册、公司发行的绿色公司债券。按照中国证监会《关于支持绿色债券发展的指导意见》（中国证券监督管理委员会公告〔2017〕6号）的规定，绿色公司债券是指符合《证券法》、《公司法》、《公司债券发行与交易管理办法》和其他相关法律法规的规定，并遵循证券交易所相关业务规则的具体要求，将募集资金用于支持绿色产业项目的公司债券。按照现有监管规则，绿色公司债券经证监会注册后，主要在上海证券交易所（以下简称上交所）、深圳证券交易所（以下简称深交所）进行发行和交易，而且为加强信息披露，债券发行人需要按照有关规定委托评级机构出具评级报告。绿色公司债券是一种比较典型的绿色债券，有关制度的建设和完善对整体认识绿色债券法律制度框架具有非常重要的意义。

二是由国家发改委注册，企业发行的绿色企业债券。绿色企业债券是指经国家发改委注册后在银行间市场和交易所市场向机构投资者发行，并将募集资金主要用于支持节能减排技术改造、新能源开发利用、循环经济发展、水资源节约和非常规水资源开发利用、污染防治、生态农林业、节能环保产业、低碳产业等绿色循环低碳发展项目的企业债券。企业债券是我国发行的一种比较特殊的债券，在交易市场、运行规则等方面都有一定的特殊性，其发行程序上除了适用《证券法》《公司法》的一般规则，还应当适用《企业债券管理条例》关于企业债券发行的特殊规定，并由国家发改委以注册通知的形式实施注册发行。[1] 随着债券市场的发

〔1〕 例如，湖北省随州市城市建设综合开发投资有限公司在向国家发改委提出发行绿色公司债券的请示后，国家发改委以发改企业债券〔2020〕292号注册通知准予其在银行间市场和上交所上市；四川省达州市国有资产经营管理有限公司在向国家发改委提出发行绿色公司债券的请示后，国家发改委以发改企业债券〔2021〕222号注册通知准予其在银行间市场和上交所上市。

展,企业债券和公司债券规范的差异性正在逐渐缩小,特别是在绿色债券等特殊品种债券的发行中,特殊规则的统一性颇受各方关注。

三是由证券公司、商业银行在国内市场发行的绿色资产支持证券。绿色资产证券化(Asset - Backed Securitization,ABS)是以具有稳定收益的基础资产或资产组合作为支持,在资本市场上发行绿色资产支持证券,其要求将募集的资金用于绿色资产,且以企业所拥有的绿色资产未来产生的现金流作为还款来源,其在将绿色资产引入企业债券市场融资中扮演了重要的角色。[1] 需要指出的是,环保 PPP 项目实施与绿色资产支持证券的实施具有很强的关联性,鉴于 PPP 基础性资产在 ABS 融资中的优势,环保 PPP 项目应当进行市场化运作,尝试通过绿色资产支持证券等市场运作方式提供生态产品,维护生态秩序。由此可见,绿色 ABS 对拓宽绿色项目直接融资渠道,推动绿色债券创新,落实绿色发展理念具有非常重要的现实意义。按照监管部门的不同,ABS 融资的具体规则也存在差异。比如,商业银行的信贷资产证券化产品需要遵循《金融机构信贷资产证券化试点监督管理办法》的规定,而证券公司的绿色资产证券化产品需要遵循《证券公司及基金管理公司子公司资产证券化业务管理规定》《证券公司及基金管理公司子公司资产证券化业务信息披露指引》《证券公司及基金管理公司子公司资产证券化业务尽职调查工作指引》等配套制度的规定。

四是中小企业绿色集合债、债务融资工具[2]等其他绿色债券。鉴于绿色债券领域发展存在极强的创新性,相关债券市场在未来也极有可能推出新的绿色债券产品,故笔者认为在绿色债券实践过程中需要保持相对弹性的分类标准,以为今后绿色债券领域的金融创新预留足够的空间。因此,本部分是绿色债券类型化中的兜底规定,笔者希望通过这一分类拓宽绿色债券品种,为未来绿色债券的发展预留必要空间。目前,部分区域股权交易中心就尝试通过私募的方式开展发行绿色公司债券,同时,

---

[1] 参见华冰、张颖:《绿色资产证券化对可再生能源发电行业的金融支持——以新疆金风科技为例》,载《财会月刊》2019 年第 11 期。

[2] 参见中国银行间市场交易商协会发布的《非金融企业绿色债务融资工具业务指引》,该指引对绿色债务融资工具进行了明确的定义。

部分地区还立足于本地实践专门制定了具体的政策性文件。例如,《深圳市人民政府关于构建绿色金融体系的实施意见》就将“中小企业绿色集合债”作为绿色债券创新探索的重要组成部分,该创新契合了《关于推动公司信用类债券市场改革开放高质量发展的指导意见》的最新要求,同时,还为我国绿色债券的发展提供支撑。此外,现有实践中也不乏绿色债券领域的不同层面和不同方式的尝试,后文会对相关内容予以论述,此处不予赘述。

# 第三章 绿色债券法律制度的理论溯源

为廓清绿色债券运行中的必要理论支撑,并为绿色债券发行、交易和监管等相关活动的制度建设提供理论依据,本部分拟就相关理论进行概况式的说明。同时,初步分析这些理论在我国绿色债券法律制度建构中的实际作用情境,以此对绿色债券法律制度进行解释,指导相关制度的梳理和整合。在绿色债券法律制度建构中必须考量支撑制度实施的相关理论基础,从较为宏观、整体的层面对现行法律制度及其实施情况进行综合考察,才有可能为后续制度的优化和完善奠定基础。

## 第一节 结构功能主义理论

从法律制度的整体构造和实然塑造进行观察可以发现,借助现有理论研究成果可以为后续制度的持续性建构奠定基础,并为有效指导我国绿色债券法律制度的渐进完善提供理论支撑。因此,本部分拟从结构功能主义理论出发对绿色债券法律制度构造的内在机理进行关注,借助整体结构功能的考察分析现有制度安排实现的具体逻辑,为后续制度架构的完善提供基础。

### 一、结构功能主义理论简述

结构功能主义是侧重对社会系统的制度性结构进行功能分析的一种理论,该理论形成于第二次世界大战后,美国的帕森斯、默顿等学者是该理论的主要代表人。从历史发展脉络来看,该理论主要从社会有机体论和早期功能主义发展而来,其主张用功能分析方法剖析整个社会体系与社会制度之间的关系,因此,在论述结构和观察视角上带有生物学研究的旨趣。该理论认为社会生活之所以能维持下去,是因为社会找到了一种手段(结构)去满足人类的需要。按照帕森斯的观点,社会也是由不同功能的子系统共同组成的有机整体,[1]而每个功能系统各自承担着适应、目标实现、整合和维持这四项功能需求,[2]系统内部的制度化整合又是实现功能目标的重要基础;同时,他还认为任何社会现象的最普遍、最基本的性质都是其局部、维度或者变量共同构成的相对稳定的关系性,因此,他尤为关注社会系统及社会系统内部系统间的互动关系,并希望借助对互动关系的描述回应社会实践中的诸多问题。默顿的理论贡献则主要集中在功能的细致区分,他将功能细致划分为显功能与潜功能、正功能与负功能以及非功能等不同情况,进而按照上述分类的交叉关系描述系统的基础功能需求,这种类型化的思路显著增强了结构功能主义理论在分析系统性问题中的解释力。在法学研究层面,卢曼的系统论法学就在一定程度上受到帕森斯等人的影响,其在对法律体系的解释中也持有类似观点。卢曼的研究主要集中在揭示现实世界存在的复杂性与偶联性等特征与法律系统关系的讨论,由此,其认为法律系统与外在环境之间的关系是极其复杂性且密不可分的,也就是说,社会环境会对法律系统演化带来重大影响。[3] 由此可见,该理论对剖析诸如绿色债券等自律规则、公共政策与法律法规相互交织形成的制度系统时,具有其特有的解释能力,特别是其从制度系统和实践环境相关性分析中可以认识到制度演化发展的实践因素,这使该理论可以从较为宏观的视域为问题的解决提供全面答案,有利于克服传统法律体系存在的僵化风险。

## 二、绿色债券法律制度中结构功能主义理论的展开

对秩序的诠释是结构功能主义的核心内容,而对秩序、体系的客观追求也是法律制度建构并用于指导实践的重要目标之一。通过结构功能主

---

[1] 参见刘润忠:《试析结构功能主义及其社会理论》,载《天津社会科学》2005 年第 5 期。

[2] 参见刘薇、梁方锋:《司法改革理论分析的新面向——帕森斯结构功能主义的视角》,载《吉首大学学报(社会科学版)》2019 年第 S1 期。

[3] 参见泮伟江:《探寻法律的界限——论卢曼晚期系统论法学思想》,载《北京航空航天大学学报(社会科学版)》2021 年第 1 期。

义的视角理解法律制度体系具有重要优势，该视角可以为制度的秩序化建构提供重要支撑。由此可见，法律制度的规范设计必须从制度运行的现实需要出发，总体考虑制度的构造才有可能对其功能进行较为全面的把握，而体系性梳理可以有效降低制度适用的整体性成本。因此，笔者认为有必要从结构功能主义的角度出发，对绿色债券法律制度体系进行整体性梳理，以此为制度的理解、建构和优化提供重要支撑。而在比较法研究的方法论中，功能主义的研究范式一直占有非常重要的地位，该理论在发展运用过程中逐渐形成了以“事实方法”为基础，以“问题”为导向，以“求同”为目的的具体研究思路，[1]也就是说在开展比较研究的过程中，需要对相关制度实施的宏观背景和实践情境进行分析，这可以为后续制度完善提供重要参考，因此，对不同法域、不同背景下相关制度的比较、筛选和确认具有颇为重要的现实意义。借助结构功能主义的具体内容观察可以发现，绿色债券法律制度的相关研究具有浓厚的交叉性领域法的特点，这体现了法律体系对于新兴社会问题尝试积极消解的面向，也反映了“精密型”与“应急型”领域法学研究之间存在转化与反哺的动态互动不足，[2]这也正是领域立法区分其于传统规范要素和功能要素，并以此指导制度系统进行整体优化的关键所在。由此可见，结构功能主义理论与领域法学的探索和需求具有天然契合性，而借助结构功能主义关于手段与需要关系的理解可以从系统性需要的角度解释社会问题，特别是对不同功能的分类和描述更是如此。领域法学研究范式可以实现对类型化方法的弥补与超越，提供去中心化的立体法律发展模式，通过主体间互动的多元共治为具体社会疑难杂症提供周延而高效的应对方案。[3] 因此，借助相关理论研究成果可以有效回应制度建设中的实际需求，特别是从绿色金融发展的动态需要出发，关注制度的系统性完善。也就是说，基于结构功能的视域，作为交叉领域的绿色债券法律制度承担着公法和私法互

---

〔1〕 参见郑智航：《比较法中功能主义进路的历史演进——一种学术史的考察》，载《比较法研究》2016年第3期。

〔2〕 参见吴凯：《论领域法学研究的动态演化与功能拓展——以美国“领域法”现象为镜鉴》，载《政法论丛》2017年第1期。

〔3〕 参见吴凯：《论领域法学研究的动态演化与功能拓展——以美国“领域法”现象为镜鉴》，载《政法论丛》2017年第1期。

动的任务,需要在其实践中强化二者吸收或者促进的互动逻辑,以推动绿色债券法律制度的体系化。[1]

因此,在绿色债券法律制度的建构和完善过程中,需要从整体上考虑相关制度结构性功能的发挥,以有效应对我国产业转型和绿色经济发展的现实需要。在绿色债券发行、托管、交易和结算等活动中涉及私法性质规则和公法性质规则的同时适用,然而,目前这些规范都分散在不同法律、法规和政策文件中,若缺少相关逻辑和理论对其进行系统性梳理,则很难从整体上把握绿色债券法律制度安排的现状,也很难提出针对性的优化方案来推动绿色债券法律制度的发展。因此,在相关制度的完善中需要遵循"问题界定—规范提炼—调整适用"的逻辑方法,运用对立法理性和实践价值并重的思路,[2]提出针对性解决现实问题的具体方案。具体来说,从中长期发展需要来看,可以在分散立法模式的逻辑下在环境法典低碳发展编设置柔性条款,[3]为绿色债券发展提供有效的软约束。借助结构功能主义可以有效梳理绿色债券整体制度安排,把握相关核心制度和配套制度在结构功能层面上可能存在的空白,增强对债券运行一般规则和绿色债券特殊规则之间的分析判断,并为后续具体制度的整体性把握提供可能。因此,后文第七章对相关制度规范群的整体设计就以结构功能主义作为基础分析范式,并在分析现有具体制度安排的基础上,提出一般性规则和特殊性规则之间的协调互动的方案,这可以为绿色债券法律制度体系的完善提供有效的解决方案。

## 第二节　法政策学理论

绿色债券法律制度本质上呈现出了社会实践中法律与政策相互交

---

[1] 参见杜辉:《公私交融秩序下环境法的体系化》,载《南京工业大学学报(社会科学版)》2020年第4期。

[2] 参见刘剑文、胡翔:《"领域法"范式适用:方法提炼与思维模式》,载《法学论坛》2018年第4期。

[3] 参见张忠民:《环境法典绿色低碳发展编对可持续发展理念的体系回应与制度落实》,载《法律科学(西北政法大学学报)》2022年第1期。

织的状态，凸显了当代复杂行政活动中公共政策在具体制度实施过程中发挥的重要作用，因此，本部分拟就绿色债券运行过程中支持法律与政策互动转化的制度理论进行初步梳理，以期有效指导我国绿色债券法律制度的完善，为绿色债券法律制度体系的整体性塑造和优化提供有力支持。

### 一、法政策学理论简述

法律政策学理论持有的基本观点是，适用法律时应当考虑具体行政需求下最佳的政策选择，以从动态视域下强化法律与政策的互动性。该理论的创始者包括 H. 拉斯维尔和麦克道格尔等人，他们认为，法是权力价值呈现的重要形式之一，而权力是指当事人参与重要决策的制定的一种资格能力，因此，将法进一步抽象认定为社会中所有权力决策的总和。进一步而言，他们强调法的功能性价值，认为公众应当实际参与权力的分配，并享有权力分配所带来的利益；而法的目的应该是保障公众可以在最大限度上分享价值，以最大限度利用自然资源和维护人类尊严等，并以其指引社会政策的制定和完善。[1] 按照上述分析，他们初步完成了法律与政策连接的内在关联性讨论，并颇为重视二者在实施社会任务的目的一致性。由此可见，现代法律政策学的基本倾向是社会法学，其试图借助系统性的观念对法律制度进行阐释，故该理论在解释社会运行和制度系统互动等方面具有较强的解释力。在我国法治运行的具体实践中，法律与政策也协同发挥着社会治理的具体功能，在行政实践中一直都存在软硬法兼存的混合状态，其中，政策发挥着不可忽视的作用，特别是“两办”联合文件、执政党的政策等都是我国公法实践中极其重要的本土性制度资源“软法”。[2] 在软法和硬法相互影响的情况下，这些软法规范往往又发挥着特有的制度功能，彰显出巨大的制度优势，使实践中政策与法律呈现

〔1〕 参见卓泽渊：《法的价值总论》，中国社会科学院 2000 年博士学位论文，第 10 页。

〔2〕 参见罗豪才、宋功德：《认真对待软法——公域软法的一般理论及其中国实践》，载《中国法学》2006 年第 2 期。

出较强的互动倾向。[1]“政策往往必须经由法律的制定、施行,方可以有效推行”,[2]因此,在实践层面必须关注政策合法性的考量,基于对实践的考察不难发现,目前我国绿色债券法律制度框架体系中涉及大量不同层级、不同主体制定的政策规范,而相关政策规范的转化、适用和承继亦是绿色债券法律制度框架建构时必须予以回应的问题,法政策学研究中关于法律与政策关系的讨论、关于转化机制的思考都可以为制度之间的转化提供坚实的理论支撑。

## 二、绿色债券法律制度中法政策学理论的运用

法政策学在立法实践中最重要的功能就是为政策法律化提供理论支撑,按照哈耶克的观点,法律制度的最大优势体现在其稳定性和秩序性,[3]而借助法政策学的运用,可以从动态视角理解制度的互动,消解二者之间的制度冲突,并有效凸显法律的制度功能。因此,在行政实践中有必要总结具体政策实践经验,并在国家或者地方层面的立法活动中及时对成熟的经验进行总结并将其上升为稳定的法律制度。政策法律化本质是法的正义、稳定、权威等治理价值对政策上升为法律进行的规控,其在实践中呈现为借助法律工具实现国家战略或者政策旨意。具体来说,政策的制定和实施需要通过社会实践不断进行验证,以强化制度安排的现实性和客观性。因此,以政策视角审视法律的功能可以发现,法律规则本身是公共政策的凝练表达,同时,其也为实现政策制定的科学性和合理性提供了外部支持。另外,法律天然具有可预测性、稳定性、权威性等特质,这就为政策目标的达致提供了强大的向心力。由此可见,政策和法律视角之间通常存在“交互流通”的现象,这种动态的互动具有两个层面的意义:一方面为公共决策制定者提供法学理论层面的思维检视工具,另一方

---

〔1〕 笔者在本部分介绍的软法理论和法政策学理论在一定程度上存在交叉,但是,二者也存在很强的差异性。软法理论更加注重将软法性质定位为法律规范,是以静态介绍的方式将自律准则等纳入法律系统内容;而法政策学将二者视为关联性较强的两个不同的系统,强调两个系统之间的互动。

〔2〕 参见陈铭祥:《法政策学》,台北,元照出版有限公司2011年版,第3-5页。

〔3〕 参见[英]哈耶克:《法律、立法与自由》(第1卷),邓正来等译,中国大百科全书出版社2000年版,第154页。

面也为立法者供给具备实践操作价值的立法方案。[1] 从这个角度来看，政策法律化应当被归类于偏重应用研究且具有较强问题导向的立法学，其具体运用时需要结合法律解释学、立法过程学和法律执行过程学等方面研究开展的论证。因此，法律和政策二者都可以被理解为“制度”，即广义上的规则，其主要用于约束人的行为，并形成特定的激励结构、信用结构和社会秩序，[2] 从这个角度可以发现法律与政策二者之间的互动存在较强的现实意义和实然价值，其也可以为本书中解决方案的供给提供支撑。从历史演进的视角来看，我国生态环境治理工作的环境经济政策是逐步发展起来的，其大致经历了萌芽、形成、发展、深化四个阶段，在环境经济政策发展过程中综合运用税费、补贴、价格和交易等多类措施，可以有效回应生态环境治理现实需要的局面。从经济学上来看，庇古税和科斯定理是指导实践中运用环境经济政策进行生态环境治理的理论基础，实践综合运用财税、补贴等常见经济措施可以有效破解因“市场失灵”或者“政府失灵”情形导致的经济发展与环境保护不协调等问题。由此可见，环境经济政策的运作机制是凭借运用国家调控下税费、补贴等经济激励措施，迫使企业等私主体将环境成本内部化，进而以成本压力促使其转型发展，以达到有效衡平经济效益与环境效益的目的。[3] 在环境经济政策实施过程中，价格、财税、补贴、交易等经济手段的实施高度依赖于政策支持，因此，运用法政策学相关理论剖析制度安排将有利于具体实践方案的优化，特别是在法律层面对其优化完善提供支持是当前该领域实践中需要迫切回应的现实问题。

在绿色债券运行的有关领域，政策性因素是颇为关键的因素之一，鉴于“法律本身就是地方性知识，而非不受地方局限的通则”[4]，对我国绿色债券有关政策特殊性的关注是发掘我国绿色债券发展过程中的特殊需

---

〔1〕 参见于干千：《法律政策学视域下健全文旅融合法律体系路径研究》，载《思想战线》2021 年第 3 期。

〔2〕 参见黄恒学主编：《公共经济学》，北京大学出版社 2009 年版，第 439 页。

〔3〕 参见张立、尤瑜：《中国环境经济政策的演进过程与治理逻辑》，载《华东经济管理》2019 年第 7 期。

〔4〕 参见[美]克利福德·格尔茨：《地方知识——阐释人类学论文集》，杨德睿译，商务印书馆 2014 年版，第 344 页。

要的前提。虽然,从国际层面来看,绿色债券法律制度框架的发展也集中在近十年。但是,相关国际法律和政策都需要依赖国内法层面制度安排来保障实施,[1]这就需要借助国内法在完善过程中结合国内绿色债券运行实践的现实需要完成。当然,近年来国内相关公共政策也在不断优化完善,这为绿色债券的发展提供了初步保障,可以有效回应生态环境治理的现实需求。例如,自2017年《中国证监会关于支持绿色债券发展的指导意见》发布以来,信誉激励、绿色通道和补贴政策等制度安排就普遍存在,特别是直接补贴、税费减免等经济激励工具的使用有效减少了企业的治理成本,增强了企业在绿色发展中的竞争力,[2]正是基于这样的原因,在交易所市场发行、交易的绿色债券越来越受到资本市场的青睐。目前,我国绿色债券运行领域的大量制度都是以政策性文件的形式出现的,这些制度的存在表明我国绿色债券法律制度体系已经初步建立,但是,其仍存在内容庞杂、效力层级较低等问题,这客观上阻滞绿色债券市场的成熟。因此,需要从政策与法律的互动机制层面考虑二者之间的相互关系,梳理我国绿色债券有关法律制度生成演变的具体机制,总结本土资源和全球探索的有益成果,及时将成熟的政策规则上升为法律规范,以落实环境法义务本位的基本理念,通过政府义务的落实[3]来保障绿色债券市场的稳定、持续发展。

## 第三节 软法理论

绿色债券法律制度的实施和完善都依赖于公共管理活动的开展,绿色金融产品的政策性特征表明在绿色债券发行、交易等相关活动中都需要重视行政权功能的发挥,从动态的维度理解绿色债券运行中公共决策

[1] 参见史英哲、云祉婷:《中国绿色债券市场发展报告(2020)》,中国金融出版社2020年版,第153页。

[2] 参见秦鹏、杨景晖:《政策工具视角下绿色产品标识制度的构建》,载《南京工业大学学报(社会科学版)》2021年第4期。

[3] 参见李艳芳、王春磊:《环境法视野中的环境义务研究述评》,载《中国人民大学学报》2015年第4期。

的实现、制度制定和演变的具体脉络。由此可见，若拟实现作为基本国策的环境保护目标，需要重视经济政策手段在生态环境治理活动中的具体运用，并以多元主体参与治理作为出发点进行观察，在具体实践活动中还需要高度发挥软法在绿色债券运行实践中的功能。

## 一、软法理论简述

软法理论的基本观点是国家治理活动的实现需要依赖软法、软法与硬法协同发挥功能，因此，为厘清二者之间的关系首先就必须对二者的概念进行把握，才有可能对后续的理论适用进行讨论。按照目前的通说观点，软法（soft law）是指尚不能用国家强制力保证实施的法规范，其大致包括政治组织制定的自律规范、社会共同体制定的自治规范和行业协会等制定的自律规则等四种类型；硬法（hard law）是指能依靠国家强制力来保证实施的法规范，它们具有强烈的国家强制色彩，例如，国家颁布的民法、环境法等具体法律规范都是比较典型的硬法。梳理我国的制度实践还可以发现，党内法规和政策、国家公共政策、法律法规和社会规范等都是当前我国社会实践中客观存在并发挥作用的规范类型，只是这些规范发挥作用的情景和场域有一些不同，但它们共同推动着我国治理体系和能力的优化。虽然，每种规范类型都有不同的功能、特性和规范来源，但是，这些规范类型可以形成新的有机组合并再次形成新的规范体系，这共同构成了当代我国规范体系之基本制度结构。因此，在法治国家建设中应对各种规范进行科学而恰当的法律定位，准确界定各种规范类型在社会治理结构和法治结构中的应有的地位、作用及相互之间的关系，科学构建我国当代规范体系理论及与之契合的制度结构。[1] 从这个视角来看，法作为一种社会关系的调节器，应当从稳定不同社会关系的秩序安排出发，根据社会治理成本选择强弱有别的规则进行规制，否则就会因为国家强制的滥用而造成法治资源的浪费，甚至还可能伤及法律规范治理的正当性。与这一观点相似，麦考密克和魏因贝格尔也认为，法律应当被视为“制度的事实”，为增强其论证正当性，需要从实践哲学的角度出发，在考虑社会现实的前提下承认教义学，而这就意味着要承认法是一种开放

---

〔1〕 参见刘作翔：《当代中国的规范体系：理论与制度结构》，载《中国社会科学》2019 年第 7 期。

性的法。[1] 因此,从这个角度出发,制度建构过程尤须重视不同功能和强度的制度规范协同发挥功能,以此共同推动治理目标的实现。其中,软法在治理过程中发挥着基础作用,也应当被视为推动治理体系和治理能力现代化的重要构成部分之一。由此可见,软法理论运行和运用的基础是对软法的正当化确认和规范化运用。结合现有实践来看,软法规范有以下四种形式:一是国家立法中的非强制性规范,通常来说,这类规范具有指导性、激励性、宣示性的特征;二是国家机关制定的规范性文件中的法律规范,这类规范通常不能由国家强制力保证实施;三是政治组织创制的各种自律规范;四是社会共同体创制的各类自治规范。上述四类软法与法律法规共同发挥作用,推动着我国公共治理工作的开展。由此可见,软法的实现需要依赖软法工具发挥其应有作用,这就需要从公共治理的整体需要出发对相关问题进行理解。从实践层面来看,软法工具是公共治理视野下的软法理论在实践运用中衍生的概念,它是指不需要以法律强制执行的方式保证其实施而可以在实践中直接运行,并产生治理效果的一类治理工具。由于软法具有非强制性的显著优势,其运用可以有效降低公共治理的成本,故在行政行为、规制工具和政策工具等不同理论构成的分析框架中,都相应发展出了与软法核心意蕴高度关联的子概念用于解释实践中制度体系的架构和具体制度的建构等问题。[2] 因此,制度设计中应当重视软法工具的科学适用,在该工具的运用过程中应当以正当性的合理目标为目标,注重激励性工具、倡导性工具的精心规划、理性设计、合理运用,并努力与硬法形成良好的耦合结构,以使其能够有效引导符合市场价值、社会价值行为的实施。

## 二、绿色债券法律制度中软法理论的实现

在经济领域实践工作的开展中,软法功能的发挥历来颇受关注和青睐,因为,其契合行政法注重合作治理、契约治理的新趋势,[3] 能够为社

[1] 参见季卫东:《法治秩序的建构》(增补版),商务印书馆 2014 年版,第 416 - 417 页。

[2] 参见王瑞雪:《公共治理视野下的软法工具》,载《财经法学》2020 年第 4 期。

[3] 参见[美]理查德·B. 斯图尔特:《美国行政法的重构》,沈岿译,商务印书馆 2011 年版,第 2 页。

会问题的治理提供更多可行的解决方案，可以大大提升治理工作的实施效率。借助灵活性、时效性较强的经济软法可以有效满足经济社会生活中多样化的现实需要，因此，经济软法治理功能的时代价值和实践意义正在日益彰显，相关软法规则也在市场经济运行中发挥着重要作用。从现有实践情况来说，发挥作用的经济软法规范大致包括公共政策类、行业规章类、专业标准类、市场交易主体类和国际经济法软法规范等类型，[1]而法律形式主义所认为的"法律制度是封闭的逻辑自足的概念体系"[2]的理念很难解释当前社会实践中软法发挥的作用。因为，通过对实践活动的观察可以发现，前述公共政策类、行业规章类等不同类型的软法规则都在绿色金融、绿色债券领域日益发展和完善，其本身就是规则体系中不可忽视的组成部分，对保证规则供给的有效性、完整性发挥着重要作用。同时，生态环境治理工作是由法律和政策共同推动的，单纯从法律或者政策出发都无法涵摄所有的治理工具，而正式制度、非正式制度和实施机制等共同推动着生态环境治理工作的开展。[3] 由此可见，"软法"所重视的治理主体多元化、开放的公共管理等相关理念[4]可以与当代环境法实践中重视公众参与、市场参与的导向相互结合，并可以借助更为多样化的经济激励政策为生态环境治理工作提供有效支持。

在绿色金融领域中，该理论依然具有其独特的理论解释能力，对制度生成和具体实践开展都有重要意义。众所周知，软法具备灵活性、可操作性等特性，这些特性可以保证其有条件及时回应技术、规则、信息、市场参与者和金融工具等五项市场微观结构构造中的关键部分，[5]以回应绿色债券运行中的规范挑战，并在一定层面上也增强实践中软法制度的有效供给。因此，对任何类型微观市场的整体性观察也都可以从这五个方面

---

〔1〕 参见杨三正、苟学珍：《论基于经济治理的经济法软法之治》，载《重庆大学学报(社会科学版)》2019 年第 5 期。

〔2〕 参见柯岚：《法律方法中的形式主义与反形式主义》，载《法律科学(西北政法学院学报)》2007 年第 2 期。

〔3〕 参见郭武：《论迈向制序的环境保护制度工具体系之建构》，载《中国地质大学学报(社会科学版)》2018 年第 3 期。

〔4〕 参见董正爱：《环境风险规制的法律限度与秩序重构》，中国社会科学出版社 2021 年版，第 140 页。

〔5〕 参见李平、曾勇、唐小我：《市场微观结构理论综述》，载《管理科学学报》2003 年第 5 期。

进行,并且需要重视该领域法律和软法规则以对这五个关键部分进行回应,从而保证绿色债券法律制度体系满足保证流动性、透明度、稳定性、高效率、低成本、安全性等要求。例如,在信用评级制度实施中,需要凸显监管部门规范性文件、行业自律准则等软法,保证其在绿色债券运行中发挥功能。在绿色债券运行活动中,法律、法规、规章、通知等相关制度都是制度框架的重要组成部分,需要在实践中关注相关制度间的互动性。由于软法规范具备的灵活性、时效性等特征非常契合我国当前绿色债券运行的具体实际,因此,笔者认为有必要梳理金融、环境软法在制定主体、制定程序、表现形式、调整范围和效力等方面的细分类型和具体规范,这样可以在生态法治的前提下推动政策引导、市场运作长效机制的形成,并有效促进金融市场的绿色转型。[1] 在此基础上,结合绿色债券运行过程中的具体实践,可以很好地回应传统硬法治理模式面临的诸如时效性、适当性等多重质疑,更好地指导我国绿色债券法律制度的优化完善。从具体实践中不难发现,我国绿色债券软法规则生成具有自上而下的特点,中国人民银行、证监会、交易商协会等机构在规则制定和适用中发挥着重要作用,这使公共政策类、行业规章类软法在绿色债券法律制度构建中占有很大比重,并实际上发挥着推动绿色债券发展的现实功能。由此可见,绿色债券法律制度中相当大比重的规则都属于软法规则,研究软法规则在治理中的功能和作用对探讨绿色债券法律制度架构和具体制度安排都具有非常重要的意义。

## 第四节　法律不完备理论

绿色债券发行、交易、服务和监管等相关市场运行活动都关系着绿色债券市场的健康发展,而其发行、交易是绿色债券运行等核心环节都存在监管权限科学配置的问题,对相关问题的阐释就需要借助法律不完备理论。因为,绿色债券市场运行本质仍属于经济活动,其实施过程

[1] 参见高昊宇、温慧愉:《生态法治对债券融资成本的影响——基于我国环保法庭设立的准自然实验》,载《金融研究》2021 年第 12 期。

中必然存在大量的创新性活动，因此，需要从市场运行效果的维度证成绿色债券法律制度的合理性边界，并将其作为后续制度评价和改进的现实基础。

## 一、法律不完备理论简述

按照美国法学家皮斯托和伦敦经济学院许成刚教授的观点，制定完备的法律只是立法者的幻想，虽然，立法者力图创设一个由法律概念、法律原则和法律规范构成的自足主体，并以此确保法律具有自洽性和可预见性，[1]但是，在具体实践中单纯依赖法律显然不足以回应现实生活的复杂性需求，因此，实践中需要重视主动式执法在监管中的作用。从理论发展的历史脉络来看，该理论的主要观点来源于经济学领域对不完全契约的探讨，不完全契约理论由格罗斯曼、哈特和莫尔等在20世纪90年代等共同创立，因此，该理论又被称为“格罗斯曼—哈特—莫尔”理论或者是GHM（Grossman - Hart - Moore）模型。按照格罗斯曼等的观点，不完全契约在市场中是大量存在的，其还认为该理论在实践中可以较好地解释市场中的权利配置的问题。该理论目前已经形成了比较规范的分析框架，通常来说，该分析框架主要以市场中合约的不完全性[2]为研究起点，主要的研究目标聚焦在财产权或者剩余控制权的最佳配置方案上。按照不完全契约理论的观点，由于人类认知的有限理性、信息的不完全性以及交易事项的不确定性，使明确所有特殊权力边界和范围的成本过高，因此，在多数情况下拟定完全契约是不具备现实可能性的。许成刚等以此为基础将立法活动视为契约的达成，并将各参与方视为立法制度供给市场的参与者。由此可见，将该理论迁移到了立法和规制领域，该理论在制度设计领域的适用为制度生成逻辑的具体展开提供了新思路，在很大

---

[1] 参见[美]博登海默：《法理学：法律哲学与法律方法》，邓正来译，中国政法大学出版社2004年版，第256页。

[2] 所谓不完全契约，是指建立在有限理性和不完全市场基础上的契约形式，它本身具有个性化、不确定性、高度依赖契约方协作等特征。在绿色金融等试点性质的政策金融创新活动中，交易并非大量重复出现，探索性的实践和参与人的有效性使其交易颇契合绿色债券市场运行的实然情况，因此，借助该理论对绿色债券市场运行中相关问题的讨论将有效指引对具体规则的讨论。

程度上弥补了立法领域传统法学理论解释力不足的弊端。按照该理论的观点，立法者的有限理性、法律概念与法律原则的抽象概括性、语言文字的复杂多变性都使法律很难适应社会生活的不确定性。从实践客观上来说，法律必然是不完备的，而不完备的法律又难以产生最优的阻吓效果，因此，在实践过程中需要依赖行政机关作为监管者介入法律的实施过程，以能动的执法对社会生活予以法律回应，〔1〕并衡平法律的稳定性和普适性与社会生活的活动性和复杂性存在的与生俱来的冲突和争议。由此可见，该理论的论述内容主要以主动式执法的概念为基础来分析不完备法律下的有效的执法制度，〔2〕其对新兴领域的具体实践活动具有很强的解释能力。从前述内容可以得知，金融的法律理论是一种融合了法律不完备理论的新的研究理路，其讨论的内容既包括宏观层面金融活动中公法与私法的内生性互动，也涵盖了微观层面金融监管规制制定的成本考量与完善路径。〔3〕因此，结合法律是不完备的核心观点，按照该理论的内在要求，被动式的执法经常难以满足金融治理的全部需求，而其实施的关键就在于基于成本收益考量下关于剩余立法权和执法权科学分配这一核心问题的有效回应。〔4〕因此，需要通过监管者的引入实现对阻吓失灵问题的改进，〔5〕这在很大程度上凸显了金融监管的现实理论和运行必要性，对相关实践的讨论都具有较强的解释力。

## 二、绿色债券法律制度中法律不完备理论的适用

按照不完备法律理论的观点，在金融创新和监管中必须考虑立法权、监管权的配置，通过现有制度体系和制度框架推动金融市场的发展与完善。因此，需要证监会、国家发改委、中国人民银行、国家金融监督管理总

---

〔1〕参见张运书：《碳金融监管法律制度研究》，法律出版社 2015 年版，第 119 - 120 页。

〔2〕参见许成钢：《法律、执法与金融监管——介绍“法律的不完备性”理论》，载《经济社会体制比较》2001 年第 5 期。

〔3〕参见王妍、赵杰：《“金融的法律理论”视域下的“穿透式”监管研究》，载《南方金融》2019 年第 5 期。

〔4〕参见吴靖烨：《不完备法律理论趋于完备的法经济学思考》，载《经济论坛》2011 年第 2 期。

〔5〕参见刘春彦、黄运成：《不完备法律理论及对我国证券市场监管的启示》，载《河北法学》2006 年第 9 期。

局和中国银行间市场交易商协会等主体在具体治理活动中的特有作用，重视法律法规和软法规范的分类功能，以此回应金融监管中动态化的现实需要，最终保证监管行为的有效性。从权力的本质定位来看，政府监管权可以被视为一种直接限制市场主体的权利或者增加其义务的公权力。相较而言，政府监管权与宏观调控权或者资产管理权具有明显差异，其为现代市场经济条件下政府职能进行重塑的孕育成果。欧美等地在监管制度的确立和发展方面给我们的制度启示是较为明确的，即监管制度的实施应当以尊重市场运行的基本规律和其自身存在的缺陷为前提，只有针对特定情景和需要制定监管规则或者分配监管权限才能充分保证金融市场的效率。因此，为保证监管权受到法治化的约束，监管权的赋予和监管机构的设立都必须遵循“一事一议”的程序性规则，同时，还需要由法律进行明确规定。详言之，监管需求产生时应当通过立法活动确立一个特定的监管制度、赋予一个专门机构以监管权，这样才能有效保证监管活动的实施效果。由此可见，新兴社会问题监管制度的历史演变都表明监管始终都渗透着法律不完备性理论的内在需求，这也是绿色金融法律制度建构过程中必须要回应的一个问题。从行政机关实践决策理性化程度来看，由于行政机关在信息占有程度、反馈及时性和治理工具多样性方面的突出优势，其做出正确管制决策的机会比立法与司法机关更多，[1]故而在实践中将具体的监管权赋予在信息、技术和能力方面更为专业的机构是保证公共监管有效性的保证。同时，还需要认识到，条块分割的行政实践与整体管理的社会生活间存在张力，因此，监管活动的有效开展还必须重视其他部门的配合和相互的协作，具体到绿色金融领域，生态环境部门的参与就是必不可少的。

因此，对绿色债券市场的分析可以结合不完全契约和不完备法律理论两项研究，而分析的主要内容大致可以包括如下两个方面：一是从不完全契约出发，认识绿色债券市场法律制度的不完备性。法律不完备理论正是脱胎于不完全契约的相关探讨，因此，可以借助不完全契约的相关讨论，从信息的不充分、不全面角度出发，对绿色债券市场运行法律制度进行全面理解，这可以强化对监管必要性和政策软法适用空间合理性的论

---

〔1〕 参见盛学军：《政府监管权的法律定位》，载《社会科学研究》2006年第1期。

证,并为相关制度运行的讨论预留可行性空间。二是从不完全契约出发,认识绿色债券发行等相关活动中的风险。鉴于绿色债券发行中发行人与投资人本质上的债权债务关系,并从不完全契约的角度出发,要求投资人在投资绿色债券时准确全面地把握所有交易信息显然不具有现实可能性。因此,可以从制度安排的整体性出发,赋予绿色债券发行人、托管人相关信息披露等义务,以纠正由于不完全契约存在而可能造成的市场失灵。在实践中这种具体需要体现为对投资者的适当倾斜性保护,但是,这种倾斜性保护并不是没有限度的。监管机构在制定相关监管规则时,需要全面斟酌各方交易主体在特定情景下的利益关联程度、利益受损者可能采取应对行为、确定或者潜在受益人决策中的道德风险以及干预者实施监管的能力边界与限制条件等诸多因素,以便做出合理的权利倾斜性配置的决策。[1] 由此来看,对于机构投资者和一般投资者的保护措施和力度应当既具有共性又具有个性,对公开发行的绿色公司债券、可能发行的绿色特别国债、绿色地方政府债券应当对发行人确定更为严格的责任,对上述特殊品种绿色债券投资者予以倾斜性保护。基于对金融安全、生态安全的双重考量,绿色债券法律制度的建构需要从法治的最基本诉求出发,对整体制度进行反思和重构。同时,也应当保证具体制度安排对效率价值的实现,因为对效率的考量是生态环境治理过程中选择债券等市场工具的主要原因。特别是需要依靠行政机关作为监管者的身份参与到绿色债券的发展中,通过制度引领的方式推动绿色债券市场的进一步发展与完善。在现代社会中,社会的多变性更凸显了法律不完备这一情势,为满足绿色债券市场发展的具体需要,必须依赖相关监管部门,通过更加灵活的方式应对该领域法律制度不完备造成的挑战。在此过程中,必须发挥不同行政部门的监管作用,并通过信息披露制度等积极主动的监管方式来提升监管实效。因此,在具体制度的完善中,法律不完备理论对完善具体规则、分配监管权,并最终推动具体绿色债券运行实践活动具有非常重要的意义。鉴于此,在绿色债券运行法律制度建构过程中不需要也不应该抱有“毕其功于一役”的想法,须知每项制度的建设和完善都是循序渐进的过程,对现行法律制度不完备状态的承认是有序制度完善的基

[1] 参见应飞虎:《权利倾斜性配置研究》,载《中国社会科学》2006年第3期。

础。因此,绿色债券法律制度建构需要承认现有制度有效性,并在此基础上,注重通过软法生成、对法律法规进行"打包"修改的方式不断填补现有制度空白,以推动相关制度不断地发展完善。

## 第五节　可持续发展理论

从发行目的来看,绿色债券具有很强的生态效益追求,因此,其实际运行过程具有明显的伦理性色彩,需要凸显较强的国家责任色彩,还需要重视借助义务性规范保障绿色债券的运行,以回应绿色债券运行中外部溢出效应明显的现实诉求。由此可见,绿色债券运行中的具体制度构造包含着浓厚的价值判断,而从哲学和伦理学角度论证其存在合理性对强化绿色债券正当性论证颇有裨益,同时,论证还可以为绿色债券市场法律制度完善提供正当性论证的重要基础。因此,本部分主要结合理论阐释回答可持续发展理论在实践中的运用前景和具体展开形式,以期有效指导绿色债券实践。

### 一、可持续发展理论简述

自第二次工业革命以降,工业化、全球化趋势的快速发展在给人类社会带来丰富物质财富的同时,也使人类社会在人口、资源和环境等相关方面面对的压力日趋增大。因此,人类社会亟待寻求一种有效的理论以协调发展与保护之间的复杂关系,并为今后的发展提供切实有效的指引。在这样的背景下,可持续发展理论开始萌芽,并日益受到全社会的重视。早在20世纪60年代,《寂静的春天》一书的发布就引发了公众对人类发展观和人类未来的反思,这表明在伦理学层面上对可持续发展的关注已经在逐步受到重视。此后,《增长的极限》《我们共同的未来》等研究成果的陆续发布使我们对可持续发展的理解不断扩宽。到1992年,在巴西里约热内卢召开的联合国环境与发展大会上,《里约环境与发展宣言》正式提出了可持续发展理论,并将其作为一种制度上的解决方案,目的在于解决实践中人口、资源和环境系统性冲突的问题,以处理人与自然、人与人之间的复杂关系,这为全球可持续能力的提升提供有效的内部和外部响应。[1]

按照可持续发展理论的要求,具体制度安排时需要符合帕累托最优的既定,以期实现可持续发展理论中满足当代人的发展需要的要求,这是该理论在学理上的基础依据;同时,其还具有满足当代人的发展和不对后代人发展构成阻碍的基本意涵,这是该理论在实施中的核心目标。由此可见,该理论的核心内容是代内公平和代际公平的实现,其可以为人类的行为提供科学、有效的现实指导,[2]并且其核心内容与法律追求的客观价值是一致的,二者都对全球绿色永续发展的工作大有裨益,而可持续发展理论的现实诉求在很大程度上契合追求生态正义的现实需要,其本质上反映了国际社会层面对正确处理人与自然关系的正义期待。由此可见,该理论要求在回应自然、生态和环境等议题时,不同国家、地区或群体之间都应当享有平等的权利,也应当承担相对应的具体义务。

具体来说,笔者认为可持续发展理论包含着种际维度、时间维度和空间维度三个不同维度的需求:种际维度从物种的角度阐释了人与自然之间、物种与物种之间的关系;时间维度从纵向的角度探讨了代际生态正义关系;空间维度则从横向的角度解释了国家、地区之间的生态正义关系,[3]这也表明可持续发展理论与生态正义研究在基础内容上的内在契合性。因此,上述论述表明,全球范围内都需要强化可持续发展的理念,并以此为基础指引具体制度的建构。同时,需要指出的是,我国倡导的绿色发展理念与可持续发展理论具有很强的相似性,二者在指导产业的绿色发展和具体法律制度建构方面的功能具有一致性,因此,在实践中应当注重两者实际功能的发挥,借助相关理念引领环境保护与人类永续发展的有机结合,使其最终在各国法律政策制定过程中发挥导向功能。[4]

---

[1] 参见牛文元:《可持续发展理论的内涵认知——纪念联合国里约环发大会 20 周年》,载《中国人口·资源与环境》2012 年第 5 期。

[2] 参见方行明、魏静、郭丽丽:《可持续发展理论的反思与重构》,载《经济学家》2017 年第 3 期。

[3] 参见李永华:《论生态正义的理论维度》,载《中央财经大学学报》2012 年第 8 期。

[4] 参见吕忠梅:《发现环境法典的逻辑主线:可持续发展》,载《法律科学(西北政法大学学报)》2022 年第 1 期。

## 二、绿色债券法律制度中可持续发展理论的实践

随着绿色金融领域研究和实践的拓展,可持续发展理论在金融发展的运用也在不断深入,因此,其对法律制度的完善产生了积极的影响。1987 年,在日本东京召开的第八次世界环境与发展委员会上,“可持续发展”的概念被首次提出,这标志着该理论在国际层面开始受到关注。到了 1992 年,联合国环境与发展大会上通过的《里约环境与发展宣言》和《21 世纪议程》强调了可持续发展与金融结合的重要性。此后,《约翰内斯堡可持续发展宣言》《改变我们的世界:2030 可持续发展议程》的发布使可持续发展的意涵不断拓展,这一过程贯彻金融应当为经济的可持续发展提供支持的理念,推进绿色金融的思想开始萌芽。按照金融深化理论的观点,金融体制与经济发展呈现出相互推动和制约的关系,[1]作为稀缺性资源的金融资产需要回应经济领域生态转型的客观现实,以促进二者的良性循环。

进入 21 世纪后,该理念及有关实践不断推广,金融领域中可持续投资理念的出现也日渐频繁,不同主体都期望借助绿色金融的发展为传统金融行业注入“绿色思维”,以向融资者等不同主体传递产业转型和绿色发展的信号。2003 年,绿色金融实践又迈出了重要一步,“赤道原则”被提出并开始被用于指导商业银行进行投资活动,这表明可持续投资开始进入实践层面;2005 年,联合国又发起“责任投资原则计划”,该计划号召投资者在投资过程中对环境、社会和公司治理等内容予以关注。由此可见,随着人类对生态环境问题的日益关注,借助金融工具实现可持续发展的探索和认识也在日益深化。例如,全球可持续投资联盟(Global Sustainable Investment Alliance,GSIA)就认为可持续投资主要包括负面筛选、正面筛选、原则筛选、ESG 整合、股东主张、可持续性主题投资和社区投资等七大投资策略。从实践层面来看,绿色债券等绿色金融工具的运用就是试图维系时间和空间的协调,其可以消除生态环境治理实践中可能存在的治理需求和治理能力之间的矛盾。通过绿色债券发行将环境治理的成本分摊到较长的时间内完成,这有利于实现代际正义;通过绿色债

[1] 参见房红:《金融可持续发展理论与传统金融发展理论的比较与创新》,载《经济体制改革》2011 年第 3 期。

券特别是绿色主权债券的发行可以从空间维度实现生态正义。这都是可持续发展中公平理念实现的重要基础。由此也不难发现,绿色债券市场具有较强的社会责任和社会伦理色彩,这是可持续发展理论的意蕴,也是支撑绿色金融工具特有生态性功能的基础。

作为可持续金融的重要组成部分,绿色金融具有强烈的道德关切和伦理考虑,同时,其还是社会责任投资不可忽视的重要组成部分。社会责任投资拥有悠久的历史,其可能源于18世纪时与宗教信仰关系紧密的道德投资,且在之后历史演进的历程中一直都不难追寻其踪迹,例如,美国费城教友会和卫理公会就曾号召教徒排除对烟酒、赌博和奴隶等"邪恶产业"进行投资。到20世纪60年代,生态环境问题的挑战越发凸显,随着沙利文原则的出现,社会各界对企业履行社会责任的关注力度越来越大,这促使投资者开始有意识地将与社会价值明显相悖的企业或者资产剔除出资产组合,并逐步形成社会责任投资的理念。由此可见,可持续发展理论是环境资源保护法律制度建构的重要理论基础,从某种程度来说,其体现了环境义务这种新型义务的承担,[1]它的存在不以权利的设定或者需要的实现为基础,而这种理念深刻影响着我国绿色债券法律制度的建构和完善。学界基于可持续发展理论开展了关于生态资产及生态资本、生态系统服务功能核算等生态经济热点领域的相关研究,[2]这可以在理论上为绿色债券运行提供正当性基础,在具体制度供给上还可以为绿色债券生态效益评估提供重要支撑。绿色债券作为一项重要的金融创新,其不仅仅具备资金融通的实践意义,同时,它还是社会责任承担的重要方式,绿色债券的广泛使用是通过经济激励工具实现外部成本内部化的重要尝试,其可以增强市场机制的激励功能,[3]这对于推动可持续发展战略的实施具有重要意义。

---

[1] 参见徐祥民:《论维护环境利益的法律机制》,载《法制与社会发展》2020年第2期。
[2] 参见于法稳:《中国生态经济研究:历史脉络、理论梳理及未来展望》,载《生态经济》2021年第8期。
[3] 参见陈海嵩:《绿色发展法治化的基本构想》,载《河南财经政法大学学报》2018年第6期。

# 第四章 绿色债券法律制度的规范梳理

美国著名经济学家道格拉斯·诺斯认为，制度（institution）包括正式制度（formal rules）、非正式制度（informal constraints）和前两者的实施特性（enforcement characteristics）等三项要素。具体来说，这三项要素的情况如下：其一，正式制度是指社会发展过程中人们有意识创制的政治规则、经济规则及由规则产生的组织结构，其主要呈现形式是法律规则、公共政策。其二，非正式制度意指行为规范、惯例和自我施加的行为准则等三种不同类型的内容，[1]这些内容主要通过非结构化的形式呈现。其三，实施特性，又可以称为实施机制，具体内容主要是社会组织对未遵循正式规则和非正式约束的成员作出对应性的评价或者处理，从功能来说其可以被视为保证约束或者激励实现的保障。结合前文关于法政策学、软法理论的论述，笔者同意法律制度是法律设定的命令、允许和禁止的行为模式的观点，[2]同时，按照广义说的理解，笔者认为法律制度可被认定为社会制度的总范畴，其具体包括各项专门法律制度和公共政策等软法规范。在此过程中上，笔者拟同时从静态角度对不同类型绿色债券涉及的主体、客体和内容等法律关系构成的必要要素进行考察，并对具体行为限制的法律规范、软法规范进行梳理，以明晰其在具体法律适用中的规则差异。

按照著名法学学者拉兹的观点，法律体系中不同种类或者模式的法律制度内部关系的协调主要依据个别化的原则和法律体系内容上的丰富

---

〔1〕 参见蔡文灿：《我国大气污染防治制度的失灵及其解决对策——以诺斯的制度变迁理论为分析框架》，载《华侨大学学报（哲学社会科学版）》2014年第4期。

〔2〕 参见王人博、程燎原：《法治论》，广西师范大学出版社2014年版，第208页。

性、完整性和多样性两项因素。[1] 作为绿色金融重要组成部分的绿色债券在其法律制度建构中也同样需要遵循这一基本原理,因此,绿色债券在具体制度构造上也呈现出一般规则和专门规则交叉情形,这些具体规则共同引导着我国绿色债券市场的繁荣发展。为全面回应我国绿色债券规则的总体框架和实然建构,笔者拟在分析我国现行绿色债券法律制度总体情况的前提下,借助结构—功能主义理论的相关讨论,从规则发布主体和规则功能两个方面对我国现有绿色债券法律制度规范进行把握,以期初步廓清我国绿色债券交易与发行中关涉规则的供给情况,并对现有绿色债券运行过程中涉及的相关法律规则进行系统性梳理。对碎片化债券市场现有规则进行对比是进一步把握、认识绿色债券法律制度框架优化趋向的必要前提。从实践情况来看,目前绿色债券法律制度呈现出二元结构:一部分凸显"绿色属性"的专门规则,其主要由政策、标准、自律规则等软法构成主要的部分,鉴于债券市场分割的客观存在,相关规范呈现出碎片化的特点,这导致制度对绿色产业的激励有所不足;另一部分凸显"债券"共性的一般规则,按照不同债券发行人、发行市场、利率生产机制和监管机构的不同分别适用相关一般性规则。从结构和功能两部分对现有制度考察可以发现,绿色债券法律制度较为复杂,一般性规则和特殊性规则交织,因此,需要从制度供给的总体情况入手对绿色债券运行关涉的具体制度安排进行整体把握。总而言之,从法律制度的特征来看,绿色债券法律制度是指由国家制定或认可、调整绿色债券发行、交易、承销、认证、激励和监管等运行活动中各项社会关系、分配权利和义务,并由国家强制力保证实施的一系列社会规范组成的规则体系。由此可见,绿色债券法律制度是一个结构复杂、内容多样的制度规范群,本书研究的内容就是对该制度规范群结构功能的系统性梳理,并针对其优化给出恰当的方案。

## 第一节 结构视角下绿色债券法律制度的讨论

环境规制的具体实施效果取决于当下的制度安排和选择,同时它又

[1] 参见[英]约瑟夫·拉兹:《法律体系的概念》,吴玉章译,商务印书馆 2017 年版,第 176 页。

受到制度变迁的客观影响。[1] 因此,从规则生成的主体、程序的差异性出发,笔者认为,讨论我国绿色债券运行活动中的相关制度之间的互动关系,要基于制度系统的静态结构关联性的判断,如此可以有效把握制度系统的层次性和相关性,[2] 并有助于进一步廓清现行制度架构的具体现实,以回应我国自上而下开展的绿色债券实践。因此,本部分将从国家、地方、相关行业、内部合规体系等不同主体和层级出发,对我国现行绿色债券法律制度规范予以论述,为后续优化完善我国绿色债券法律制度规范提供必要支撑。

## 一、国家层面绿色债券的法律与政策供给

按照新古典经济学的观点,健全的法律制度是维护和推进交易的唯一必要条件。[3] 因此,对我国绿色债券法律制度进行系统性梳理,发掘其中可能存在的空白和冲突是颇为必要的工作。从目前我国绿色债券法律制度框架的整体情况来看,绿色债券发行与交易等运行活动中涉及的法律与政策主要包括三个方面:一是债券运行过程应当遵循的一般规则;二是绿色债券运行过程中特殊规则;三是领域型法律或者政策中涉及绿色债券发行的激励性规范。观察我国债券市场建设的进程不难发现,未来我国债券市场的发展和完善需要协调三部门主导的不同债券规则和多头监管,尝试建立统一、高效、合理的监管体系,并借助注册制改革改变计划性的债券规则和分割的债券市场的现状,建立市场化的统一债券规则和交易机制。[4] 因此,在绿色债券专门性制度设计时就应当把握未来制度的发展趋势,注重注册制改革和统一债券规则的现实需要,为后续制度修订预留必要空间。实践中规则的类型化实质上影响着具体立法权限和立法任务的分配,客观上也可以为相关制度的系统梳理提供可能。因此,有必要对我国现行绿色债券运行法律与政策供给进行系统性梳理,以发

---

〔1〕 参见韩超、张伟广、郭启光:《环境规制实施的路径依赖——对中美环境规制形成与演化的比较分析》,载《天津社会科学》2016 年第 1 期。

〔2〕 参见张旭昆:《制度系统的关联性特征》,载《浙江社会科学》2004 年第 3 期。

〔3〕 参见张维迎:《法律制度的信誉基础》,载《经济研究》2002 年第 1 期。

〔4〕 参见洪艳蓉:《公司债券的多头监管、路径依赖与未来发展框架》,载《证券市场导报》2010 年第 4 期。

掘制度建设中存在的客观问题,为针对性优化和完善后续绿色债券专门或者特殊制度奠定基础。从上述逻辑来看,绿色债券运行中的制度安排主要包括如下方面。

第一,国家层面债券运行中一般规则的展开。总体来说,目前我国债券运行法律适用情况存在不统一的情况,不同发行主体发行债券需要适用的法律及监管的部门也都不尽相同。[1] 具体来说,按照发行主体和债券品种的不同,现有绿色债券运行活动中经常涉及的制度规范主要有《证券法》《预算法》《银行间债券市场非金融企业债务融资工具管理办法》《地方政府债券发行管理办法》等相关法律法规、部门规章或者规范性文件。由此可见,国家层面债券的一般性规定在绿色债券法律制度体系中处于基础性地位,因此,从债券品种的差异性出发,不同种类的绿色债券在运行规则上适用不同的法律规范(见表4.1)。

**表4.1 我国现有主要绿色债券及其适用规范展示**

| 绿色债券品种 | 主要适用法律、法规和规范性文件 | | 监管机构 | 审批机构/注册机构/核准机构 | 发行人 |
|---|---|---|---|---|---|
| | 通用规则 | 专门规则 | | | |
| 绿色地方政府专项债券 | 1.《预算法》(2018修正)<br>2.《地方政府债券发行管理办法》(财库〔2020〕43号) | — | 财政部 | 审批机构:国务院、财政部、地方人大 | 省(自治区、直辖市)计划单列市地方政府 |
| 绿色金融债券 | 1.《全国银行间债券市场金融债券发行管理办法》(中国人民银行令〔2005〕第1号)<br>2.《全国银行间债券市场金融债券发行管理操作规程》(中国人民银行公告〔2009〕第6号) | 《关于在银行间债券市场发行绿色金融债券有关事宜的公告》 | 中国人民银行、国家金融监督管理总局 | 核准机构:中国人民银行 | 金融机构,包括政策性银行、商业银行、企业集团财务公司及其他金融机构 |

[1] 参见詹小颖:《绿色债券市场发展:国际经验及启示》,载《南方金融》2016年第9期。

续表

| 绿色债券品种 | 主要适用法律、法规和规范性文件 | | 监管机构 | 审批机构/注册机构/核准机构 | 发行人 |
|---|---|---|---|---|---|
| | 通用规则 | 专门规则 | | | |
| | 3.《金融租赁公司、汽车金融公司和消费金融公司发行金融债券有关事宜》(中国人民银行、中国银行业监督管理委员会公告〔2014〕第8号) | (中国人民银行公告〔2015〕第39号) | | | |
| 绿色企业债券 | 1.《企业债券管理条例》(2011修订)<br>2.《企业债券簿记建档发行业务指引》(发改财金规〔2019〕1547号)<br>3.《企业债券招标发行业务指引》(发改财金规〔2019〕1547号) | 《绿色债券发行指引》(发改办财金〔2015〕3504号) | 国家发改委(证监会在2022年机构改革后承担原由国家发改委承担的监管职责) | 实施注册制 | 境内具有法人资格的企业 |
| 绿色公司债券 | 1.《证券法》(2018修正)(2019修订)<br>2.《证券登记结算管理办法》(2022修订)(证监会令第147号)<br>3.《公司债券发行与交易管理办法》(证监会令第222号)<br>4.《公开发行证券的公司信息披露内容与格式准则第24号——公开发行公司债券申请文件(2023修订)》《公开发行证券的公司 | 《中国证监会关于支持绿色债券发展的指导意见》(中国证券监督管理委员会公告〔2017〕6号) | 证监会 | 实施注册制 | 所有公司制法人(地方融资平台除外;负面清单制) |

续表

| 绿色债券品种 | 主要适用法律、法规和规范性文件 | | 监管机构 | 审批机构/注册机构/核准机构 | 发行人 |
|---|---|---|---|---|---|
| | 通用规则 | 专门规则 | | | |
| | 信息披露内容与格式准则第24号——公开发行公司债券申请文件(2023修订)》<br>5.《中国证券登记结算有限责任公司非公开发行公司债券登记结算业务实施细则(2021修订)》等 | | | | |
| 非金融企业绿色债务融资工具 | 1.《银行间债券市场非金融企业债务融资工具管理办法》(中国人民银行令〔2008〕第1号)<br>2.《关于发布〈非金融企业债务融资工具注册发行规则〉及〈非金融企业债务融资工具注册工作规程〉的公告》(中国银行间市场交易商协会公告〔2023〕15号)<br>3.《非金融企业债务融资工具注册发行业务问答》(2023年4月28日)<br>4. 各类指引 | 1.《非金融企业绿色债务融资工具业务指引》(中国银行间市场交易商协会公告〔2017〕10号)<br>2.《中国人民银行关于支持绿色金融改革创新试验区发行绿色债务融资工具的通知》(银发〔2019〕116号) | 中国人民银行 | 注册机构:中国银行间交易商协会 | 具有法人资格的非金融企业 |

资料来源:笔者结合网络数据整理。

为保证债券发行与交易等活动的正常运行，国家层面通过法律法规、部门规章和政策文件等对债券发行的一般性问题进行了规范，因此，在绿色债券运行中涉及一般问题直接适用相应具体规则即可。鉴于绿色债券品种的多样性，具体适用的制度性规范当然也具有明显差异性，其中不同种类的绿色债券应当分别适用《公司债券发行与交易管理办法》《地方政府债券发行管理办法》等相关部门规章和规范性文件。由此可见，由于绿色债券是债券的下位概念，故其一般规则仍然需要遵循债券发行与交易活动的具体要求，重视相关法律法规和金融软法在具体实践中的作用。例如，《证券法》(2019 修订)第 15 条、第 16 条等有关条文对公司债券发行的条件进行了规定，那么在绿色公司债券的发行中也就需要满足相关条件。综上所述，可以发现证券法非常注重制度效率的实现，这也体现了证券法对其所调整关系的现实作用，[1] 因此，为保证进一步提升证券法的效率，需要在遵循既有路径的基础上，有序推进不同绿色债券相关制度的系统性整合，共同发挥有关制度的应有功能。

第二，以国家层面为角度对作为绿色金融组成部分的绿色债券及其特殊交易和监管规则的观察。为保障绿色债券的发展与完善，国家层面制定了大量具有软法性质的政策文件、自律规则以推动绿色金融的健康发展，此处主要对这些内容进行分析。具体来说，相关规范性文件等软法规范中既有对绿色金融进行调整的一般性规则，也有针对绿色债券产品进行的专门规范，二者共同构成了软法层面对绿色债券市场规范的基础性内容，同时，其还为绿色债券政策法律化工作的实施奠定了基础。因此，在制度梳理中尤其需要重视此类制度的重要作用，关注相关软法规范对生态环境治理的支持作用。

基于上述分析可知，绿色债券法律制度体系是由大量适用范围、效力等级存在差异的规则构成的规则群，相关制度共同发挥着制度协同的应有功能。但是，相关政策规定的具体内容都相对比较宏观，难以为绿色债券市场的发展完善提供确切的指引，因此，监管机构同时还出台了大量指引性规范文件，对绿色债券具体运行活动进行明确的规定；同时，专门政

---

〔1〕 参见钟付和：《证券法的公平与效率及其均衡与整合——兼论我国证券法之立法连续性不足》，载《法律科学(西北政法学院学报)》2000 年第 6 期。

策还具有针对性强、直接指引我国绿色债券发行与交易的特点,具体制度安排分别从不同层面对各种类型绿色债券运行提供了基础性制度供给,推动我国绿色债券发行与交易等活动的有序开展。

从发布主体和内容来看,国家层面涉及绿色债券的软法主要包括三大类:一是对绿色金融发展进行整体安排,涉及绿色债券发展的相关规定。例如,在2019年发布的《中国人民银行关于支持绿色金融改革创新试验区发行绿色债务融资工具的通知》明确提出了鼓励绿色资产支持票据创新等具体政策目标,并放宽了对绿色企业募集资金的监管要求,其主要目的在于推动试点地区绿色债务融资的发展,为绿色债券法律制度完善积累实践经验。[1] 二是专门规定绿色债券发展的政策性软法,此类软法规范在推动不同类型绿色债券运行中发挥着基础性功能。例如,《中国证监会关于支持绿色债券发展的指导意见》(中国证监会公告〔2017〕6号)为绿色债券特别是绿色公司债的发展提供了重要支撑;中国人民银行发布《在银行间债券市场发行绿色金融债券有关事宜的公告》(中国人民银行公告〔2015〕第39号)对绿色金融债券发行与交易活动进行基本的规制;而国家发改委制定的《绿色债券发行指引》则对绿色企业债的运行进行初步制度安排。三是自律规则性软法,此类软法规范对绿色债券上市交易、信息披露等特殊情况进行了更为详细的规定。例如,《上海证券交易所公司债券发行上市审核规则适用指引第2号——特定品种公司债券2023年(修订)》(已失效)、《深圳证券交易所公司债券创新品种业务指引第1号——绿色公司债券(2022年修订)》等对包括"碳中和绿色公司债券""蓝色债券"在内的创新品种债券的发行条件、募集资金用途和申报材料等作出了具体要求,目的在于增强绿色债券发行的效率。

综上所述,在我国绿色债券发行与交易等运行活动中,应当同时适用一些对应性的政策或者资料准则性质的软法规则,以保障我国绿色债券发行与交易等活动的有效开展。其中,相关特殊的政策需求多通过"补丁"的方式借助发布政策、自律准则的方式予以实现,其与作为"硬法"的一般规则共同发挥预设功能,一起推动着绿色债券法律制度的优化完善。

---

〔1〕 参见侯晓辉、王博:《金融供给侧结构性改革背景下的绿色金融发展问题研究》,载《求是学刊》2020年第5期。

由此可见,作为软法的相关政策规范、自律规则也有力指引着绿色债券发行与交易过程中的具体实践活动,上述政策表明这也彰显了政策等软法在绿色债券相关制度建构中的重要作用,可以为绿色债券运行提供宏观指引,并最终推动我国绿色债券市场运行法律制度安排的完善。

第三,国家层面生态环境领域专门法律中绿色债券激励型规则的梳理。结合现有立法实践可以发现,我国目前的生态环境保护类法律已经涉及了与绿色债券激励政策间接相关的条款,但是,相关规则多数属于鼓励性条款,需要依赖政策发挥其实然效果。对生态环境保护法体系进行观察可以发现,《环境保护法》(2014 修订)[1]可以作为绿色债券运行相关法律制度规则构建的起点,即绿色债券本身是作为一项有利于实现保护环境基本国策实施的下位政策和措施而存在的。同时,在其他相关法律法规中也不乏相关激励规则的设置,可以为具体领域绿色债券运行实践提供制度层面的支持。例如,《固体废物污染环境防治法》(2020 修订)[2]、《森林法》(2019 修订)[3]、《基础设施和公用事业特许经营管理办法》[4]等相关规定都从不同角度和层面为绿色债券的运行提供了必要的激励措施,其中,既包括概括式列举激励性规则,也包括对绿色金融创新的具体规定。但是,从整体上看,相关法律法规缺乏整体性,需要系统性梳理。

随着绿色发展理念的确立,绿色金融激励制度也开始逐步具体化,并在具体立法中发挥其功能。例如,《长江保护法》第 75 条第 3 款就通过激励条款来推动绿色金融的纵深发展,对强化绿色债券在长江流域生态保护中的运用作出明确规定。通过分析可知,国家层面的环境保护类规范性文件多将绿色债券作为绿色金融的组成部分予以规定,此类规范的同质性较高,且对绿色债券的表述集中于工具运用层面,即通过绿色债券产品进行生态融资,使其在具体领域的治理中发挥其预定作用。此外,相关规范还涉及不同品种债券市场运行的一般规定,例如,《土壤污染防治基

[1] 参见《环境保护法》(2014 修订)第 4 条。
[2] 参见《固体废物污染环境防治法》(2020 修订)第 96 条。
[3] 参见《森林法》(2019 修订)第 5 条。
[4] 参见《基础设施和公用事业特许经营管理办法》第 24 条。

金管理办法》(财资环〔2021〕)第16条就要求地方政府发行债券适用《预算法》的相关规定。

第四,国家层面其他生态环境保护类政策中鼓励绿色金融制度创新的激励规则。此类公共政策主要包括两种类型:一是关于绿色金融发展的规范性文件。这种规定立足于绿色金融体系发展的现实情况,对所有绿色金融产品的运行都发挥着重要作用,当然对绿色债券的发展也具有积极的推动作用。二是在其他生态环境保护政策中也涉及绿色债券的相关规定。需要指出的是,这些规定在多数情况下都将绿色债券作为治理工具,本质上是重视经济激励型规制工具的实际运用。其中,中共中央办公厅、国务院办公厅印发的《关于构建现代环境治理体系的指导意见》(2020)[1]、《关于深化生态保护补偿制度改革的意见》(2021)[2]、《中共中央　国务院关于完整准确全面贯彻新发展理念做好碳达峰碳中和工作的意见》(2021)[3]等"两办"规范性文件和《国务院关于加快建立健全绿色低碳循环发展经济体系的指导意见》(2021)[4]、十部委联合印发的《关于推进污水资源化利用的指导意见》(2021)[5]等政策文件都从生态环境治理的实际需要出发对绿色债券的运用和探索作出了规定,这表明绿色债券被视为开展生态环境治理的重要工具。同时,还应当意识到在回应不同治理问题时,不同政策文件都对推动绿色债券市场发展确立了

[1] 中共中央办公厅、国务院办公厅印发的《关于构建现代环境治理体系的指导意见》(2020)规定:"统一国内绿色债券标准。"

[2] 中共中央办公厅、国务院办公厅印发的《关于深化生态保护补偿制度改革的意见》(2021)规定:"鼓励符合条件的非金融企业和机构发行绿色债券。"

[3] 《中共中央　国务院关于完整准确全面贯彻新发展理念做好碳达峰碳中和工作的意见》(2021)规定:"鼓励开发性政策性金融机构按照市场化法治化原则为实现碳达峰、碳中和提供长期稳定融资支持。支持符合条件的企业上市融资和再融资用于绿色低碳项目建设运营,扩大绿色债券规模。研究设立国家低碳转型基金。鼓励社会资本设立绿色低碳产业投资基金。建立健全绿色金融标准体系。""落实环境保护、节能节水、新能源和清洁能源车船税收优惠。研究碳减排相关税收政策。""健全企业、金融机构等碳排放报告和信息披露制度。"

[4] 《国务院关于加快建立健全绿色低碳循环发展经济体系的指导意见》(2021)规定:"统一绿色债券标准,建立绿色债券评级标准。"

[5] 《关于推进污水资源化利用的指导意见》(2021)规定:"支持地方政府专项债券用于符合条件的污水资源化利用建设项目。鼓励地方设计多元化的财政性资金投入保障机制。鼓励企业采用绿色债券、资产证券化等手段,依法合规拓宽融资渠道。"

不同强度的规定。例如,《国务院办公厅关于印发"无废城市"建设试点工作方案的通知》(国办发〔2018〕128号)[1]也明确规定要在风险可控的基本前提下,重视金融机构作用的发挥,为"无废城市"建设工作提供支持。同时,该通知还设置了大量具体操作规范,对畜禽养殖业废弃物处置和无害化等具体工作的开展方式、负责单位等内容进行了明确规定。

由此看来,政策等软法中的有关规定虽然对金融支持的范围、方式等方面的规定得比较模糊,但是,其仍然为绿色金融发展提供了激励性的政策支持,并通过明确任务方向、责任单位的方式为具体领域立法创新提供支持。因此,在具体制度支持上,普遍存在在相关制度安排中提及绿色金融、绿色债券在绿色发展方式推广、绿色生产方式实现中的支撑作用。上述相关内容也清晰地表明了包括绿色债券在内的绿色金融产品所具备的特殊的政策性金融属性。比如,《国务院关于加快建立健全绿色低碳循环发展经济体系的指导意见》(国发〔2021〕4号)明确要求建立统一的绿色债券标准,这为不同类型绿色债券有关制度的统一、完善指明了方向。再如,《土壤污染防治行动计划》(国发〔2016〕31号)也要求在试点地区对土壤污染治理与修复领域开展发行绿色债券的实践,这表明在实践中,政府颇为重视从领域的特殊性出发对绿色债券在试点工作中的作用进行总结,这对完善土壤污染防治立法具有积极作用。

分析上述规范性文件中的表述可以得知,实践中对绿色债券的使用方式具有强烈的工具主义倾向,虽然此类政策未直接对绿色债券法律制度完善提供建议,但是其也可以作为绿色债券法律制度框架的有机构成部分,并在生态环境治理中发挥其应有的作用。综上所述,绿色债券相关政策既可能是关于开展绿色债券产品创新的尝试性规定,也可能是对绿色债券发行激励政策的特殊性规定,这些规则共同推动着绿色债券法律制度的生成和演化。

---

〔1〕《国务院办公厅关于印发"无废城市"建设试点工作方案的通知》对绿色金融推动"无废城市"建设试点的具体作用界限作了规定,明确提出了市场化和商业可持续原则和风险可控的具体要求,并对推动部门进行了列举,其可以为我国绿色债券市场运行的具体制度安排提供有益参考。载中国政府网,http://www.gov.cn/zhengce/content/2019-01/21/content_5359620.htm。

## 二、地方层面绿色债券的法律与政策供给

地方法治试验作为经验理性治理的典型模式之一,可以对国家层面具体制度的系统性完善和治理效能的整体性优化产生积极的影响。从具体实践来看,地方层面的制度实践主要是指地方政府在坚持国家法治统一性原则的基本前提之下,通过"决定""规划""纲要""意见"等形式的规范性文件展开多种政策实验尝试,探索契合当地法治建设现实需要的基本理路和具体模式,并为国家全局性法治建设工作的开展提供有益参考。由此可见,其需要有效回应央地关系科学化和治理方式制度化两项在国家治理现代化中需要重点关注的关键问题。

结合当前地方立法实际情况,可以发现目前我国存在自主探索型、上级设计型和请示授权型等三种地方法治试验的理想模式。在上述三种模式均受中央主导这一前提下,三种模式也呈现出较多机制上的差异性。为发挥地方法治试验在回应地方治理中的现实能力,有效解决地方立法中的诸多问题,实践中需要不断强化地方法治试验规范化和制度化的水平,并结合地方实际需要拓宽试验的广度、挖掘试验的深度,全面提升地方法治试验的能力水平。[1]在绿色债券运行过程中,地方政府,特别是开展绿色金融制度实践试点地区的地方政府,在相关制度制定实践中扮演着非常重要的角色。例如,为推动绿色金融的发展,新疆、广东等五个试验区在绿色金融创新领域先后总共出台了20多个专项政策文件,这些制度为包括绿色债券在内的相关制度实践提供了重要支持。由此可见,总结类似《深圳经济特区绿色金融条例》等相关地方性法规、政策文件的制度实践可以为国家和地方层面立法工作、政策制定提供有益参考,并为后续制度建构提供必要支持。因此,笔者认为需要对地方层面的制度实践进行详细的分析和总结,以有效发挥地方法治试验在推动绿色债券法律制度建设中的功能作用。

为较为全面地把握我国绿色债券运行过程中相关法律与政策的制定情况,笔者认为可以从地方政策和地方性法规等不同维度出发,对我国绿色债券地方层面的制度建设情况进行观察。在明晰中央和地方在绿色债

---

〔1〕 参见郑智航:《当下中国地方法治试验的理想类型与实践反思》,载《国家检察官学院学报》2021年第1期。

券运行活动中的权责分配的同时,明确相关法律、政策制定的边界和内容,这对推动绿色债券市场的稳定发展具有非常重要的意义。从总体结构来看,相关地方性法规、政府规章和规范文件的规定与国家层面的法律、行政法规、部门规章的制定理路是一致的,因此,结合地方特色对绿色债券市场法律制度的完善进行一定探索对完善整体制度构造而言是大有裨益的。鉴于地方规章和规范性文件数量较多,本部分将不对相关制度进行一一赘述,而是将部分具有代表性的制度进行类型化梳理,并在此基础上作大致分析,以期为后续制度完善提供必要支持。结合梳理情况可以发现,地方层面涉及绿色债券运行的制度安排主要包括三种类型,下文将对具体情况予以详细论述。

第一,为配套推动上位法的实施,试点地方执行了一批针对性的政策专门推动包括绿色债券在内的绿色金融发展(见表4.2)。正如博登海默所言,“目的是全部法律的创造者”[1],因此,绿色金融试点地区为推动绿色债券的持续、稳定发展,结合现实需要设计了诸多法律制度规范,[2]以保障本地绿色债券的稳定运行。例如,浙江、四川、江西、广州、贵州、新疆等绿色金融地方政策在实践中对债券贴息等方面经验的整合和政策法律化讨论。[3] 笔者认为从具体实践中梳理现有制度规范中可供借鉴的样本是颇为重要的,这些制度尝试将为后续制度的发展提供有效指引。由于单纯依靠行政机关获取的信息来制定规范可能会造成制度供给的不足或者错配,而债券市场的各方参与人具有去中心化的优势,其在债券运行实践中获取的信息恰恰可以为制度制定提供诸多有益经验。由此可见,在具体制度设计中,需要重视软法性规范在绿色金融体制机制建立过程中发挥其应有功能,并将此类软法规范纳入绿色债券法律制度框架之内。

---

〔1〕 参见[美]博登海默:《法理学:法律哲学与法律方法》,邓正来译,中国政法大学出版社2004年版,第189页。

〔2〕 这里所指的法律制度规范是广义上的法律制度规范,从静态结构来说其既包括硬法也包括软法。笔者于此处采用的概念界定与前文理论部分的论述和讨论是一致的。需要说明的是,后文讨论绿色债券法律制度体系时,若无专门说明,所指皆为广义上的法律制度规范,因为这样的思路有利于对绿色债券市场的制度安排进行系统性思考。

〔3〕 参见四川省金融学会课题组、梁勤星:《我国绿色金融发展路径探索——以四川省为例》,载《西南金融》2018年第4期。

从具体操作方案来看，需要及时对相关区域制度实践的内容进行梳理，并在国家层面制度建设时予以系统性比较和整体性考虑，以此为后续制度的完善提供必要支撑。例如，江西省在绿色资产支持票据、绿色非公开定向融资工具、绿色资产支持证券等[1]进行的发行实践和制度经验就可以为后续相关制度建设提供借鉴。

**表 4.2　地方层面绿色金融相关政策一览**

| 政策名称 | 文号 | 绿色债券相关内容的说明 |
| --- | --- | --- |
| 《江苏省财政厅关于深入推进绿色金融服务生态环境高质量发展的实施意见》 | 苏环办〔2018〕413 号 | 确定绿色债券的贴息比例、贴息规模和贴息时间等需要关注的操作性要素 |
| | | 建立绿色债券发行担保制度，并为第三方担保机构提供奖励 |
| | | 担保、贴息等激励型制度需要与法律形成互动，以期搭建软法和法律互动的渠道 |
| 《浙江省财政厅关于金融支持碳达峰碳中和的指导意见》 | 杭银发〔2021〕67 号 | 目标性任务确认："2021 年全省……绿色债务融资工具和绿色金融债发行规模同比增长 50% 以上……2025 年绿色债务融资工具和绿色金融债发行规模较 2020 年翻两番。" |
| | | 工具性制度建设：建立数字化信息共享机制，推进绿色低碳信息共享，定期归集、更新企业碳账户、绿色低碳项目库、环境信用信息等绿色信息，建立面向省、市、县三级金融机构的信息推送机制 |
| | | 细化落实政策安排：金华市专门出台了《关于金融支持碳达峰碳中和的实施意见》，作为落实浙江省指导意见的政策规范，细化了制度的整体可操作性 |

[1] 参见杨得前、徐艳、刘仁济：《江西环境经济政策整体绩效水平评估》，载《江西社会科学》2019 年第 4 期。

续表

| 政策名称 | 文号 | 绿色债券相关内容的说明 |
| --- | --- | --- |
| 《江苏省财政厅关于深入推进绿色金融服务生态环境高质量发展的实施意见》 | 苏环办〔2018〕413号 | 该实施意见对发行人成功发行绿色债券确定了30%贴息政策，对发行人发行绿色债券具有一定的激励效果。但是，对投资人端的激励关注稍显不足，在国家层面政策制定中需要观察此内容 |
| 《广东省广州市建设绿色金融改革创新试验区总体方案》 | 银发〔2017〕154号 | 激励措施的安排："通过政府补助、设立绿色债券担保基金等方式支持绿色债券发行和绿色项目实施，稳步扩大直接融资比重。加大地方政府债券对公益性绿色资本项目的支持力度。支持发行中小企业绿色集合债，拓宽资金来源。积极支持绿色企业境外直接上市融资和发行绿色债券。" |
| | | 绿色熊猫债券发行的激励："支持试验区外资企业的境外母公司或子公司按规定在境内银行间市场发行人民币绿色债券。" |
| 《深圳市人民政府关于构建绿色金融体系的实施意见》 | 深府规〔2018〕29号 | 到2020年，绿色信贷增量占各项贷款增量的比重逐年提升、居全国前列；绿色债券、绿色股权融资等直接融资规模不断扩大 |
| | | "（七）开展绿色债券业务试点。探索发行国际绿色市政债。支持辖区内符合条件的企业发行绿色债券，包括绿色债务融资工具、绿色公司债、绿色企业债等，鼓励企业创新发行绿色可续期债券和项目收益债券等结构化绿色债券产品。对成功发行绿色债券的我市企业，按照发行规模的2%，给予单个项目单个企业最高50万元的补贴，相关经费从市金融发展专项资金中列支。鼓励各类金融机构、证券投资基金及其他投资性产品、社会保障基金、企业年金、社会公益基金、企事业单位等机构投资者投资绿色债券。" |

续表

| 政策名称 | 文号 | 绿色债券相关内容的说明 |
| --- | --- | --- |
| | | “(八)推动绿色债券市场双向互动。引导辖区内金融机构和企业积极参与‘一带一路’等政府鼓励的对外投资项目,加强项目的环境风险管理,通过在境外发行绿色债券筹集项目建设资金。发挥深港合作优势,引导长期、稳定的外资投资我市绿色债券、绿色股票和其他绿色金融资产。” |
| | | “(九)发展绿色资产证券化。鼓励银行业金融机构积极开展绿色信贷资产证券化业务。支持绿色产业中优质的、具有稳定现金流的存量资产开展企业证券化业务。鼓励绿色产业 PPP(政府和社会资本合作)项目资产证券化创新业务。探索高效、低成本抵质押权变更登记方式。” |
| | | “(十)鼓励中小企业发行绿色集合债。探索开发中小企业绿色集合债。完善配套增信机制,将中小企业绿色集合债纳入我市集合发债再担保范围。” |
| | | “(十九)建立工作协调机制。充分发挥深圳经济特区金融学会绿色金融专业委员会的沟通协调作用,由其协助相关责任部门制定具体操作规程,并协助做好绿色政策的宣讲、引导及落地工作。” |
| 《福建省绿色金融体系建设实施方案》 | 闽政〔2017〕20号 | 支持符合条件的企业和项目发债,建立有利于降低企业发债融资成本的担保、贴息等机制 |
| | | 支持法人金融机构发行绿色金融债券并确保专款专用,积极探索绿色信贷资产证券化 |
| | | 鼓励各级政府以及政策性融资担保机构、国有企业在贴息和担保等方面发挥积极作用 |
| | | 不断扩大环境信用评价结果在金融机构中的运用,对不同评价结果的企业在利率、授信、贴息等方面实施差别化管理 |

续表

| 政策名称 | 文号 | 绿色债券相关内容的说明 |
|---|---|---|
| 《福建省重要生态系统保护和修复重大工程实施方案（2021—2035年）》 | 闽发改农业〔2021〕199号 | 支持通过绿色发展基金、地方政府债券、政府和社会资本合作等多种方式筹措工程建设资金 |
| 《江西省人民政府关于加快绿色金融发展的实施意见》 | 赣府发〔2017〕37号 | 短期目标类政策：绿色债券发行规模达到300亿元，绿色资产证券化规模快速提升 |
| | | 探索职责类政策："充分发挥区域性股权市场作用，支持江西联合股权交易中心、省产权交易所设立绿色板块，研究发行绿色可转债。（责任单位：省政府金融办、省财政厅、江西证监局、省环保厅）" |
| | | "支持符合条件的绿色企业发行企业债券和公司债券。探索发行绿色资产支持证券、绿色资产支持票据、绿色非公开定向融资工具等符合国家绿色产业政策的创新产品。积极推动绿色中小型企业发行绿色集合债。支持我省金融机构和企业到境外发行绿色债券。" |
| 《省人民政府办公厅关于加快绿色金融发展的实施意见》 | 黔府办发〔2016〕44号 | "（八）引导和鼓励发行绿色债券。充分发挥金融市场支持绿色融资的功能。鼓励和支持贵州银行、贵阳银行、华创证券等符合条件的地方法人金融机构发行绿色金融债券。引导符合条件的大型绿色企业发行绿色企业债券和绿色公司债券，积极推动中小型绿色企业发行绿色集合债。支持我省金融机构和企业到境外发行绿色债券。（责任单位：省政府金融办、人行贵阳中心支行、省发展改革委、贵州证监局、贵州银监局）" |
| | | 支持措施中提出了"引导政策性融资担保机构为绿色项目获取银行业金融机构绿色贷款、发行绿色债券提供担保""推动绿色金融的大数据应用""建立大生态项目库"等支持性制度方案 |

续表

<table>
<tr><th>政策名称</th><th>文号</th><th>绿色债券相关内容的说明</th></tr>
<tr><td rowspan="4">《海南省绿色金融改革发展实施方案》</td><td rowspan="4">琼府办〔2018〕25号</td><td>目标性政策:以2018年、2022年两个时间点设置的方案,但是其内容也并不清晰</td></tr>
<tr><td>大力支持符合条件的海南企业利用交易所债券市场发行绿色债券,积极支持符合条件的绿色企业上市融资或再融资</td></tr>
<tr><td>加快推动海南农民小额信贷证券化,并纳入绿色债券的支持范畴</td></tr>
<tr><td>以绿色债券为生态环境治理的工具之一,被视为推动《海南省特色产业小镇建设三年行动计划(2017—2019)》、《海南省美丽乡村三年(2017—2019年)创建名录》、脱贫攻坚工程、生态环境六大专项整治等生态环境治理工作开展的重要制度安排</td></tr>
<tr><td rowspan="2">《江苏省绿色债券贴息政策实施细则(试行)》</td><td rowspan="2">苏环办〔2019〕264号</td><td>对绿色债券贴息的对象、金额、程序等进行了规定</td></tr>
<tr><td>后续年度性的贴息计划对贴息数额、申报材料等进行了规定。例如,按照《江苏省生态环境厅、江苏省财政厅关于组织申报2021年度江苏省绿色金融奖补资金的通知》,资产支持债券、区域股权市场可转债等贴息不在此列</td></tr>
</table>

注:地方层面规范性文件中涉及绿色金融、绿色债券的规范性文件较多,此处笔者按照类型做了大致列举。

第二,依据笔者观察,在相关地方性法规立法中,部分省(自治区、直辖市)也通过设置相关条款的方式探索借助激励措施推动绿色金融的发展。在地方生态环境立法中通过鼓励条款推动绿色债券等绿色金融实践的发展反映了我国绿色金融法治化的一般路径,其为后续绿色金融相关法律制度的体系化提供了客观有效的规则支撑,也为后续政策的制定提供了法律依据。在绿色金融实践中,由于《关于构建绿色金融体系的指导意见》等顶层设计文件普遍存在约束力较弱的问题,且多数政策文件等软法规范都属于导向性、倡议性的规定,这导致绿色债券相关制度安排落地、落实还有一定难度。绿色债券市场的健康发展取决于各级政府及有关部门对绿色金融制度建设的重视程度,但是,目前各地工作开展中却缺乏专门的考核约束制度安排。[1] 因此,绿色债券需要对现行制度安排进行考察,特别是对激励政策、债券监管、考核约束等方面共性规则的梳理。笔者借助北大法宝数据库,以"绿色债券"为全文关键词,共查找到9部地方性法规涉及与绿色债券相关联的具体规定(见表4.3)。

**表4.3　地方性法规中绿色金融条款汇总**

| 法规名称与条文 | 与上位法、同位法的体系性衔接 | 说明 |
|---|---|---|
| 《河北省水污染防治条例》(2018修订)第7条第2款 | 《水污染防治法》(2017修正)第49条第2款提出"通过财政预算和其他渠道筹集资金"的方式,可以将绿色地方政府债券等理解为"其他渠道" | 第一,绿色信贷的实施需要以绿色金融债的发行作为筹资前提,条文解释中存在绿色债券的发展机遇;<br>第二,相关条文应当进行制度拓展,推动绿色投融资机制的拓展 |
| 《中国(江苏)自由贸易试验区条例》(2021)第57条第2款 | 按照该条例第1条立法目的内容显示,《中国(江苏)自由贸易试验区总体方案》与法律法规一样,也是该条例制定的依据,因此,该条例体现了立法中政策与法律互动的现实逻辑 | 在自由贸易区经济创新部分对绿色债券品种进行点明,为政策制定提供地方性法规层面的依据 |
| 《广东省绿色建筑条例》(2021)第33条第4项 | 《建筑法》《节约能源法》《民用建筑节能条例》等法律法规是本条例制定的上位法依据 | 本条为专门领域绿色债券激励措施,实际上发挥着连接运用领域的功能,主要起到激励作用 |

〔1〕 参见钟永飞、孙慧:《完善绿色金融保障和激励机制》,载《中国金融》2018年第11期。

续表

| 法规名称与条文 | 与上位法、同位法的体系性衔接 | 说明 |
| --- | --- | --- |
| 《深圳经济特区绿色金融条例》第10条、第14条、第40条、第51条、第53条、第54条、第72条 | 绿色债券发行活动属于《环境保护法》(2014修订)第4条第2款提出的有利于生态环境保护和改善的经济政策和措施 | 第一,该条例对绿色金融发展过程中监管、激励等相关问题作出一般性、整体性的规定;<br>第二,地方立法应当为国家绿色金融专门性规定的制定和实施提供基础 |
| 《深圳经济特区前海蛇口自由贸易试验片区条例》(2023修正)第38条第3款 | 该条例制定的依据为《粤港澳大湾区发展规划纲要》、《中国(广东)自由贸易试验区条例》(2019修正)和相关法律法规的基本原则,这表明在地方性法规的制定中,上位法和政策都发挥着重要作用 | 第一,本条款的表述逻辑和功能与《中国(江苏)自由贸易试验区条例》(2021)一致,本质上属于激励型规则。<br>第二,涉及绿色项目互认机制、与国际接轨的绿色债券标准等相关论述,有一定参考价值 |
| 《福建省生态文明建设促进条例》(2018)第55条 | 无直接相关的上位法,但是,《云南省创建生态文明建设排头兵促进条例》、《江西省生态文明建设促进条例》(2023修正)等同位立法例提供了绿色债券进入地方立法的基本表达方式 | 在地方性法规层面确定了政府财政贴息的绿色扶持机制,为绿色金融产业发展提供地方立法层面的支持 |
| 《西藏自治区国家生态文明高地建设条例》(2021)第57条 | 以生态文明的整体建设为目标,就绿色债券市场的发展提出了建议 | 配套制度建设,通过环境信用管理制度和联合信用惩戒支持绿色债券市场的发展 |
| 《云南省创建生态文明建设排头兵促进条例》(2020)第52条 | 对绿色债券的发展在参考同位立法的基础上进行了设置 | 该条款属于纯粹的鼓励性条款,对绿色债券等绿色金融产品法律政策化提供基本的制定依据。 |

续表

| 法规名称与条文 | 与上位法、同位法的体系性衔接 | 说明 |
| --- | --- | --- |
| | | 具体支持绿色金融发展的条款可以参考《福建省生态文明建设促进条例》(2018)第55条的类似表述 |
| 《江西省生态文明建设促进条例》(2023修正)第34条 | 参考同位立法例,对绿色金融发展作出了总体要求 | 提出一般性的支持性策略,将绿色金融条款整合到一个条款中进行表述 |
| 《龙岩市长汀水土流失区生态文明建设促进条例》(2020)第21条第3款 | 《福建省生态文明建设促进条例》(2018)可以作为相关的上位法依据,其比较清晰地呈现了地方立法层次性的逻辑 | 以《福建省生态文明建设促进条例》(2018)为特点,形成了生态文明促进地方立法的整体架构 |
| 《湖州市绿色金融促进条例》第10条、第13条、第14条 | 该条例设置了"激励与保障"专章,对绿色金融发展试点的经验做了总结 | 为回应碳达峰、碳中和的相关要求,该条例第三章进行了探索性规定,这体现了绿色金融的政策特性 |

由上可知,为推动绿色债券市场的发展和完善,不少地方政府都颇为重视立法的作用,希望通过激励性措施保障绿色债券的有效运行。在绿色信用债的发行活动中尤其如此,因为,只有借助激励措施才可能增强债券的流动性、收益性,并推动绿色债券产品的成熟。同时,为了防止制度套利等情况的出现,还必须要重视相关审计监督制度的建立和执行,即需要建立政策性补贴及奖励资金执行情况的审计和监督检查制度,以保证资金合法依规地高效使用。此外,对地方绿色金融立法进行观察不难发现,地方立法中生态环境立法和地方金融监管立法的互动和协同也明显存在不足,这使绿色债券等绿色金融产品的推广和适用在很大程度难以在地方层面形成有效的制度合力。例如,《北京市地方金融监督管理条例》(2021)第10条就提出了提升包括绿色金融在内的

各类金融活动的基础性条件,这对绿色金融的发展具有积极意义,从边缘性制度安排的角度为绿色债券的发展提供了必要支持。因此,其他地方立法也应当有意识吸收类似的有益经验,在地方层面形成较为有效的引导性机制,为后期国家立法活动的开展奠定基础。

第三,从实践观察来看,直接开展绿色金融地方立法的地区目前只有深圳市和湖州市,而其他地区暂无涉及绿色金融发展的具体规定,这表明目前地方性法规对绿色金融实践的制度保障还有待加强,特别是试点地区可以积极行使地方立法权,为国家立法的开展做准备。例如,《深圳经济特区绿色金融条例》(2021)对包括绿色债券在内的绿色金融产品的评估、信息披露、促进与保障、监督与管理等相关内容进行了详细规定,其必将对我国后续开展绿色金融制度创新将会产生重大作用。依据《立法法》和现行先行先试权开展的绿色金融尝试对我国绿色金融制度的建立和完善具有重要的参考价值,该条例的实施在很大程度上起到了弥补制度空白的作用,可以为今后国家和地方层面开展绿色金融有关立法工作提供可供参考的样本。

## 三、行业自律管理规定中绿色债券法律与政策供给

金融监管的目标是实现安全与效率的衡平,而在二者衡平过程中又需要重视行业自律规则作用的发挥,这是金融软法中最具特点的组成部分,从实践观察中,我们可以发现大量行业规范和准则对证券业务的开展起着重要作用。如果想从本体论和系统论两个维度探讨现有制度优化完善的可行性空间,就需要从政策的法律化和政策的法律保障两个维度对现有绿色债券法律制度体系进行把握,以此为绿色债券法律制度框架的完善提供相关依据。例如,在针对绿色金融债券产品的“接受注册通知书”中就会明确规定债券发行人应当遵守《中国银行间市场交易商协会会员管理规则》等相关自律管理规定,并按照要求接受协会自律管理。由此可见,作为软法的行业自律规则不可或缺,而从广义上来看,相关自律规则本身就隶属于法律系统,当然也应被视为一种法律激励机制。[1]

---

〔1〕 参见张维迎:《理解公司:产权、激励和治理》,世纪出版集团、上海人民出版社2014年版,第119页。

总体来说,参考交易商协会自律规则的分类,与绿色债券相关的自律规则主要集中在产品创新、注册发行、后续管理等方面。但是,鉴于自律管理规定在开展债券业务时的特殊重要性,实践中不同主体应当遵循不同自律规则的要求。例如,会计师事务所、律师事务所为绿色债券发行提供服务时,需要遵守《中国注册会计师审计准则》《律师从事证券法律业务尽职调查操作指引》等相关自律规则的规定。又如,在银行间市场利用非金融企业债务融资工具融资时,承销机构需要遵循《非金融企业债务融资工具承销机构自律公约》的相关规定。[1]再如,外国政府类机构和国际开发机构在我国银行间市场发行绿色熊猫债券时,应当遵循《外国政府类机构和国际开发机构债券业务指引(试行)》的有关要求,在交易商协会进行注册,并按照其要求进行管理。由此可见,自律规则呈现出极为复杂的构造,对自律规则的类型化、标准化工作是债券市场制度建设的重点。

正如前文所述,我国债券市场呈现出公债市场、金融债券市场(银行债券市场)和企业债券市场三分的市场结构,[2]同时,由于监管机构、债券发行人、适格投资者等方面存在差异,绿色债券法律制度内部必然呈现出一定区别,比如,凸显其市场性属性的规则会受到具体交易场所的影响在微观制度规范上呈现出一些不同;同时,在绿色债券专门规则供给中也会因为债券市场的差异性而呈现出一些变化,具体而言,在募集资金投入比例、信息披露要求等具体监管要求上当然也会有细微不同,这既会影响债券发行人的投资决策,还会影响绿色债券市场运行的制度成本。这就意味着在绿色债券运行过程中,需要从结构和功能两个维度对涉及相关

---

〔1〕参见中国银行间市场交易商协会网站中自律规则中的相关规定,自律规则大致包括会员管理类、产品创新类、注册发行类、后续管理类、交易规范类等类型。参见《非金融企业债务融资工具承销机构自律公约(2020年版)》,载中国银行间市场交易商协会,http://www.nafmii.org.cn/zlgl/zlgy/202004/t20200430_213860.html。

〔2〕参见郑长德、刘丽雪:《中国债券市场分割的理论探讨》,载《西南民族大学学报(人文社科版)》2005年第5期。郑长德专门采用国债市场、金融债券市场(银行债券市场)和企业债券市场的宏观构造论述方式,比较中国债券市场分割情形下不同市场债券发行、交易、价格形成机制、投资主体、限制开发程度等多方面的差异性。但是,鉴于地方政府债券于2015年开始发行,因此,笔者对债券市场的论述进行了一定的调整,以期契合我国债券市场的具体实际。

法律、法规、政策文件、自律规则、交易所制定的具体规定等政策内容进行整体性梳理,以保证相关制度内在的系统性。

## 第二节 功能视角下绿色债券法律制度的分析

从法律与政策的互动需求来看,法律和政策在二者的供给中应当重视实现公正与效率两大基准的有效衡平,并在此基础之上寻求不同思考模式、社会关系下决定类型化的合理路径,[1]这一理念为解决社会问题时是选择法律还是政策提供了判断标准,即当解决问题的现实紧迫性较强时,应当注重发挥政策及时性、可操作性的优势,这实质上就是需要在绿色原则的实施中有效发挥其价值宣示、规范解释等既定功能。[2] 从现有实践可以发现,我国债券市场呈现明显的碎片化特征,若不从债券发行流程的角度对现有制度进行整体性的梳理,则很难细致把握我国绿色债券运行过程中呈现出的规范诉求。因此,笔者拟从债券运行的全流程出发对发行制度、外部审核与评估制度、市场交易制度、市场监管制度、配套制度等五大方面的制度规范进行整体性梳理,并对绿色债券运行中涉及的专门制度进行了系统梳理(见表4.4),以期准确全面把握我国绿色债券运行中具体制度实施情况。

**表4.4 现有各类绿色债券评估认定等相关规则比较**

| 债券种类 | 认定标准 | 第三方评估 | 存续期管理 | 募集资金使用管理 | 信息披露 |
|---|---|---|---|---|---|
| 国际绿色债券 | 国际资本市场协会的GBP、气候债券倡议组织的CBS | | | | |

〔1〕 参见解亘:《法政策学——有关制度设计的学问》,载《环球法律评论》2005年第2期。
〔2〕 参见竺效:《论绿色原则的规范解释司法适用》,载《中国法学》2021年第4期。

续表

<table>
<tr><th colspan="2">债券种类</th><th>认定标准</th><th>第三方评估</th><th>存续期管理</th><th>募集资金使用管理</th><th>信息披露</th></tr>
<tr><td colspan="2">绿色地方政府专项债券</td><td rowspan="5">中国人民银行、国家发改委、证监会联合发布《绿色债券支持项目目录(2021年版)》</td><td>—</td><td>—</td><td>—</td><td></td></tr>
<tr><td colspan="2">绿色金融债券</td><td>中国人民银行、证监会联合发布的《绿色债券评估认证行为指引(暂行)》</td><td>《中国人民银行关于加强绿色金融债券存续期监督管理有关事宜的通知》(银发〔2018〕29号)</td><td>—</td><td>《绿色金融债券存续期信息披露规范》</td></tr>
<tr><td rowspan="2">绿色企业债券(广义)</td><td>绿色企业债券(狭义)</td><td>—</td><td>—</td><td>国家发改委《绿色债券发行指引》</td><td>无专门要求，遵循《企业债券发行信息披露指引》</td></tr>
<tr><td>绿色公司债券</td><td>中国人民银行、证监会联合发布的《绿色债券评估认证行为指引(暂行)》</td><td>—</td><td>—</td><td>—</td></tr>
<tr><td>绿色企业债券</td><td>非金融企业绿色债务融资工具</td><td>中国人民银行、证监会联合发布的《绿色债券评估认证行为指引(暂行)》</td><td>—</td><td>—</td><td>M.16(绿色债务融资工具信息披露表)</td></tr>
</table>

## 一、绿色债券发行制度

在对绿色债券发行制度部分进行讨论时，为保证对制度理解的全面性、整体性，笔者认为需要对发行人、发行条件和发行流程等不同方面的具体规则进行梳理，因为，对上述有关内容的分析有助于深化对绿色债券整体制度的理解，特别是可以增强对不同类型绿色债券供给差异性的认识。因此，本部分拟对绿色债券发行过程中涉及的具体要素进行讨论，以期对我国现行绿色债券发行制度进行把握，并以此为基础有效指导后续具体制度的优化完善。

### (一)绿色债券的发行人

绿色债券具有跨领域的特性，募集资金将用于新能源、公共交通、绿色建筑、绿色农业等诸多领域中，因此，其发行主体也呈现出多元化的特征，具体来说，绿色债券的发行人大致包括财政部、地方政府、[1]政策银行、商业银行、融资租赁公司、符合发行条件的国有公司或者上市公司等不同主体。目前，对绿色债券发行人主要需要满足如下三项要求：一是必须满足法律法规和监管规定中关于发行不同类型债券的基本要求，这是发行绿色债券的前提；二是经营范围和募集资金需要契合《绿色债券支持项目目录(2021 年版)》，这是发行绿色债券的条件；三是发行人未被列入环保失信联合惩戒名单，这是发行绿色债券的负面性排除条件，而同时满足上述三项条件的发行人即可发行绿色债券。同时，为了推动绿色债券的发展，监管机构还专门开辟了绿色通道，以激励有关主体发行绿色债券的热情，鉴于激励政策分析在发行流程部分将会进行详细论述，在此就不予赘述。

对发行人行为规制的讨论需要立足于对相关主体发行绿色债券的目的分析基础。基于当前实践分析可以发现发行绿色债券具有获得政府支持、享受优惠政策、降低融资成本、影响信用评级和获得资本市场正面评价等优势。这些优势也使作为政策性金融存在的绿色债券存在制度套利的可能，因此，必须加强对发行人的监管，防止“漂绿”等异化行为的发

---

[1] 按照《地方政府债券发行管理办法》第 2 条的规定，只有省级政府、省级政府批准的计划单列市才有权利发行地方政府债券。其中，绿色地方政府债券主要是指有基金性收入或者专项收入作为还款来源的专项债券。

生。具体来说,为优化绿色债券的实施效果,需要重视如下三个方面的工作安排:首先,需要适当降低发行人的门槛,鼓励相关在符合条件的情况下发行中小企业集合债、私募债等产品,落实《中国证监会关于支持绿色债券发展的指导意见》设立的绿色通道,降低发行人发行债券的时间成本;其次,要进一步强化发行人的信息披露义务,即在发行绿色债券前,要求发行按照监管要求准备发行绿色债券的特殊材料,发行绿色债券后要求参考中国人民银行对绿色金融债的披露要求,每季度定期披露相关信息;最后,需要明确发行人的法律责任,对可能出现的证券欺诈等行为,通过代表诉讼、示范性诉讼等方式追究发行人的民事责任,同时,对符合追究刑事责任的当事人追究其刑事责任。

(二)绿色债券的发行条件

正如前文所述,按照发行主体来看,存在绿色政府债券、绿色金融债券和绿色企业债券等三种不同类型,而实践中不同类型的绿色债券发行条件也存在一定差异,因此需要结合不同发行人、交易市场的具体情况,确定发行绿色债券时需要遵循的具体条件。具体来说,绿色地方政府债券需要遵循《地方政府债券发行管理办法》[1]的相关规定;绿色金融债券需要遵循《全国银行间债券市场金融债券发行管理办法》的相关规定;绿色企业债券需要遵循《企业债券管理条例》(2011 修订)的相关规定;绿色公司债券需要遵循《公司债券发行与交易管理办法》(2023)的规定,其中,非公开发行的绿色公司债券还需要遵循《上海证券交易所非公开发行公司债券业务管理暂行办法》(已失效)的相关规定;区域股权交易市场发行的绿色可转换债券需要遵循《国务院办公厅关于规范发展区域性股权市场的通知》第 4 条、《区域性股权市场监督管理试行办法》第 2 条的相关规定。需要说明的是,交易市场的规则制度也是绿色债券发行制度的重要组成部分。例如,如果相关企业拟在陕西股权交易中心发行绿色可转换债券,就需要在遵守国家规定的同时,遵循诸如《齐鲁股权交易中心有限公司可转换为股票的公司债券业务管理办法》(2020)等区域股权交易中涉及发行可转换公司债券的具体规则。上述制度共同构成不

〔1〕 参见财政部《关于印发〈地方政府债券发行管理办法〉的通知》(财库〔2020〕43 号),可知我国地方政府债券目前主要依据作为规范性文件的软法进行管理。

同类型绿色债券发行时的基本制度要求，它们都是包括绿色债券在内的所有债券在发行时都必须遵守的规定。

在发行绿色债券时，除了普通债券发行时需要准备的材料，发行人还需要向监管机构和投资人提供证明债券绿色属性的资料，通常来说这些材料包括募集资金投向绿色产业项目的承诺函、募集说明书和绿色债券认证报告等。由于在债券上市阶段，债券募集说明书是最为重要的法律文件，也是信息披露的重点内容，因此，笔者拟对该文件进行简要说明。

首先，需要从一般法律性质上对债券募集说明书进行认识。因为，一旦发生债券纠纷，债券募集说明书的法律性质认定常常成为案件分析时需要首先解决的问题，然而，《全国法院审理债券纠纷案件座谈会纪要》中没有对募集说明书的法律性质进行界定，这导致当前司法实践中对此问题还存在一些争议。通说认为，募集说明书的功能与发行股票时的招股说明书相似，因此应当被认定为要约邀请，而债券持有人的认购行为则被视为要约。按照这一观点，募集说明书对本人就不存在合同约束力；但是，这不利于对投资者的保护，因此，另一种观点认为募集说明书的性质为"要约"或者"单方允诺"，债券承销商等证券服务机构在募集说明书中所作出的声明就应当被视为对单方允诺的加入，按照该逻辑，债券持有人可以依据《募集说明书》的声明要求证券服务机构承担合同义务。其次，需要认识到绿色债券募集说明书的特殊要求。为凸显绿色债券的生态属性，该募集说明书需要对绿色产业项目类别、项目筛选标准、项目决策程序、既定环境效益目标和资金使用计划和管理制度等内容进行详细说明。

(三)绿色债券的发行审核

我国债券市场的发行审核制度主要包括审批制、核准制、注册制和备案制四种不同模式。具体来说，国债和地方债采用审批制发行；金融机构债采用核准制发行；非公开发行公司债券采用备案制发行；短期融资券、超短期融资券、中期票据等债务融资工具、企业债和公开发行的公司债券等采用注册制发行。也就是说，虽然随着《证券法》的修订通过，注册制推行的强度和力度也越来越大，多数债券采用注册制进行发行，但是不同债券间的发行审核制度仍然存在较大差异。当前，绿色债券在生态环境治理中发挥着重要的作用，因此有必要对不同类型绿色债券的发行审核进行详细的解读。正如前文所述，因监管机构存在差异，绿色债券的发行审核制度也有差异，这需要从实际情况出发进行分类探讨。从我国现有绿色债券发行实践来看，绿色地方政府债券采用审批制发行，绿色金融债券采用核准制发行，而绿色企业债采用注册制发行。

由前文论述可知，不同类型的绿色债券在发行规则适用上存在差异，具体来说现有绿色债券发行呈现出如下情况：第一，绿色地方政府专项债券需要按照《预算法》《地方政府债券发行管理办法》及相关地方性规定的要求募集。第二，绿色金融债券需要按照《全国银行间债券市场金融债券发行管理办法》的要求进行发行和交易。第三，绿色企业债券需要按照细分类型分别适用不同规则。例如，绿色公司债券的发行需要遵循《公司债券发行与交易管理办法》(2023)的相关监管要求；绿色企业债券发行时需要按照《企业债券簿记建档发行业务指引》《企业债券招标发行业务指引》等相关规则的要求。需要指出的是，按照2020年发布的《国家发展改革委关于企业债券发行实施注册制有关事项的通知》，[1]企业债券发行已经由核准制调整为注册制，且该通知明确了企业债券的法定注册机关为国家发改委。此后，国家发改委按照该通知的要求下放受理和审核权限，这极大简化了企业债券受理和审核的流程，对绿色企业债券的发行颇有裨益。绿色债务融资工具发行时需要遵循《银行间债券市场非金融企业债务融资工具管理办法》以及《非金融企业债务融资工具发行规范指引》(2023修订)和《非金融企业债务融资工具簿记建档发行工作规程》(2020修订)的相关要求开展活动。

综上所述，虽然政策鼓励通过设立绿色通道为绿色债券的发行与交易提供便捷，但是由于债券市场分割性的特征，为激励绿色债券运行活动的有效开展，我国发行不同类型的绿色债券时需要适用不同的具体规则。通过上述梳理可以发现，不同绿色债券品种具体的适用规则在层级上有所不同，涉及发行条件、流程的一般规则多分散在规章、规范性文件等效力位阶较低的法律规范之中，这客观上增加了制度运行的实际成本。因此，为凸显绿色债券的“绿色属性”，在对债券发行、流通和偿还等相关活

[1] 按照该通知的规定，我国绿色债券发行取消了企业债券申报中的省级发改委转报的有关环节，且该通知进一步明确了企业债发行条件、强化信息披露要求和中介机构责任等相关内容，这些调整都对推动绿色企业债券的发展具有积极意义。

动的制度进行设计时需要尽可能保障制度的一致性，以减少债券发行的制度性成本。

## 二、绿色债券评估制度

绿色债券的生态性特征使其在运行中更需要绿色债券的外部审核与评估等特有制度的运用，通过第三方的专业评价，为绿色债券运行提供信用支持，缓解信息不充分造成的困境。但是，观察我国绿色债券实践可以发现，我国绿色债券的环境信息披露总体来说水平较高，但是，相关披露信息中定性描述的内容所占比重相对较大，而对绿色产业项目环境效益指标等定量数据的披露存在内容过于模糊、笼统的问题。[1] 实践中发行人对绿色债券进行评估认证的目的主要是帮助投资者综合考虑债券可能存在的实际风险和产生的环境效应，并有效防止可能出现的“漂绿”行为，避免债券市场价格机制的扭曲，由此可见绿色债券评估制度的重要性。本部分从现有实践出发，经过梳理认为我国目前主要采用下述三种绿色债券评估方式来保障绿色债券信息披露的质量。

### （一）绿色债券的信用评级

一般来说，债券的评级包括发行评级和跟踪评级，除了以政府信用为担保的政府债券、金融债券，所有的债券都需要进行信用评级之后才能够发行和流通，由此可见信用评级对债券风险管理的重要作用。绿色债券的信用评级在绿色金融制度体系内也处于非常重要的地位，其对绿色金融市场的建构发挥着重要作用。但从目前的实践情况来看，国际市场尚未建立面向绿色债券的绿色信用评级制度，而是另行引入了第三方认证制度作为绿色债券生态效益评价的标准，因此，在绿色债券信息披露中就存在信用评级和第三方绿色认证两种信息披露的方式。当然，相比较而言，二者也具有明显的区别：第三方绿色认证主要解决的是绿色债券是否“绿”的问题，其侧重于对绿色债券生态性的判断，设置该制度的目的在于避免绿色债券运行中可能存在的套利行为；而信用评级的主要目的却是对债券发行人的偿债能力进行综合评估，并最终以评级级别结果反映

[1] 参见盛春光、赵晴、陈丽荣：《我国绿色债券环境信息披露水平及其影响因素分析》，载《林业经济》2020 年第 9 期。

债券违约风险的实际水平，其侧重于对绿色债券市场性的判断，其目的是对信用风险进行客观评价，防止投资人因信息不对称而受到损失。由此可见，绿色债券的信用评级与认证评估二者具有一定的差异和区别，二者在实际运行中不能一概而论。因此，在实践中需要充分发挥二者在支持绿色债券运行中的不同功能，以共同推动绿色债券市场的发展。

从债券运行的一般制度安排来看，我国绿色债券信用评级的制度建设工作一直都在有条不紊地进行，具体来说，此类制度主要包括两个层次的内容。一是在一般规则层面，中国人民银行、财政部等部门于2019年共同发布的《信用评级业管理暂行办法》、中国人民银行于2006年发布的《中国人民银行信用评级管理指导意见》和2021年发布的《证券市场资信评级业务管理办法》都是目前我国信用评级业主要适用的法律制度，此类软法性规则对包括绿色债券在内的所有债券评级都可以适用，因此，在实践中需要重视此类规则的适用。但是，与美国、欧盟等发达经济体的相关实践相比较不难发现，我国信用评级相关专门制度立法层次比较低，[1]法律效力也相对不足，这客观上可能影响包括绿色债券在内的相关债券发挥其应有的制度功能，因此，有必要关注信用评级立法工作的推进。二是在特殊规则层面。绿色金融的发展需要对应的绿色评级规则与之相契合，这些发挥功能的制度多为软法性规则，但是，目前我国在相关制度的建设方面仍有不足，从相关绿色债券信用评级报告来看，具体内容中并未涉及对生态效益的评价，但是，国际著名评级机构穆迪已经开发出了专门绿色债券评估方法，这对推动绿色债券发展有着重要意义，因此，为在新的一轮博弈中获得话语权，我国应该加快完善绿色债券评级体系，特别是需要借助自律规则等软法推动绿色债券信用评级制度的发展。

### （二）绿色债券的第三方认证

第三方认证是绿色债券运用过程中特色的制度安排之一，也是我国绿色债券实践与国际资本市场关注的重点领域。总体来说，绿色债券的认证程序主要包括发行前认证、发行后认证和存续期内认证等三类不同的情形。“贴标绿色债券”在享受激励政策、吸引可持续投资等方面具有特殊优势，这使发行前认证成为绿色债券认证工作中最为主流的方式。

---

〔1〕 参见姜楠：《我国信用评级机构监管框架设计》，载《经济纵横》2014年第7期。

国内绿色债券的认证仍处于自愿鼓励阶段,这与国际市场建立的强制性第三方认证形成了对比,因此,该制度的实施效果上仍然不太理想。中国人民银行、国家发改委、证监会联合印发的《绿色债券支持项目目录(2021年版)》标志着我国绿色认定工作已经初步统一并取得了一定的进展,该目录可以为绿色债券认定工作提供基础支持,但是,针对不同类别绿色债券的实践运行,其具体操作制度仍然有待细化,这需要自律准则等发挥其应有作用。当前评估认证工作主要依据《绿色债券评估认证行为指引(暂行)》(中国人民银行、中国证监会公告〔2017〕第20号)开展,该指引可以有效引导绿色金融债券、绿色公司债券等绿色债券的评估认证工作。但是,由于市场分割和监管主体的不同,该指引第3条概念定义所示的"其他"可能存在不能涵摄"绿色企业债券""绿色地方政府债券"的问题。这表明我国现行绿色债券评估认证在适用上仍然存在制度空白,这既不利于评估认证工作的有效落实,也会造成我国与国际绿色债券接轨存在困难,具体来说,认证评估制度的问题主要体现在如下方面。

第一,专业化的绿色债券认证机构建设存在不足。按照《关于在银行间债券市场发行绿色金融债券有关事宜的公告》等政策文件的要求,我国目前对第三方评级认证意见使用的基本态度是以鼓励为主,并未设定强制性规范,同时,由于目前缺乏专门制度对从事认证工作的有关机构进行规制,认证工作实施中仍然存在问题。因为此类认证工作目前多是由传统的审计机构完成,而对财务知识的专业性并不能代表对生态效益认识的准确性,进而其认证的专业性也可能受到质疑。因此,为解决该问题,中国人民银行与证监会共同发布的《绿色债券评估认证行为指引(暂行)》[1]对评估认证机构资质、业务承接、评估认证内容、评估认证意见等实际工作要求作出了详细规定,这可以为后续绿色债券认证工作的开展提供一定支持。但是,在实践中,由于我国绿色债券管理体制仍在逐步完善过程中,缺少一批公认评估能力较强的第三方认证机构,因此,该指引并未对环境效应评估、审计和认证工作进行更加详细的规定,故在后续

〔1〕 需要说明的是,《绿色债券评估认证行为指引(暂行)》是由中国人民银行与证监会共同发布的,而按照绿色债券类型化的要求,其监管机构还包括国家发改委,因此,其适用范围存在一定问题,在该行为指引调整时需要解决这一问题。

制度建设中需要结合绿色债券发展的具体情况对有关内容进行完善。需要指出的是，在绿色债券发行过程中也已经积累了一些经验，例如，兴业银行发行的绿色金融债时，就让中央财经大学气候与能源金融研究中心担任第三方认证机构，对绿色金融债券的技术标准、储备项目情况和环境效益评估等多方面的内容进行了全面评估，以保证披露的信息真实、完整、准确。[1]

第二，评估认证方法不具有统一性。在绿色债券第三方认证中，方法的统一性是保证评估结论具有可比较性的基础，但是，目前我国开展绿色债券认证评估的具体标准仍以各评估机构自行确定的标准为主，也就是说，缺少自律规则等软法层面的规则对认证评估的流程、方法、指标等具体要素进行系统性安排。通过分析可以发现，国内信用评级公司等认证机构结合绿色债券认证业务开展的现实需要，都尝试开发了本机构专用的评级认证方法。例如，中债资信的《绿色债券评估认证方法体系》、新世纪评级的《绿色债券评估认证方法》和东方金诚的《中国绿色债券评估框架》等，而前述的有关方法都加强了相关工作的可操作性，为我国绿色债券认证评估工作的开展提供了重要指引，也对后续制度建设产生积极影响。但是，比较相关制度的主要内容不难发现，多数评估方法主要关注募集资金的使用与管理、信息披露及环境效益等方面的内容，同时，不同评估方法也存在较为明显的差别。[2] 由此可见，通过法律或者软法统一相关评估认证方法将有效降低认证评估制度适用的成本，还可以增加数据的可比较性，因此，在具体实践中要重视认证评估制度建设工作的推进。

第三，信息披露与持续性跟踪评估制度不统一、不完善。一般来说，由于绿色项目的实施周期较长且项目投入的资金较多，这使绿色债券运行过程中非常需要建立持续性的监管与评估制度，特别是需要借助强制性的制度安排保障信息披露的及时性、准确性和全面性，以便帮助投资者

---

〔1〕 参见《绿色债券信用评级探究》，载中国金融信息网，http://greenfinance.xinhua08.com/a/20160719/1650628.shtml。

〔2〕 参见甘远勇、王峰娟：《我国绿色债券第三方认证问题探析》，载《财务与会计》2018 年第 2 期。

准确把握绿色项目的开展和具体资金的使用情况，保证绿色债券生态环境效益的有效实现。实际上，在实践中我国对绿色债券信息披露的制度安排却存在一定差异，且对披露的主体、平台、时限等规定还存在详略不一的情况，这客观上不利于绿色债券信息披露和持续跟踪评估制度的建设。例如，在绿色金融债券发行过程中，《关于在银行间债券市场发行绿色金融债券有关事宜的公告》[1]明确要求发行人以年度报告和专项审计报告的形式按季度向市场披露募集资金使用情况，同时还需要将上一年度绿色金融债券募集资金使用情况报告给作为监管机构的中国人民银行。但是，从目前我国已发布的认证报告来看，多数认证报告都对"鼓励"发布的评估报告标准重视程度不足，只是简单遵循公告的基本要求，并未明确表明绿色金融债券所投向的具体项目的有关情况，因此在后续制度建设中对相关制度的探索还有待进一步加强。同时，对公告分析还不难发现，其对支持评估观点的证据披露存在不充分的问题，且并未对评估机构所采用的评估方法、评估内控制度、内控流程等方面的内容作出详细规定，这客观上会影响绿色金融债券在实践中有效发挥具体功能。

第四，相关政策的激励制度建设存在不足。鉴于评估制度在绿色债券运行中的重要作用，后续逐步完善该制度以确保生态效益的实现实属必要，但是，综合分析实践情况也不难发现，无论是国家层面还是地方层面，对绿色债券评估的专门激励政策都有不足，这是因为现有制度安排更加倾向于柔性激励，故在激励政策法治化、政策与法律之间互动存在不足，而这客观上不利于评估制度的持续发展。例如，《福建省人民政府关于印发福建省绿色金融体系建设实施方案的通知》采用鼓励性规定的方式推动第三方专业机构开展对绿色债券发行主体环境信息的分析、研究，但是，其对第三方专业机构的类型、鼓励的措施、参与的方法等都未作明确的规定。由此可见，现有的鼓励性条款琐碎而零散，这客观上阻碍了绿色债券认证评估制度发挥作用，因此，具体实践需要借助政策制定探索更多具有操作性的制度安排，并及时将相关稳定的制度安排上升为法律。

---

[1] 参见《关于在银行间债券市场发行绿色金融债券有关事宜的公告》（中国人民银行公告〔2015〕第39号）第5条、第11条、第12条。

### （三）绿色债券的咨询核查

外部机构进行咨询核查是保证绿色债券绿色属性的重要制度安排，其在确保绿色债券资金用途方面可以发挥重要作用，因此，笔者认为应当将其视为绿色债券监管规则的重要组成部分之一，在我国绿色债券监管特有规则中安排建立相应的制度，以充分发挥绿色债券在保障公共利益中的客观作用。虽然我国目前对绿色债券咨询核查的制度安排并不明确，但梳理域外经验可以得知，欧洲作为绿色债券的发源地和主要市场，在第三方认证机构培育和发展方面走在了世界前列，诸如 CICERO（国际气候与环境研究中心）、气候债券倡议组织（The Climate Bonds Initiative CBI）、Oekom 研究中心和毕马威等较为权威的绿色债券认证机构都位于欧洲，其中 CICERO 和 Vigeo 等两家机构参与认证的发行额更是在全年总发行额中占据了相当大的比重。相较于欧洲绿色债券咨询服务行业的发展，目前我国绿色债券审核相关业务还缺乏统一的、系统性的评估标准等软法制度的支持，同时，从事绿色债券审核的机构也缺少相应的准入标准，从实践来看，目前在绿色债券市场提供服务的咨询机构包括评级公司、认证公司、咨询和审计公司等，其对绿色债券存续期间咨询核查的工作目前尚缺少具体的标准，这不利于绿色债券咨询服务业务的规范化发展。因此，为优化我国绿色债券咨询核查业务的实践效果，监管机构可以参考 GBP 和 CBI 标准，[1] 结合国内绿色债券现有参与主体在咨询核查业务中积累的有益经验和相对优势，逐步建立统一评估标准和相关技术操作规程，对咨询核查机构的资质、权利、义务和责任进行明确规定，保证对绿色债券“绿色属性”认定的一致性和权威性。

## 三、绿色债券交易制度

绿色债券市场交易制度囊括了服务机构资质、交易程序安排等相关方面的具体规定。需要说明的是，在绿色债券上市交易过程中，相关规则与国内市场一般债券开展交易活动的基本规则供给是一致的，因此，本部分拟对债券交易相关制度进行梳理，整体把握我国绿色债券交易时涉及的法律制度，为在宏观上系统性认识我国绿色债券运行的全流程活动提

〔1〕 参见陈睿昭：《境外绿色债券外部核查机制的特点及启示》，载《债券》2019 年第 5 期。

供支撑。

(一)绿色债券的承销制度

对绿色债券的承销制度的理解从债券承销的一般规则角度进行即可,具体来说,需要关注如下两点认识:一是在《民法典》视阈下准确对承销行为的法律性质进行认定。具体到债券发行领域,在证券经营机构进行债券代销时,通说观点认为,证券经营机构应当被视为代销商,其主要合同约定义务是代理发售债券,由此可见,其与发行人构成委托代理关系。具体来说,就是债券的发行人作为委托人,证券经营机构作为受托人,因此,二者之间的行为应当受到《民法典》第一编第七章"代理"和第三编第二分编关于"委托合同"中涉及委托代理相关法律规则的制约,其中,需要注意的是,证券承销的民事法律后果直接由委托人即证券发行商承担,这界定了债券发行人和代销商对外承担责任的基本边界。二是在《证券发行与承销管理办法》(2023 修订)基本规则适用下,理解包括部门规章、自律规则在内制度体系的互动。在债券承销领域,作为部门规章的《证券发行与承销管理办法》(2023 修订)是最基础的制度规范,而在具体实践中规范性文件和自律规则都发挥着重要作用。因此,实践中既需要落实诸如《中国银监会关于加强商业银行债券承销业务风险管理的通知》等规范性文件的具体要求,建立债券承销业务报告制度和防火墙制度等相关制度,加强文件管理和信息披露,在绿色企业债券承销时,还需要落实中国证券业协会发布的《公司债券承销报价内部约束指引》《公司债券承销业务规则》等自律管理规则的具体要求。由此可见,我国现有债券承销制度已经基本建立,在后续工作中更重要的是结合实际需要对债券承销相关制度进行持续的优化。因为,在债券发行过程中,既需要满足监管者强化监管、保障金融安全的现实诉求,还需要调和发行人、承销商和投资者之间的民事法律关系,保障各方的合法权益。

(二)绿色债券的登记、托管制度

目前,我国债券市场基础设施的建设取得了一定成绩,债券市场基本实现了债券登记、托管、清算和结算的集中化管理。但是,鉴于不同品种债券在监管要求和交易流程上的差异,笔者拟对相关内容进行分类阐释说明。债券托管制度是债券制度中重要的组成部分,按照目前债券市场的分割性,其也需要遵循现有稳定的制度规则,具体来说可以从两个方面对债券的托管进行理解。

第一,债券托管的概念。债券托管是指托管机构接受债券投资者的委托,对债券投资者债券权益进行维护和管理的行为。[1] 从历史发展脉络来看,债券托管的观念缘起于实物债券时代,是指中介机构为债券持有人提供代为保管纸质实物债券的服务。由此可见,债券托管的本质是一种民事合同行为,自然人或法人参与债券投资交易等金融活动时,需要中介机构为其专门提供债券权益管理和资产服务,基于此类需求就形成了托管服务。随着债券无纸化趋势的发展,债券托管发展成为中介机构为债券持有人提供开立账户、维护和管理债券权益等服务专业活动。

第二,债券托管的分类。根据托管层级的不同,债券托管通常被分为一级托管和多级托管。其中,一级托管是指最终投资者以自己的名义将债券托管于中央登记托管机构(Central Securities Depository, CSD),并由 CSD 直接管理投资者的债券权益;而多级托管是指终端投资者将债券托管于中介机构,中介机构再以自己的名义托管于上一级中介机构,直至 CSD 的一种托管形式。由此可见,在多级托管中,中介机构是其托管债券的名义持有人,终端投资者只能通过中介机构主张债券权利。

具体到我国绿色债券市场,其不需要也不可能脱离原有的债券交易体制和市场另外再建立一套债券市场和交易系统,因此,其托管与普通债券产品的托管并无差异,都需要在我国通过法律法规授权的机构完成登记、托管和结算等相关债券交易的有关工作。例如,根据《国债托管管理暂行办法》(已失效)、《全国银行间债券市场债券交易管理办法》、《银行间债券市场债券登记托管结算管理办法》等重要文件,我国已经确立了中央登记托管在债券管理制度中的基础地位,因此,按照相应规定可以由中央国债登记结算有限责任公司(以下简称中债登)、银行间市场清算所股份有限公司(以下简称上清所)、中国证券登记结算有限责任公司(以下简称中证登)三大机构分别对在不同债券市场发行的绿色债券予以登记、托管和计算。

---

〔1〕 参见冯源、刘爽:《债券登记托管:基本概念、历史沿革和现实选择》,载《债券》2021 年第 4 期。

### （三）绿色债券的结算制度

拓宽绿色债券融资渠道的重要前提是增强其流动性，只有在相当数量投资者在内的债券市场中发行绿色债券才能保证绿色债券市场的活性，而二级交易恰恰是提升债券流动性的重要保障，因此，在绿色债券发行实践中需要重视结算制度的有效实施。从我国当前的绿色债券运行实践来看，结算制度在保障债券交易效率中发挥着重要作用，因此，有必要对结算制度进行宏观把握。现有相关规则表明，结算工作的有效实施是一项复杂的系统性工作，其既需要部门规章作为基础性规则，也需要结算机构的制度发挥软法的功能作用。例如，在全国银行间债券市场交易的国债、地方政府债券〔1〕和金融债券等进行结算时，主要依据《全国银行间债券市场债券交易管理办法》第10条、第11条的规定，由中国人民银行按照有关规定委托结算代理人进行结算，同时，具体业务开展需要遵循《银行间债券市场债券登记托管结算管理办法》〔2〕的有关规定。按照前述制度的授权规定，应当由中债登〔3〕承担包括托管、结算在内的相关业务。例如，在企业债券运行过程中，为保障具体业务的有效开展，中债登还专门制定了《企业债券受理工作规则（试行）》，〔4〕该制度同样也发挥着相关软法功能，可以为企业债券登记结算、一级托管等提供指引。

---

〔1〕 按照中国人民银行、财政部、原银保监会于2018年联合发布的《关于在全国银行间债券市场开展地方政府债券柜台业务的通知》的规定，地方政府债券成为继记账式国债、政策性银行债券和国家开发银行债券后又一类可开展银行间债券市场柜台业务的品种，这有利于拓宽中小投资者的投资渠道，对地方政府发行绿色专项债券来说也大有裨益。

〔2〕 参见《银行间债券市场债券登记托管结算管理办法》（中国人民银行令〔2009〕第1号）第六章的有关规定。

〔3〕 中债登需要承接原银保监会、国家发改委等主管部门赋予的监管支持职能，并推进"多元化、集团化"战略，履行理财产品登记、信托产品登记、信贷资产登记流转、政府出资产业基金登记、企业债券受理审核、国有企业债务风险监测等重要职能。其是财政部唯一授权主持建立、运营全国国债托管系统的机构，是中国人民银行指定的全国银行间债券市场债券登记、托管、结算机构和商业银行柜台记账式国债交易一级托管人。中债登是为全国债券市场提供国债、金融债券、企业债券和其他固定收益证券的登记、托管、交易结算等服务的国有独资金融机构。

〔4〕 该工作规则对中债登受理企业债券相关业务的范围、申报流程、程序性规定等作出了规定，对企业债券的结算具有一定的指导意义；最具特点的是，该工作规则第12条除规定中债登的解释修改权之外，还监督指导单位进行了明确，这也表明了此类公司的特殊地位和其制定规则的软法特性。

## 四、绿色债券监管制度

金融领域的监管是绿色债券市场运行效果的重要制度保证，近年来在我国绿色债券市场不断发展完善的同时，市场运行中的问题也逐步凸显，例如，“洗绿贴标”、存续期资金用途不明确和“评估认证过程中环境效益测算方法难以统一和衡量”等。因此，为推动绿色债券市场运行相关法律制度的优化完善，需要对现行制度安排进行较为全面地把握，以期发现现有制度运行中的缺陷和不足，并针对性提出优化建议，以增强制度实施的效果。下文拟从监管机构、监管规则〔1〕和激励型监管等三个方面对我国现行绿色债券监管制度安排进行剖析。需要说明的是，鉴于我国绿色债券品种的差异性，实践中有四套分别由国家发改委、财政部、证监会和中国人民银行等不同监管机关发布的监管规则，在具体制度安排上必然会存在一些差异，因此，在此部分笔者拟做初步的讨论，以期形成政府监管、社会监督、行业自律、机构自治多元参与的绿色债券监管体系，充分发挥多中心在绿色债券运行中的应有功能。需要说明的是，实践中尤需注重绿色债券标准委员会的设置和职责权限的梳理，充分发挥其在绿色债券评估认证等特色领域制定操作细则的功能。

### （一）绿色债券的监管机构

从监管机构来看，绿色债券发展既需要证监会、中国人民银行等部门以立法形式完善监管制度，还需要发挥证券业协会等机构的自律管理规则的作用，以此形成硬法与软法互动的格局，从而有效开展绿色金融领域的监管协同。因此，我国绿色债券运行中的监管者虽然主要是证监会、国家发改委、交易商协会等机构，但是，上交所、深交所等私主体同时也可以依据《上海证券交易所公司债券发行上市审核规则适用指引第 2 号——专项品种公司债券（2023 年第二次修订）》《深圳证券交易所公司债券发行上市审核业务指引第 7 号——专项品种公司债券》等已经制定的软法规范，用好特定品种公司债券“即报即审”的制度红利，以保证相关制度

〔1〕　关于监管机构和监管规则的分类思考来源于《21 世纪金融监管》的“译者前言”，笔者拟对这两个方面做静态式的论述，同时，考虑到激励规则在绿色债券发行中的特殊性，本书对“激励型监管”进行了单独论述。参见［荷］乔安妮·凯勒曼、［荷］雅各布·德汗等编著：《21 世纪金融监管》，张晓朴译，中信出版集团 2016 年版，第 30 页。

在绿色债券运行监管过程中发挥其应有的作用。例如,在对绿色公司债券募集资金的监管中,上交所就要求发行人为绿色债券建立专项债户,这有利于强化绿色债券募集资金使用效率,凸显绿色债券生态属性,但是,缺少对发行人内部控制制度建设的相关要求,这还有待于今后制度的继续完善。

需要指出的是,绿色债券是一种特定品种的债券,因此,监管机构需要基于其生态性、政策性的特性,发掘绿色债券监管与一般债券发行监管的差异,并通过专门的制度安排保障不同目标的实现。鉴于绿色债券具有专业性和生态性等特征,监管机构就需要突破现有一般债券运行制度的限制,特别是需要重视多元主体的有效参与。具体来说,就是开展绿色债券运行监管活动既需要生态环境部门、财政部门、审计部门其他职能部门的适度参与,也需要社会中介机构、社会公众的有效参与,借助多方力量共同建设和完善社会监管防范体系,[1]提升绿色债券监管活动的有效性,弥补可能由于监管疏漏或由于行政力量不足造成监管缺陷。例如,在中国人民银行、证监会的指导下,我国专门成立了绿色债券标准委员会,借助自律管理协调机制推动绿色债券法律制度建设的规范化、统一化和国际化,目前,该委员会正在推动评估认证机构市场化评议操作细则和中国绿债原则等重要制度安排的出台。[2]

### (二)绿色债券的监管规则

在绿色债券运行中仍需强化审慎监管与行为监管,以有效控制绿色债券市场的各类风险,特别是需要重视相关主体在绿色债券监管中的功能发挥,例如,绿色债券生态性的特殊需求使实践中必须有明确的监管规则以保障生态环境部门在绿色债券监管机制中取得相应的地位并发挥作用。又如,绿色金融标准建立和完善中以行业自律规则为基础的自律监管制度发挥着关键作用,是增强制度可操作性的基础,故下文将对相关监管

---

[1] 参见王煜宇:《金融法学》,武汉大学出版社 2010 年版,第 38 页。

[2] 该委员会于 2021 年 8 月召开会议审议通过了《绿色债券评估认证机构市场化评议操作细则(试行)》及配套文件、《绿色债券标准委员会使用代章相关操作细则》、《绿标委 logo 及相关说明》等三项议案,为该委员会的发展奠定了基础。参见张欣然:《绿色债券标准委员会:尽快发布评估认证机构市场化评议操作细则和中国绿债原则》,载中国证券网 2021 年 8 月 31 日,https://news.cnstock.com/news,bwkx-202108-4749085.htm。

规则的建构将进行专门讨论。

一方面,需要重视标准、指引和自律准则等软法制度安排的统一性和关联性。具体来说,统一的制度安排可以有效降低绿色债券运行时的交易成本,保证绿色债券市场的稳定发展,而目前我国已经开展的实践大致包括两个内容:一是我国在绿色金融标准建设方面已经初步取得了一致性意见,这对绿色金融制度体系的建立和完善具有重要意义。例如,中国人民银行、国家发改委、证监会联合发布的《绿色债券支持项目目录(2021年版)》对我国绿色债券进行了统一界定,这有利于增强我国绿色债券的标准化程度和市场认可度。又如,中国人民银行已经制定了《金融机构环境信息披露指南》和《环境权益融资工具》两项行业标准,这项工作的开展对统一我国绿色金融标准具有重要意义。但是,在涉及绿色债券相关制度安排中,仍存在制度空白有待填补。例如,目前中国人民银行发布的《金融机构环境信息披露指南》只适用于金融机构,对非绿色金融债券的有关产品进行激励约束的作用有限。对此,域外有些有益经验可供参考。在监管制度分析领域,美国借助行政命令和国会立法等系统性制度安排建立起了包括适用范围、分析方法、替代性方案的评估、成本收益测算、审查机关与程序确定等诸多制度安排在内的法律框架,[1]我国可以参考其在监管制度建构中的有益经验,探索建立符合我国实践的监管理性相关制度安排,为绿色债券的发展提供支持。二是需要重视行业自律规则在绿色债券监管中的现实作用。自律规则在绿色债券运行中可以发挥较好的缓冲和调节作用,相关操作性规则还有利于建设更加高效、灵活的监管环境,并提高监管的有效性,[2]因此,绿色债券法律制度的建构需要重视自律规则在实践中的实际功能,并借此对包括法律、政策在内的制度规范体系进行系统性优化。

另一方面,需要关注监管规则的具体内容构造。通过前文的分析可以得知,不同品种的绿色债券在监管领域的具体制度安排都存在一定差异,具体来说,监管机构对发行条件、认定标准、信息披露要求、第三方认

---

[1] 参见马英娟:《美国监管影响分析制度述评》,载《法商研究》2008年第1期。

[2] 参见卜亚、印梦婷:《P2P网络借贷行业自律:理论模型与跨国经验》,载《金融监管研究》2018年第8期。

证评估和募集资金投入绿色项目的比例等方面都存在不同,鉴于其他部分对相关内容进行了梳理,此处将不再对相关内容予以赘述,但是,总体来说,监管规则的差异性是具体制度梳理中必须回应的问题。例如,我国不同类型的绿色债券在募集资金管理要求方面的有关规定就存在差异,与气候债券倡议组织建立的气候债券标准和认证机制中缺少对募集资金使用要求的具体规范相比,我国相关管理要求除了尝试性提出设立专项账户、专项台账或者独立子账户的监管要求,还细化了两个具体监管规则。

一是细化对募集资金使用的条件、程序规定。中国人民银行在《关于在银行间债券市场发行绿色金融债券有关事宜的公告》中严格限制了募集资金的用途,要求资金必须全部"用于"绿色项目,[1]而国家发改委的《绿色债券发行指引》[2]和证监会的《中国证监会关于支持绿色债券发展的指导意见》[3]则都允许发行人将募集资金用于绿色项目建设、运营和偿还绿色贷款。比较三者的规定可以发现,国家发改委《绿色债券发行指引》对资金用途监管的要求最为宽松,除了绿色项目使用之外,该指引还允许发行人将募集资金用于企业债务结构的优化,且其具体比例高达近1/2。

二是对募集资金闲置投资的要求。《关于在银行间债券市场发行绿色金融债券有关事宜的公告》明确要求募集资金闲置期间只能用于投资非金融企业发行的绿色债券或者信用等级高、市场流动性高的货币市场工具,由此可见,对闲置资金的管理是绿色债券法律制度建设中必须关注的内容,以增强资金管理的效能。[4] 同时,此类规则还需要加强与具体信息披露规则的衔接,地方立法中也在逐步重视对相关义务性规范的设

---

〔1〕 参见《关于在银行间债券市场发行绿色金融债券有关事宜的公告》第9条,该条明确了募集资金投入领域和闲置期间的管理的有关规定,按照该规定发行绿色金融债券募集的资金必须严格预定项目要求进行投入。

〔2〕《绿色债券发行指引》的"二、审核要求"等对募集资金的用途和比例等作出了规定,但是,对募集资金的具体管理要求并未作详细规定。

〔3〕 参见《中国证监会关于支持绿色债券发展的指导意见》第6条的规定,访问地址为 http://www.sse.com.cn/lawandrules/regulations/csrcannoun/c/4321456.pdf。

〔4〕 参见张辰旭:《绿色债券监管标准的比较研究》,载《福建论坛(人文社会科学版)》2018年第9期。

置,这可以加强绿色债券的实施效果。例如,《河北省生态环境保护条例》(2020)第60条就确定了发债企业作为投资者的环境治理信息披露制度,这为强化国家层面制度实践和地方制度实践提供了支持。

三是不同绿色债券产品信息披露适用的具体规则有所不同。例如,绿色债务融资工具披露时需要适用中国人民银行《银行间债券市场非金融企业债务融资工具管理办法》、中国银行间市场交易商协会《银行间债券市场非金融企业债务融资工具信息披露规则》的有关要求。同时,鉴于绿色债务融资工具在生态效益披露方面的特殊需求,需要完善相关制度安排以保证绿色债券生态环境效益的实现。又如,绿色企业债发行时,国家发改委就在其发布的注册通知中对披露情况的要求作出明确规定。再如,《国家发展改革委关于随州市城市建设综合开发投资有限公司发行绿色债券注册的通知》(发改企业债券〔2020〕292号)就要求债券发行人履行信息披露义务,并接受审核机构的监督检查。[1] 在企业债券注册改革之前,监管机构对债券信息披露的地点、途径和方法也有规定,例如,《国家发展改革委关于江苏省南京地铁集团有限公司发行绿色债券核准的批复》(发改企业债券〔2019〕88号)就要求债券发行时须在《中国经济导报》或者其他媒体披露募集说明书摘要。[2] 由此可知,国家层面对债券信息披露的监管主体、披露主体和披露渠道都进行了规定,这可以有效保障我国绿色债券发行工作的开展。

(三)绿色债券的激励型监管

按照制度设计理论的内容,制度有以激励为中心和以选择为中心的两种不同的类型。[3] 其中,激励型监管就属于以激励为中心的制度选择,其是指行政机关采用经济诱引方式及措施间接引导市场主体做出或

---

〔1〕 参见《国家发展改革委关于随州市城市建设综合开发投资有限公司发行绿色债券注册的通知》,载北大法宝网,https://www.pkulaw.com/chl/72b510cc3d038416bdfb.html?keyword=%E7%BB%BF%E8%89%B2%E5%80%BA%E5%88%B8。

〔2〕 参见《国家发展改革委关于江苏省南京地铁集团有限公司发行绿色债券核准的批复》,载中华人民共和国国家发展和改革委员会网,https://www.ndrc.gov.cn/xxgk/zcfb/qt/201906/t20190613_966252.html?code=&state=123。

〔3〕 See Brennan, Geoffrey, *Selection and the Currency of Reward*, *Robert E. Gooddin*, *The Theory of Institutional Design*, New York: Cambridge University Press, 1996. 转引自陈德敏:《环境法原理专论》,法律出版社2008年版,第208页。

者不做出一定的行为,以期实现既定政策目标的行政活动方式。[1] 从制度供给层面来看,绿色债券监管的法律制度供给主要依赖于广义上经济法的制度供给,因此,为发挥经济法律制度的功能,就需要特别强调激励机制的体系化建构和相关规则的精细化安排。然而,绿色债券激励制度更多是政策层面的规范供给,对现行制度的文本进行分析不难发现,当前法律债券激励型条款主要出现在环境与资源保护法律法规的条文、有关规范性文件中,且存在体系化供给不足、亟待借助更为有效的下位法制度保障实施等现实问题。

基于对有关制度的综合分析,笔者认为现有制度的实际操作性有所不足,特别是激励性规范在实践中缺乏强制执行效力(见表4.5),因此,急需《环境保护法》等为绿色债券的运行提供合法性基础,并按照绿色债券的不同类型在《预算法》等财政法律法规中对激励措施进行具体法制化,以期增强具体制度实施中的效能。

**表4.5 绿色债券激励制度有关规则汇总**

| 法律位阶 | 名称 | 条文规范与说明 |
|---|---|---|
| 法律 | 《固体废物污染环境防治法》(2020修订) | 第12条属于一般性的激励措施,可以用于对绿色债券发行人等进行激励 |
| 中央部委规范性文件 | 《关于在银行间债券市场发行绿色金融债券有关事宜的公告》(中国人民银行公告〔2015〕第39号) | "发行人发行的绿色金融债券,可以按照规定纳入中国人民银行相关货币政策操作的抵(质)押品范围。" |
| | | "鼓励政府相关部门和地方政府出台优惠政策措施支持绿色金融债券发展。鼓励各类金融机构和证券投资基金及其他投资性计划、社会保障基金、企业年金、社会公益基金等机构投资者投资绿色金融债券。" |

〔1〕 参见李沫:《激励型监管的行政法思考》,载《政治与法律》2009年第10期。

续表

| 法律位阶 | 名称 | 条文规范与说明 |
|---|---|---|
| 行政法规 | 《畜禽规模养殖污染防治条例》 | 第3条关于“激励引导”的规定、第8条第2款“对在畜禽养殖污染防治中作出突出贡献的单位和个人,按照国家有关规定给予表彰和奖励”设置一般性的激励条款 |
| 地方性法规 | 《河南省固体废物污染环境防治条例》(2018年修正) | 第47条、第48条、第49条作为保障措施具有高度协调性,财政、税收、采购等方面的激励制度可以提升绿色债券发行人的盈利能力,增强投资者的信心 |
| 地方性规范文件 | 《深圳市人民政府关于构建绿色金融体系的实施意见》(深府规〔2018〕29号) | “鼓励中小企业发行绿色集合债。探索开发中小企业绿色集合债。完善配套增信机制,将中小企业绿色集合债纳入我市集合发债再担保范围。” |

注:正如前文所述,绿色债券涉及的制度规范比较庞杂,此处只对重点相关的内容进行梳理,从不同层级出发进行的梳理详见表4.1的有关内容。

基于对现有法律法规中涉及绿色金融、绿色债券相关激励制度的规则分析,笔者发现当前绿色金融实践活动中,对绿色债券法律制度建设系统化工作的关注仍有不足,法律法规和政策性规范的衔接度还有待进一步提升。鉴于监管属于绿色金融监管的范围,因此,对其整体性梳理还有必要从合法性角度进行考虑。整体来说,需要将绿色债券激励制度纳入宏观调控权的范畴进行整体考虑,以此增强制度开展时的实际效果。当然,除上述主要激励性规则之外,绿色债券运行还需要关注债券发行过程中的风险管理,汲取类似特殊品种债券运行中的有益经验。例如,实践经验表明债券保险制度、偿债准备金制度等市政债券市场的重要监管手段可以在实践中发挥关键作用,[1]因此,我国绿色债券市场相关激励性监管规则的建构也可以从中汲取相关经验,并结合绿色债券运行的现实需

〔1〕参见马恩涛、齐文燕:《地方政府债券风险管理:国际经验与借鉴》,载《经济研究参考》2020年第7期。

要,优化后续制度设计。

## 五、绿色债券配套制度

有部分学者认为,旧的制度环境中的个别因素在不断累积的情况下,会由量变产生质变,进而使制度主体的客观需求也产生一定的变化,因此,实践中会相应产生多元利益主体在相关制度约束下进行的利益博弈,最终会形成较为平稳的博弈制衡状态。[1] 因此,绿色债券相关制度安排需要从利益博弈的复杂情形出发,考虑多重制度的微观约束。对相关配套制度进行系统性梳理是我国绿色债券法律制度梳理中必不可少的重要内容,由此可见,配套制度在支撑绿色债券市场法律制度过程中发挥着重要作用。其具体主要包括如下方面。

### (一)绿色债券的信用评价

由于绿色债券具有很强的社会效益,因此,其在作为金融工具的同时兼具准公共物品的功能,这也是其自产生以来就受到政策扶持的重要原因。但是,绿色债券在运行中也经常要面临对生态效益、社会效益进行判断的难题。因此,该制度的实施依赖于信用评价等信息工具为投资者提供判断的专业标准,保障绿色债券生态效益的实验。对绿色债券的信用评价同时也是环境信用评价的重要组成部分,需要将落实《企业环境信用评价办法(试行)》[2]的具体要求和绿色债券运行实践有机结合起来,使信用评级、信用评价等相关信息工具的使用形成合力,以有效回应绿色债券市场运行中的信息不充分等具体问题。因此,在具体的制度设计中应当发挥现有信用评价的客观功能,将相关评价结果作为政府开展绿色债券运行相关激励的重要依据。但是,观察现有制度安排可以得知,目前并未实现这两项制度安排的有效衔接。例如,诸如《西藏自治区国家生态文明高地建设条例》(2021)第 57 条等地方性法规尝试对信用评价作出规定,但是,从总体情况来看,当前信用评价的总体安排仍然有所不足,

---

〔1〕 参见范如国:《制度演化及其复杂性》,科学出版社 2011 年版,第 31 页。

〔2〕 参见《关于印发〈企业环境信用评价办法(试行)〉的通知》(环发〔2013〕150 号),载中华人民共和国生态环境部网,https://www.mee.gov.cn/gkml/hbb/bwj/201401/t20140102_265940.htm。

缺少对信用评价制度整体效果的关注,难以发挥现有制度应有的制度功能,提升绿色债券市场运行的效能。

(二)绿色债券的国际合作

绿色债券领域的国际合作对推动我国绿色债券发行的国际化水平、提升我国在绿色金融领域的话语权都有积极意义。从实践出发,可以发现我国绿色债券运行中的国际合作主要体现在三个方面。

一是积极参与绿色债券相关国际软法的制定、公布。需要注意的是,相关领域国际合作的开展可以有效提升我国在全球绿色债券相关规则制定中的话语权,具体而言,包括规则制定和修改权、定价权、议题设置权、平台搭建权、技术创新权等相关权利的提升。因此,在制定绿色债券运行相关领域的国际金融软法时,我们需要积极参与以期获取相关规则制定权,增强我国在绿色债券相关软法建设中的话语权。例如,2017 年 9 月 G20 杭州峰会召开期间,由我国主导的 G20 金融研究小组高度关注绿色金融共识的形成,相关内容被写入了 G20 公报之中,这表明国家借助绿色金融引导社会资本进入绿色投资领域的做法已经形成了全球性共识,同时,该共识也会对绿色债券发展产生积极的指引意义。

二是努力衔接国际发展趋势,保证绿色债券相关认定标准与国际标准的统一。随着绿色债券实践的逐步推进,GBP、CBS 两项在国际上认可度较高的标准对我国绿色债券的认定及在国际资本市场的发行相都有重要作用。因此,我国制定或者修改《绿色债券支持项目目录(2021 年版)》相关具体制度时需要参考国际或者域外国家的相关规定,以保证我国绿色债券相关制度与国际通行制度接轨。

三是加强绿色债券发行实践的国际合作。我国绿色债券运行中十分重视加强绿色债券领域的国际合作,除积极参与《G20 绿色金融综合报告》等相关规范性文本的起草,为制度建设贡献中国方案以外,我国还非常重视在域外资本市场发行绿色债券。例如,我国境内发行人先后在新加坡证券交易所、卢森堡绿色证券交易所等域外交易所发行了绿色债券,积极寻求准主权债券、绿色信用债券在域外市场发行的机会,以拓宽绿色债券的发行渠道。

(三)其他绿色债券配套制度

绿色债券运行还涉及信用增信、托管清算、虚假陈述侵权责任追究等相关民事行为或者行政行为，在此过程中特别需要重视证券服务机构的功能。因此，为推动绿色债券的发行效能，各级地方政府应当结合本地实际制定专门规则，以激励资产评估机构、咨询机构、数据服务机构、会计师事务所和律师事务所等证券服务机构积极提供绿色金融服务，并借助专业培训和继续教育等方式提升办理绿色债券业务的水平。相关行为规制、责任追究的实现需要大量法律法规、部门规章、行业准则和司法解释等提供制度支撑，例如，《最高人民法院关于审理证券市场虚假陈述侵权民事赔偿案件的若干规定》第22条强化了证券服务机构的责任，对保证绿色债券市场的透明性具有积极意义。

总体上来说，绿色债券市场的发展需要在金融基础设施建设、制度发展完善等方面汲取必要经验，借助配套制度共同推动绿色债券市场的良性发展。例如，在绿色债券实践中需要重视绿色项目信息共享平台的建设，以及时、全面披露绿色项目的实际数据，为绿色债券发行提供数据支持；同时，还需要科学设置绿色评价指标，将环保系数作为必备评价因素之一。最终，依据评价结果对绿色项目进行绿色等级划分，为绿色债券运行提供信息支持。[1] 上述要求需要在现有《证券法》《环境保护法》框架下实施，在实际运行中还需要协调包括信用评价、财政支持和信息建设等多方面的安排，以保证规范体系的整体性和系统性。由此可见，配套制度在整体性制度安排中发挥着不可忽视的作用，在实践中应当从结构功能需求出发对相关制度进行整体性考虑，以满足绿色债券运行的现实需要。

## 第三节　绿色债券法律制度中存在的现实不足

正如罗斯科·庞德所言："应当更多地考虑社会现实，它是法律继续前行的基础。"[2]因此，在对我国现行绿色债券法律制度框架进行梳理和

---

〔1〕 参见王丽娜：《绿色金融支撑京津冀协同发展研究》，载《天津师范大学学报（社会科学版）》2021年第2期。

〔2〕 参见［美］罗伯特·S. 萨默斯：《美国实用工具主义法学》，柯华庆译，中国法制出版社2010年版，第73页。

构建时,应当考虑社会发展的现实需要,并以此为基础对相关法律政策进行评价。杜莉等学者对我国的绿色金融政策体系进行了评价,结果表明,我国的绿色债券政策质量较好,且发展健全程度位列所有绿色金融制度的第三位,低于绿色信贷和碳金融,而优于绿色基金政策与绿色保险政策。[1] 由此可见,绿色债券法律制度体系目前已初步建立,但是,通过分析也可以发现其仍存在规范效力等级过低、制度体系碎片化、资格标准规定模糊和惩罚措施不足等[2]现实困境。因此,笔者认为需要从问题视角出发对绿色债券法律制度框架进行系统梳理,以此为后续法律完善提供指引。虽然,目前我国绿色债券运行需要遵守的制度规范基本是完备的,但是,现有制度规范群无论从宏观架构还是微观设置来看都有进行调整和完善的空间。具体存在的问题主要体现在如下方面。

## 一、缺乏清晰的制度框架对制度进行整体性安排

哈特认为:“法律是一种社会建构,它的出现标志着体系化的社会控制由制度来执行。”[3]这恰恰凸显了法律构建过程中体系性的需求,虽然体系性是法律体系的内在属性,但是,法律并不等同于法律体系,法律体系是法律发展到一定历史阶段的结果,是法学理论和法律实践有机耦合而产生的结果。[4] 而体系化的需求在绿色债券等新兴领域中表现得尤为突出,因为制度的体系化可以优化绿色债券法律制度的整体架构,提升制度的科学性、可操作性,并降低制度的习得成本。然而,金融系统像“熵”一样,在日益呈现出极高的复杂性,这使技能和信息掌握都颇为有限的监管者需要化繁为简,[5]通过明晰的制度安排、高效的监管技术和多主体参与的监管方式来回应现实需要。然而,现行绿色债券法律制度安排缺乏对有关法律现象的整体反馈,具体来说,其表现为绿色债券法律

---

[1] 参见杜莉、郑立纯:《中国绿色金融政策质量评价研究》,载《武汉大学学报(哲学社会科学版)》2020 年第 3 期。

[2] 参见张溢轩、徐以祥:《绿色债券的规范反思与制度完善》,载《西南金融》2021 年第 7 期。

[3] 参见[英]哈特:《法律的概念》,许家馨、李冠宜译,法律出版社 2018 年版,第 1 页。

[4] 参见李桂林:《论法律的体系性》,载《求索》2021 年第 5 期。

[5] 参见[荷]乔安妮·凯勒曼、[荷]雅各布·德汗等编著:《21 世纪金融监管》,张晓朴译,中信出版集团 2016 年版,第 20 页。

制度的分散性和碎片化，这极有可能造成制度实施过程中冲突的产生。因此，为增强相关制度的协调性，有必要从实际需求出发，借助结构功能主义理论的具体要求，对相关制度进行整体性梳理，以完成制度安排的系统化。本章所做的梳理表明，鉴于我国债券市场的现实分割，不同类型的绿色债券在发行、监管和激励等方面的制度安排上可能存在一些差异，故笔者认为有必要优化宏观的制度安排，以期增强我国绿色债券在全球绿色资本市场中的实际影响力。实践经验表明，域外债券市场规则是在投资者、证券交易所、中介机构、社会组织的共同推动下形成的，因此，从动态角度来看，其中的"软法"规则多是自下而上生成的。我国与之形成了明显差异，监管机构在绿色债券市场制度形成过程中占据着主导地位，因此，相关规则更多表现为一系列自上而下形成的"硬法"规则。在我国债券市场自由化程度仍然较为有限的背景下，不同监管机构分别出台的监管规范虽然为绿色债券的发展提供了有效的激励，但是，鉴于路径依赖和债券市场分割性的存在，我国绿色债券市场的进一步发展还迫切需要解决因监管权力分散而引致的"监管套利"和事后监督法律机制不健全等问题，[1]而这些都依赖于对制度的整体性安排，以明确各项制度的功能定位和互动关系。例如，《金融机构环境信息披露指南》和《环境权益融资工具》等两项首批绿色金融标准的出台虽然对包括绿色金融债券在内的绿色金融实践具有较大的激励意义，但是，绿色金融工作的推进还需要注重制度之间的协同。因此，在出台相关环境信息披露指南时，监管机构需要考虑制度宏观建构和多方主体的具体利益诉求，这样才可能减少制度冲突的可能性。又如，绿色债券的生态属性使其在具体制度构造中与普通债券有着较为明显的差异，而普通债券评级体系难以满足绿色债券评级的现实需要，因此，需要建立并完善第三方认证、咨询核查等制度安排。

## 二、缺乏衔接性制度推动一般规则与特殊规则的连接

正如《21 世纪金融监管》所言："互动的本质不在其自身，而在于将其

---

〔1〕 参见黄韬、乐清月：《中国绿色债券市场规则体系的生成特点及其问题》，载《证券市场导报》2018 年第 11 期。

围绕起来的结构。"[1]由此可见,法律制度间的互动也需要依赖于制度之间的有效衔接才能发挥既定的制度功能,并最终推动绿色债券市场的有效运行。但是,现行立法缺少对绿色金融、绿色债券进行规定的一般规则,具体来说,在《预算法》《商业银行法》《证券法》《环境保护法》等相关法律中,并无明文规定能为绿色债券与其他债券可能存在的法律冲突提供解决方案,也缺少有效的激励规则为具体实施提供法律依据。实践中,绿色债券运行的制度供给存在明显的软法特征,这导致其缺少强制力作为制度体系的支撑,因此,也很难保证硬法和软法在同一治理场域发挥各自应有的功能。例如,鉴于绿色地方政府专项债在生态环境治理中的特殊性,需要制定专门规范对其运行予以规定,但是,目前财政部只出台了土地储备、收费公路和棚户区改造等三类项目的发行规范,[2]而对生态环境、乡村振兴和水利等相关领域缺乏专门规范。随着生态文明建设要求的不断提高,立法者需要综合落实生态文明的理念,借助生态学研究的具体成果来指导、推动我国生态环境保护领域法律制度的完善,将生态文明观的具体要求渗透到有关法律制定、修改和完善的实践活动中。因此,立法需要及时回应诸如经济法等部门法领域生态化进展缓慢的问题。[3]

绿色债券法律制度体系发展的趋势也印证了"法律虽一经制定即僵化,但其所规定的社会关系并非静止不动"[4]的观点,绿色债券运行这种新生金融实践尤须采用政策等弹性制度形式,来对操作性制度进行规定,而这就更加需要法律的支持。相关法律制度生态化进展缓慢客观上造成了绿色债券运行中相关软法和硬法、法律与政策之间缺少必要的互动和转化,因此,现有法律规则很难为绿色债券相关制度的发展提供必要支撑,这恰恰是后续立法中亟待解决的问题。需要指出的是,我国在包括绿色债券在内的绿色金融制度设计中颇为倚重政府自上而下的推动作用,该模式最大的优势就是可以及时、迅速地向全社会发出监管机构非常重

---

〔1〕 Bourdieu P., *The Field of Cultural Production: Essays on Art and Literature*, Columbia University Press, 1993, p. 805 – 853.

〔2〕 参见王敏、徐晓君:《地方政府专项债发行的国际比较与镜鉴》,载《经济体制改革》2020 年第 6 期。

〔3〕 参见蔡守秋:《论我国法律体系生态化的正当性》,载《法学论坛》2013 年第 2 期。

〔4〕 参见张本才:《未来法学论纲》,载《法学》2019 年第 7 期。

视绿色金融发展的信号,这客观上有利于绿色金融市场的良性发展。[1]然而,现行的制度设计并未形成层次性的激励制度安排,这导致监管机构的激励制度安排并未完全纳入法治化运行的框架,这正是经过5年左右的发展后,我国绿色金融法律制度建设亟待解决的现实问题。

## 三、缺乏顶层制度设计推动激励规则的法治化

激励约束机制是绿色债券法律制度框架的重要组成部分,从总体来看,目前我国绿色金融激励约束制度大致包括两个方面:首先,从宏观层面来看,绿色金融制度的实施需要依赖外部配套的激励约束政策安排,主要包括绿色金融统一的执行标准体系、绿色金融担保贴息激励政策、环境风险分担与信息披露机制和监督评价制度等。其次,从微观层面来看,激励约束机制主要是指针对绿色金融产品而制定的内部激励与约束保障措施,其实施需要重视外部与内部之间相互渗透、相互包含的关系,以有效推动绿色金融激励约束制度的优化完善。[2] 虽然《中证机构间报价系统股份有限公司关于开展绿色公司债券试点的通知》[3]《绿色债券发行指引》[4]等相关规范性文件初步建立了包括政策引导、便利措施、财政激励、认可表彰等4类制度[5]在内的诸多激励规则,并对激励规则的制定主体、统筹安排等程序性事宜作了规定,但是,此类规范以鼓励、引导等柔性规则为主,且缺少整体性、系统的制度安排,导致绿色金融绿色发展内生动力匮乏。然而,正如美国学者柯利所言:"政策规制与资金激励是互补的,'胡萝卜'与'大棒'应配合使用,这对因为经济困难而无力达到标准

---

〔1〕参见杨娉、马骏:《中英绿色金融发展模式对比》,载《中国金融》2017年第22期。

〔2〕参见王波、岳思佳:《我国绿色金融激励约束保障机制研究》,载《西南金融》2020年第10期。

〔3〕《中证机构间报价系统股份有限公司关于开展绿色债券试点的通知》(中证报价发〔2016〕40号)第10点提出统筹相关优惠政策,并明确提出一些激励性规则。

〔4〕《绿色债券发行指引》针对企业债券的发行,在加快审核效率、调整准入条件、投资补助、担保补贴、债券贴息方面提出建立激励政策方面的建议。

〔5〕参见商道融绿、气候债券倡议组织课题组:《中国地方政府绿色债券激励机制研究》,载气候债券倡议组织网2017年4月11日,https://cn.climatebonds.net/node/73。

或者不在法律管制范围内的人尤为关键。"[1]因此,笔者认为绿色债券贴息等激励政策应当通过法治化的手段予以确定,将其与现有命令控制型规则配套使用。

从目前实践来看,激励政策可能存在如下问题:首先,注重贴息、补贴等政府优惠措施,范围广、数量多,未能得到有效规制,存在可能滥用而扭曲市场机制的风险。虽然政府补贴是诸国普遍采用的一项产业措施,且从实践维度来看有其必要性和正当性,但是,目前我国政府补贴的相关制度性规范供给相对不足,难以满足补贴法治化的现实需要。例如,《江苏省绿色债券贴息政策实施细则(试行)》为该省绿色债券贴息工作的展开提供了重要参考,但是,该文件中关于贴息的规定未能与生态环境效益的实现程度相挂钩,在后续国家和地方软法制度设计中需要进一步完善。因为现有地方层面绿色金融激励政策的制定主体、实施范围、奖补类型、奖补标准、条件要求等都不尽相同,[2]致使制度实施过程中的具体要求和实然效果也存在较大差异,这在一定程度上影响了法律制度激励功能的有效发挥。

其次,绿色债券在评价考核中的权重有待提高。为衡平金融效率与金融风险之间的关系,需要在风险可控的前提下,对绿色债券适当采用相对宽松的考核要求,以激发发行人的发行热情。例如,中国人民银行可以将绿色债券纳入对银行业金融机构进行绿色金融评价考核的范围之中,且将绿色贷款余额与绿色债券持有量在定量评价中设置为相同的权重。鉴于商业银行是当前国内债券市场最大的"买方"且绿色金融债券是绿色债券中的重要类型,该措施的出台必将对绿色债券的发展产生积极的影响。由此可见,中国人民银行制定的《银行业金融机构绿色金融评价方案》在绿色债券发行实践中发挥着软法的作用,而为了提升绿色金融评价的得分,银行业金融机构将会更加积极配置绿色债券资产。同时,应对约束机制与激励措施配套使用。如此一来,评级结果不理想的商业银

---

[1] 参见[美]迈克尔·柯利:《环境金融准则:支持可再生能源和可持续环境的金融政策》,刘倩、王遥译,东北财经大学出版社2017年版,第33页。

[2] 参见古小东、郑泽华:《我国内地与香港绿色金融的激励政策研究》,载《环境保护》2021年第14期。

行不仅会承担较高的费率,同时,其在经营规模扩张、业务准入、再贷款等货币政策支持工具使用方面都会受到更多限制。这样一来,将增加商业银行的运营成本,故商业银行会积极发展绿色金融业务以期提高其在央行金融机构评级中的结果,进而就强化了绿色债券激励制度的实际效果。但是,绿色政府债、绿色企业债等其他品种的绿色债券在运行中就缺少此类评价考核的激励措施。由此可见,多种激励约束制度之间必须有效协同,以充分发挥绿色债券法律制度体系的整体性功能。因为随着绿色债券市场运行的逐步成熟,发行绿色债券的声誉红利正在逐渐减弱,如何尽快完善激励措施,推动激励措施的法治化是当前绿色债券法律制度建设中亟待解决的问题。

最后,对专门税收优惠的关注力度有待进一步加强。税收优惠一直是我国优惠政策工具箱中的主要制度安排,但是在实践中我国也长期存在税收优惠政策,特别是地方性优惠政策内容过滥、形式过多、种类过杂等问题。从法治原则进行考量可以发现,量能课税、合比例性、税收法定等原则是新的税收优惠制度设计中必须遵循的客观原则要求,实践中还可以将上述原则要求作为基础,以支持税收优惠制度的常态化清理工作。其中,量能课税为是否应当给予税收优惠的重要判断标准。在量能课税论证通过的基础上,税收优惠还需获得正当性和合法性论证,而相关论证必须以比例原则和税收法定主义两大理念的作为基础。[1] 对现行生态环境立法的静态文本进行观察可以得知,当前生态环境法律体系存在缺乏合理协调的问题,[2]在绿色债券激励约束制度设计中具体表现为制度设计的空洞化、碎片化等,从结构上来看尚未形成从硬法到软法互相映照的有机整体。

### 四、缺乏专门制度保证绿色债券生态效益的实现

制度由指导、评价行为的初级规则和确定、执行、变更的次级规则两个层面的规则共同构成,绿色债券相关制度安排也不例外,故其也需要从

---

〔1〕 参见熊伟:《法治视野下清理规范税收优惠政策研究》,载《中国法学》2014 年第 6 期。

〔2〕 参见彭本利、李爱年:《新〈环境保护法〉的亮点、不足与展望》,载《环境污染与防治》2015 年第 4 期。

初级规则和次级规则的层级结构出发来建构相关制度规范，这对生态效益评估、债券信息披露等相关制度建设具有较强的指引作用。对生态效益的追求是绿色债券运行的关键内容也是凸显绿色债券特征的关键要求。按照埃莉诺的观点，绿色债券运行中的制度安排多属于多层次制度体系中操作层次制度的选择问题，制度层次研究的相关理论告诉我们，此类问题的解决需要依赖集体层次的选择，并在中间变量的联系下最终形成操作性规则。[1]

目前看来，当前相关政策还存在如下可以改进的方面：一是缺乏权威、规范、细致的绿色认证评估体系。[2] 绿色债券"生态属性"的认定是后续制度实施的重要基础，因此，绿色债券运行需要重视绿色认证评估制度体系的建设工作，我国目前对绿色债券的相关认证规则主要是《绿色债券评估认证行为指引（暂行）》，但是该指引的适用范围尚未包含企业债券，且在实践中进行评估认证的绿色债券数量相对较少，这是由于缺少认证与信息披露、激励政策的有效协同，单纯依赖鼓励规定很难有力推动绿色债券的发展。

二是我国对绿色债券信用评级中的强制性披露生态效益的制度缺少关注，相应制度安排明显存在空白。为保证募集资金的使用效率，资金使用的渠道和途径必须是明确的，[3]因此，有必要建立统一标准、形式完善的信息披露制度。但是，从目前我国绿色债券运行的实践情况来看，涉及绿色信用评级专门内容的制度规则并不明确。由此可见，我国绿色债券运行缺乏多样化、协同性的监管方式和可操作性强的披露规则以对其发展进行保障。例如，东方园林公司于2020年发行的绿色公司债券，该债券发行时出具的评级报告编制所依据的评级技术文件为《新世纪评级方

---

〔1〕 参见李文钊：《制度多样性的政治经济学——埃莉诺·奥斯特罗姆的制度理论研究》，载《学术界》2016年第10期。

〔2〕 参见刘素坤、高家骥：《我国绿色债券监管存在的问题与对策研究》，载《时代金融》2019年第19期。

〔3〕 事实上不同品种绿色债券发行中都涉及资金管理向制度安排，但是，建议绿色债券品种的差异性其在具体规范要求中存在一定差别。例如，在《中证机构间报价系统股份有限公司关于开展绿色债券试点的通知》（中证报价发〔2016〕40号）中就要求绿色债券募集说明书中应当建立募集资金管理制度，并按照债券信息披露的规定披露相关情况。

法总论》,其中缺少对生态效益关注的特有评级方法。由此可见,绿色债券生态效益的披露、跟踪等工作对绿色债券功能实现具有重要作用,在后续制度建设中需要关注专门信用评级办法的制定。同时,为回应大数据和人工智能发展的现实需要,金融科技公司越来越重视 API 和大量流程自动化工作提升工作效率、批量处理大量请求的成功因素,[1]并在金融交易和监管活动中学习和借鉴有益经验,但是,相关制度建设却有些滞后,因此,亟待相关规则建立为绿色债券运行的智能化提供支持。而在地方立法实践方面,如《河北省生态环境保护条例》(2020)第 60 条第 3 款提出了建立发债企业强制性环境治理信息披露制度,这为国家层面立法提供了相关经验支撑,但是,具体信息披露制度还有待进一步梳理和完善[2]。

三是由于信息不对称以及声誉机制、优惠政策的存在,绿色债券运行中存在较强的"漂绿"风险。"漂绿"现象是绿色债券运行过程中的较为明显的制度套利行为,"漂绿"是指债券发行人故意违反法律法规和融资方的承诺,将通过绿色金融渠道募集的资金投入一些非绿色项目中。现有实践又存在两种情况:一是债券发行人故意将非绿项目伪装成绿色项目以套取资金支持;二是由于资金用途监管不严,本来为绿色项目实施筹集的资金后续被挪作他用,流入了非绿色领域。目前,我国《环境保护法》、《证券法》、《预算法》和相关行政法规、部门规章对"漂绿"行为的规制都不是非常明确,制度供给不足客观上不利于相关制度功能的有效发挥。虽然随着包括绿色债券在内的绿色金融持续发展,我国已经在逐步建立相关规则,以期对此类行为进行规范,但是,后续仍然需要专门立法为规范性文件中的"漂绿"规制提供合法性依据。

四是绿色债券发行人、承销人相关法律责任有待细化。正如前文所述,现有规范对融资方"漂绿"、地方政府优惠政策合法性审查等行为的规制力度不强,目前,《环境保护法》、《证券法》、《预算法》和相关行政法

[1] 参见[印]保劳格·阿尔琼瓦德卡尔:《金融科技:技术驱动金融服务业变革》,李庆、王垚译,机械工业出版社 2019 年版,第 288 页。

[2] 参见《河北省生态环境保护条例》(2020)第 60 条第 3 款的规定,此外,《深圳市生态环境保护"十四五"规划》也提出了建立相关制度,探索扩大环境信息强制披露主体范围和内容的相关要求。由此可见,对信息披露相关要求的关注是绿色债券监管重点关注的方向。

规、部门规章等主要规范都缺少对相关行为及其应当承担的法律责任的规定,这不利于绿色债券的发展和完善。由于缺乏明确、具有操作性的规则对相关行为进行处理,对参与绿色债券发行与交易相关活动的各方当事人的关注存在不足,所以亟待完善相关制度以增强制度的可操作性。

### 五、缺乏专门规则强化配套制度的实施

绿色债券的生态性、政策性表明,政府需要在法律法规提供基础保障的同时,制定大量配套政策以增强法律与政策之间的协同,推动绿色债券法律制度功能的有效发挥。但是,目前实践中无论是一般债券的具体规则还是各品种绿色债券的专项规则都存在不同程度的碎片化情况,这导致相关制度体系的逻辑性、层次性不强,缺少必要的软法性指导政策或者相关政策规范,进而导致制度体系整体不协调。

绿色债券是一项在全球范围内都颇受重视的金融创新工作,域外绿色债券运行实践与我国绿色债券运行有大量类似情形,也有非常紧密的联系。因此,对绿色债券法律制度的考察不仅要从债券发行国内市场的逻辑进行理解,还需要考虑绿色债券市场的国际合作,特别是需要重视在气候变化领域的绿色债券募集的新趋势。然而从实践层面来看,国内与国家的互动还有待进一步加强。虽然,目前我国正在积极与其他国家在G20集团、气候变化相关金融信息披露工作组、央行与监管机构绿色金融合作网络、国际金融公司支持的可持续银行网络等多边框架下展开深入的讨论和合作,[1]但是,我国目前开展的相关国际合作仍可能存在两个方面的问题亟待改进:一是国际合作缺乏一般性程序规范。我国制度规范对现有的多边或双边合作机制的运用不够充分,故亟待有效利用我国在"一带一路"共建国家绿色金融合作中形成的常态化经验,细化绿色金融政策协调机制、市场合作机制和风险预警防范机制,[2]其中,需要对绿色债券发展进行明确规定,以期有效推动全球绿色金融实践的发展和完善。二是国际合作的成果缺少转换为双边、多边规则、国际惯例的有效渠

---

〔1〕 参见张晓蕾:《外资金融机构助推绿色金融国际合作》,载《清华金融评论》2021年第12期。

〔2〕 参见张伟伟、李天琦、高锦杰:《"一带一路"沿线国家绿色金融合作机制构建研究》,载《经济纵横》2019年第3期。

道，难以为我国在绿色债券市场提升话语权提供有力支撑。例如，信用增信是提升绿色债券发行效率，增强投资者对绿色债券信息把握的重要方式，但是，我国缺少对相关制度经验进行汇总、梳理并推动国际绿色金融市场共识形成的安排。又如，为增加绿色债券运行发行量，浙江省、福建省等地的相关政策性文件都对担保贴息作出了规定，以期激发融资方在资本市场发行绿色债券的积极性，但是，这些尝试都是零散的、低层级的，因此，在国际交流中我国亟须了解其他国际层面激励制度的实际开展情况，通过更高层次的软法性规范或者立法转化提升我国激励制度的适用性，并为域外绿色债券市场规制的完善提供支持。

# 第五章　绿色债券法律制度的实践观察

党的十九大报告明确提出了环境治理需要企业、社会组织和公众的共同参与，这凸显了企业在生态环境治理中的责任，而企业主体作用的发挥必然需要借助绿色金融等环境经济政策的支持。绿色债券虽然尚属新生事物，但是自其提出以来，就获得了较多的关注，目前已经成为除绿色信贷外，绿色金融实践和创新的重要领域。由于对我国主要绿色债券品种运行实践动态的观察可以弥补前文法律规则静态观察的缺憾，因此，本部分拟从我国当前主要绿色债券产品发行、上市和交易等活动的具体案例入手（见图5.1），观察绿色债券实然运行中的具体态势，这有利于多视角审视各方主体之利益诉求，并在尊重现有法律文本的前提下，[1]发掘案例中具体规则的实然运行情况，这在客观上有助于制度的进一步完善和凝练。因此，笔者拟在前述绿色债券分类的标准基础之上，对我国绿色债券市场的具体实践予以观察。

实践表明绿色债券是诸多绿色金融工具中颇受关注的类型之一，随着绿色债券的发展，我国绿色债券在全球绿色债券市场中扮演着越来越重要的角色。数据表明，2023年，我国发行"投向绿"债券1310只，发行规模为16,755元。其中，贴标绿色债券和非贴标绿色债券分别为8448亿元和8307亿元。[2] 早在2019年，我国绿色债券的发行规模已经高达3656.14亿元，而当年的发行规模更是居全球首位。截至2020年年底，我

---

〔1〕参见杨仁寿：《法学方法论》，中国政法大学出版社1999年版，第175－180页。

〔2〕参见商瑾、魏禹嘉、张锦涛：《2023年绿色债券市场运行情况报告》，载《债券》2024年第2期。

国绿色债券存量已超过8132亿元,存量规模位居世界第二位。[1] 此外,我国在利用绿色债券融资为本国可持续发展提供资金支持的同时,还为"一带一路"共建国家绿色项目建设提供了高达数十亿美元的资金,这些项目的实施使我国绿色债券的全球影响力持续提升。从生态环境效益实现情况来看,按照估算结果,我国每年绿色债券募集资金投向的项目可以减少约5000万吨标准煤的消耗,相当于减排二氧化碳1亿吨以上。由此可见,由于绿色债券市场性和生态性的同时存在,其日益受到各方的重视和关注。

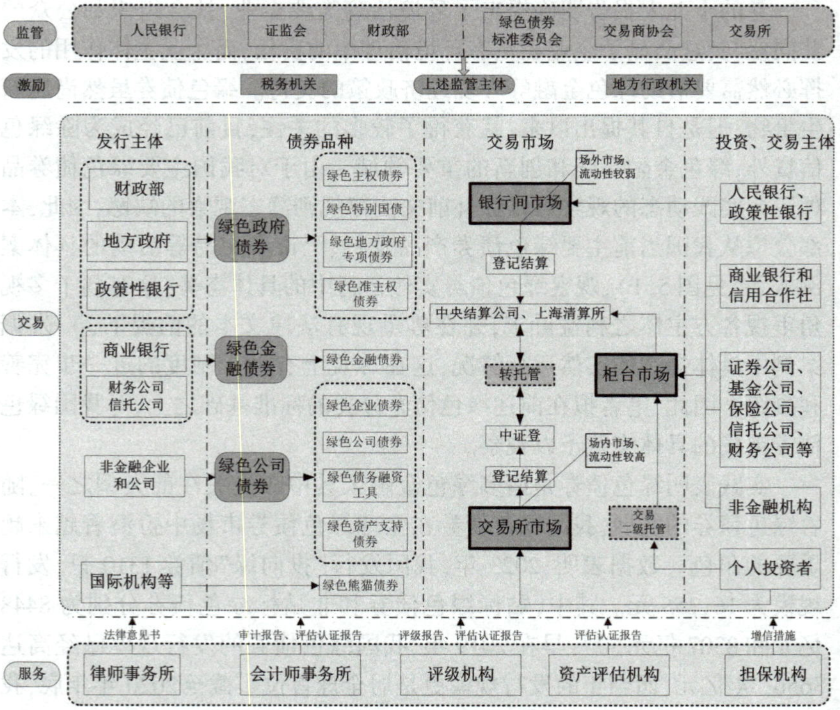


**图5.1 绿色债券运行结构**

---

[1] 参见新华社:《中国引领全球绿色债券销售热潮》,载中国政府网,https://www.gov.cn/xinwen/2021-04/02/content_5597522.htm。

总体来看,我国绿色债券的发行规模日趋扩大,其中,地方商业银行或者大型国有企业是主要的债券发行主体,而上市公司发行绿色债券的积极性还有待提高,[1]也就是说,我国绿色债券发行以利率债券特别是金融债券为主。但是,绿色发展理念的落实和推进依赖系统性制度的完善和优化,同时,相关研究也表明,发行绿色债券对提高上市公司的经济效益具有积极影响,通过此方式融资可以显著提高上市公司的净资产收益率,因此,将绿色债券产品作为企业融资渠道之一是颇为明智的选择。本节拟从现实情况出发,在前文对绿色债券进行类型化划分的基础上,准确把握我国绿色债券发行、交易和流通等活动中可能面临的具体问题。需要说明的是,随着注册发行制改革进程的推进,我国绿色债券法律制度的调整和完善面临着较大的挑战,同时也存在难得的历史机遇,因此需要对绿色债券运行实践予以持续关注。

## 第一节　绿色政府债券概况与案例评析

按照前文对我国绿色债券分类的具体标准,绿色政府债券是公法进路下绿色债券的主要模式,其不但在利率生产机制上与绿色信用债券存在一定差异,而且在发行人、发行目标和制度运行等方面也与绿色金融债券、绿色企业债券存在较大不同。目前实践来看,我国以政府为主体发行的绿色政府债券品种主要包括绿色地方政府专项债券、准主权国际绿色债券等两种情况。因此,此处主要针对这两种类型的绿色债券进行讨论,以期发掘相关绿色债券市场制度建构和实践中存在的问题。

目前,绿色政府债券领域的实践相对滞后,具体情况如下:绿色地方政府专项债券市场正处于探索初期,发行的案例尚不多见。其中,“2019年江西省赣江新区绿色市政专项债券(一期)”作为首例绿色地方政府专项债券对该领域进行了必要探索。《关于做好地方政府专项债券发行及项目配套融资工作的通知》表明生态环保是专项债融资的重要领域,这

---

〔1〕 参见郑春丽、罗传建:《发行绿色债券对上市公司经济效益的影响——基于双重差分模型的分析》,载《武汉金融》2020年第10期。

为绿色地方政府专项债券提供了政策层面的支撑;而《福建省重要生态系统保护和修复重大工程实施方案(2021—2035 年)》表明政府债券已经成为政府筹集绿色项目资金的重要考量。因此,在今后的发展中此类绿色债券也将会具有广阔的发展前景。由于绿色特别国债、绿色主权债券在我国目前(截至 2024 年)都尚无实际案例,相关制度建设也尚付阙如,因此,本部分主要对已有的绿色地方政府债券的实践情况进行讨论。

## 一、绿色政府债券的概况简述

我国绿色地方政府专项债券市场发展历程如下:目前,我国绿色地方政府专项债券市场的创新探索正在逐步完善,这些实践为后续绿色地方政府专项债券市场的繁荣奠定了基础。对绿色地方政府专项债券的了解,需要从对地方债券发展的了解出发。从发展历史来看,上交所于 2016 年 11 月 11 日成功发行了 300 亿元的上海市政府一般债券,该债券成为首单在交易所市场招标发行的地方债。之后,地方政府债券发行日益繁荣,并为地方发展筹集资金提供了新的选择。而到 2017 年时,我国境内已有山东省、四川省、湖北省、天津市等六地的财政部门在上交所成功发行了地方政府债券,当时的发行规模就已经达到了 1950. 81 亿元。现如今,地方政府债券已经成为地方政府融资的重要渠道之一,并在银行间债券市场的柜台债券市场面向个人投资者开放,这表明地方政府债券的融资渠道得到了进一步扩大。由此可见,随着相关制度的完善和相关实践的开展,地方政府也可以成为绿色债券品种创新主体的重要组成部分;但是,从地方债务风险防控的角度考虑,地方债务的发行规模也需要进行控制。因此,部分地方制定了专门制度以加强对专项债券运行的管理。例如,山东省专门制定了《山东省政府专项债券项目库管理暂行办法》,对地方政府专项债券"借、用、管、还"全生命周期管理都作出了详细规定;又如,重庆市也专门制定了《重庆市政府专项债券项目资金绩效管理办法》以加强对地方政府专项债券的绩效管理。相关专项债券的管理制度也可以指引绿色地方政府专项债券的运行,这对绿色地方政府专项债券市场的制度建设具有重要的参考意义。

我国政策性银行在域外发行的绿色准主权债券市场概况如下:虽然

我国主权债券发行的活动尚不多见，但是为了筹集生态文明建设所需资金，我国准主权债券发行方面也积累了一些具体经验，在相关实践中，国家开发银行、国家农业发展银行等政策性金融机构发挥了非常重要的作用，作为软法的内部控制对制度建设完善和发行实践开展有积极影响。例如，“国家开发银行准主权国际绿色债券”是我国首笔准主权国际绿色债券，该债券的发行获得了国际资本市场广泛关注。需要说明的是，国际市场主权债券的发行在绿色债券融资中占有非常重要的作用，其不但可以拓宽国内绿色项目的融资渠道，还可以在国际资本市场树立良好的国家形象。因此，我国域外发行绿色主权债券的相关尝试在实践中具有非常重要的意义。

需要指出的是，本书所讨论的相关制度都是我国针对国内市场发行债券的相关制度安排。我国债券发行人在境外发行债券应当按照《外债管理暂行办法》(2022 修订)的有关规定，来加强对境外发行债券的监管、统计工作。但是，由于在域外债券运行中涉及的发行、交易和监管等相关活动都需要以发行地的相关规则为准，不同国家或者地区涉及绿色债券运行的相关制度差异也比较大，且具体制度安排更加复杂、多样。因此，为保证全文讨论的主线完整，境外国家或者地区绿色债券市场运行的情况不作为本书讨论的重点内容。

## 二、绿色政府债券发行模式分析

从上文可知，一般而言，绿色政府债券具有信用等级高、违约风险小的优势，影响政府债券价格主要是市场利率的高低，因此，绿色政府债券基本属于利率债。[1] 对绿色政府债券的关注可以从实际情况出发，把握此类债券的具体特征具有重要的现实意义。鉴于绿色特别国债只是按照理论的相关分类，在现行运行实践中并无实践案例，且特别国债的发行相对少见，因此，此处就不对该部分内容进行论述，而只对绿色地方债(专项债)、政策性银行绿色准主权债券两类债券的发行情况予以分析。

---

〔1〕 利率债大致包括国债、地方政府债、中央银行票据、政策性银行发行的金融债、政府支持机构发行的债券(比如铁路总公司发行的债券)等不同品种的债券。

### （一）模式一：绿色地方政府专项债券发行实践与交易结构分析

绿色地方政府专项债券目前已经用于发行市政类专项债券、生态环保类专项债券、自然资源类专项债券等多种运用场景，[1]其对地方生态文明建设提供了充足的资金。在国际市场上，美国、德国、日本等国家在绿色政府债券领域进行了长期探索，因此，其政府债券规制的一般性规则为绿色政府债券的发行提供了重要参考。但是，目前在我国绿色债券市场中，绿色金融债券、绿色企业债券仍然是主要的产品，而具有政府信用的绿色地方政府专项债券发展却相对缓慢，实践中的具体案例也寥寥无几。按照《宪法》《环境保护法》的相关规定，生态环境保护是地方政府需要履行的主要职责之一，为了保证绿色发展，地方政府需要通过发行债券的方式进行融资，因此，绿色地方政府专项债券在后期发展中具有广阔的发展前景，故相关制度规范也需要及时进行完善和补充，以丰富我国绿色债券市场产品类型，增强绿色债券市场的整体实力。

我国绿色地方政府专项债券主要的运用场景为市政领域的污染控制、水资源配置等公共事业项目。例如，我国香港特别行政区政府于2019年5月首次在政府绿色债券计划下发行10亿美元、5年期的绿色债券，该债券在香港交易所和伦敦证券交易所上市。[2] 又如，2019年6月江西省赣江新区绿色市政专项债券（一期）的发行是江西赣江新区为推动本行政区域发展，专门发行的绿色市政专项债。该债券的票面利率4.11%，募集的资金全部用于综合管廊的建设。其中，在多个交易市场同时发行债券的目的是希望借助金融工具拓宽融资渠道，缓解地方财政压力。这是绿色地方政府专项债券发行推动绿色发展的重要经验，可以为后续绿色地方政府专项债券的发行提供定价、实施等方面的经验。再如，2020年四川省发行了生态环保建设专项债券（一期至四期），其专门用于更加多样化的生态环境治理领域。再如，“2020年珠江三角洲水资源配

---

[1] 国家发改委、财政部等不同部门针对不同类型、不同领域专项债券制定了专门的指引对产业发展提供支持，例如，《社会领域产业专项债券发行指引》《农村产业融合发展专项债券发行指引》《地方政府收费公路专项债券管理办法（试行）》等专门规定。

[2] 鉴于香港特别行政区政府债券运行所适用的法律与我国的情况有所差异，此处，只是将其作为发行的一种思路提出，而不在具体制度适用中对其作相关讨论。参见杨娉、王琰、王冲：《中国绿色债券市场发展概览》，载《中国金融》2020年第17期。

置工程专项债券(绿色债券)”在深交所成功发行,该期绿色地方政府专项债为广东省政府发行的首只绿色政府专项债券,同时,也是我国水资源领域的首只绿色地方政府专项债券,其募集的资金将通过注入广东粤海珠三角供水有限公司的形式用于珠江三角洲水资源配置工程建设。[1] 还如,2021 年云南省生态环保专项债券(一期)的发行时间 20 年,利率为 3.62%,以期融资 15.4 亿元开展生态文明建设。

综上所述,据笔者不完全统计,中国地方政府债券信息公开平台上公布的绿色地方政府债券共计 11 只,其中天津市 4 只,甘肃省 2 只,江西省、青海省、海南省、云南省、广东省等地各有 1 只。上述相关实践可以为绿色地方政府专项债券的发行提供丰富的实践经验,并为后续制度的完善提供必要参考。考察现有绿色地方政府专项债券可以发现,目前绿色地方政府专项债券运行中最突出的问题就是信息披露不充分。在我国城镇化高速发展的背景下,尤其是近年地方债务置换的过程中,大量基础设施投资都需要通过发行政府债券进行融资,其中募集资金的大部分都投入到了清洁交通(铁路、轨道交通等)、公共节能(城市管网建设、集中供暖设施等)和生态保护与适应气候变化(园林绿化、植树造林)等三大领域的中长期融资。债券募集资金用途未被充分披露导致难以对这些债券产生的生态效益进行精确统计,这不利于绿色地方政府债券的发展。

### (二)模式二:绿色主权债券发行实践与交易结构分析

绿色主权债券的发行主要包括两种情况:一是政策性银行已在探索发行的准主权绿债。这是一类比较特殊的绿色金融债券,其主要是在境外资本市场进行发行与交易,因此,在债券市场上颇受国际投资者的认同。二是由财政部或者中国人民银行在境外资本市场发行的绿色债券。上述两类债券虽然案例较少,但是,都在我国绿色债券运行中发挥了非常重要的作用,特别是在拓宽融资渠道、展示我国绿色金融实践成果中作用巨大。由此可见,此类债券的发行数量虽然不多,但是,为更好发挥其引导作用,在后续实践中可以有准备地尝试此类债券的发行。

---

〔1〕 参见《广州绿色金融再创新　首发绿色政府专项债支持大湾区重点基建》,载广东省地方金融监督管理局网 2020 年 5 月 8 日,http://gdjr.gd.gov.cn/gkmlpt/content/2/2995/post_2995833.html#1216。

目前,相关发行实践主要如下所示:首先,中国人民银行在绿色债券运行中进行了一些尝试。早在2015年,中国人民银行就在伦敦证券交易所发行了总规模为10亿美元的双币种绿色债券,债券所募集的资金会用于符合GBP并经具有合格资质的第三方机构审核的绿色项目。该债券是我国金融机构在境外资本市场发行的首单绿色债券,也是亚洲债券发行人发行的首单人民币绿色债券。[1] 其次,我国政策性银行已经在境外资本市场上发行两单绿色准主权债券。其中,国家开发银行于2017年发行了我国首单准主权债券,该债券包括4年期10亿欧元、5年期5亿美元两个品种,其票面利率分别为2.75%和0.375%,实际上低于同期利率,还最终获得穆迪Aa3评级(与当时我国主权评级相同)。该债券募集的资金将运用于"一带一路"沿线清洁交通、可再生能源和水资源保护等绿色项目的建设,项目所在不但覆盖了我国新疆、福建等省级性质区域,还包括巴基斯坦、哈萨克斯坦等三个"一带一路"共建国家。另外,中国农业发展银行也于2018年发行3年期5亿欧元的绿色债券,该债券的利率采用3个月期欧元银行间同业拆借利率加48bps的浮动利率进行计息,并同时在卢森堡证券交易所、中欧国际交易所和香港联合交易所等三家证券交易所上市。上述案例表明,我国在境外市场发行绿色债券对强化我国与全球范围内不同国家和地区合作,最终实现绿色协同发展、达成绿色标准互认都颇有裨益,因此,在相关制度建构时必须注重对此类尝试进行总结,并通过制定政策、修改法律的方式将其制度化。

## 三、法律问题分析与梳理

绿色政府债券是绿色债券中相对特殊的一种类型,从法律层面来看,其发行受到《预算法》的约束,同时,其在发行目的上对公共利益的考量更加重要。因此,相关绿色政府债券运行的关注点与其他绿色债券既有共同点也有差异性,在此处笔者将会结合具体法律适用予以初步分析。结合现有实践可以发现法律实施中仍有较多需要关注的内容,主要包括如下几个方面。

第一,为生态环境治理举债的相关规定与一般政府债券并无差异,应

[1] 参见翁智雄、葛察忠:《论绿色金融的顶层设计及创新发展》,载《环境保护》2016年第20期。

当适用地方政府专项债的一般规定。正如《土壤污染防治基金管理办法》(财资环〔2021〕35 号)第 16 条所规定的,政府在土壤污染治理等污染治理工作中是需要通过举债来满足中长期资金需求的,因此,实践中政府的行为需要受到《预算法》等有关规定的规制,在生态环保类公共设施建设资金筹集时都需要坚持这一原则。现有绿色地方政府专项债券的发行与交易活动需要《预算法》等有关法律法规为其提供宏观性的制度支撑,同时,相关部门规章、政策规范等也在具体实践中发挥着更为关键的作用。由此可见,其在发行与交易一般性实体和程序规则上与其他地方政府专项债券相比较来说并无明显差异,因此,实践中应当主要适用关于地方政府专项债券的具体规则。

第二,在信息披露方面缺乏与其他绿色债券一致的信息披露标准,相关绿色债券的生态效益难以准确把握。目前,绿色政府债券发布信息披露书时应当按照财政部发布的《地方政府债务信息公开办法(试行)》的相关要求办理。并且还需要依赖一些政策性规范为具体制度运行提供补充,但是,总体而言其与一般政府债券相比并无特殊之处。以重庆市为例,重庆市财政局印发了《重庆市政府债券公开招标发行规则》(渝财债〔2024〕3 号)和《重庆市政府债券公开招标发行兑付办法》(渝财债〔2024〕2 号),规范性文件建立了地方政府债券市场的相关制度安排,可以为绿色政府专项债的发行提供重要支持。但是,实际操作中,这些制度操作缺乏明确的“桥梁性”规则,无法实现绿色债券具体制度安排与相关生态环境保护类法律、经济类法律的互动和协调。

第三,债券品种创新相较于其他主体发行具有更大的空间。现行《预算法》和相关规定并未禁止特别国债的发行,因此,从实践层面来看,绿色特别国债的发行在实际中具有一定的空间,其可以为生态环境治理工作提供支持,特别是为重大自然灾害、碳中和等特殊目标提供较大的支持。同时,域外主权债券发行实践也表明准主权债券的发行对推动绿色债券市场的发展而言颇有裨益。但是,需要指出特别国债发行的频率和规模都相对少见,因此,其发行过程中需要秉持比较慎重的态度。还需要指出的是,鉴于绿色准主权债券本质上属于域外发行的政策性金融债券,因此,其相关规则与后文绿色金融债券的规则是一致的,此处就不再予以赘述。

## 第二节 绿色金融债券概况与案例评析

2015年12月中国人民银行宣布将在银行间市场发行绿色金融债券,此举标志着我国绿色债券市场的初步建立。因此,对我国绿色金融债券运行实际情况的分析有利于对我国绿色债券发展脉络的整体把握。由于商业银行等金融机构可以依靠发行绿色债券的方式筹集资金,再通过绿色信贷的方式将已有资金投入正在建设的绿色项目中,因此,不难看出,绿色金融债券本身就是绿色信贷的重要资金来源之一,[1] 由此可见,绿色金融债券市场沟通了绿色债券和绿色信贷两大重要绿色金融产品,故其在绿色金融政策中的重要性自然是不言而喻。本部分拟对绿色金融债券运行的典型实践情况进行整理,以期对绿色债券市场的整体实践进行整体性把握,并初步对我国绿色金融债券市场的运行概况进行了解,以从宏观上把握目前此类债券交易的具体模式和法律适用情况。

### 一、绿色金融债券的概况简述

从整体上认识我国绿色金融债券市场的发展情况将有利于对其实践运行情况进行把握,因此,本部分拟对其发展情况进行基本分析。首先,从发行数量上来看,自2016年1月我国首次公开发行“16浦发绿色金融债01”以来,我国绿色金融债券已经获得了较快的发展。截至2017年11月,按债项数目的统计数据,我国已经累计发行绿色金融债券55笔,募集资金规模累计2471亿元,相关债券的发行期限以3年或者5年为主,其中累计发行额度超过100亿元的金融机构发行主体分别为交通银行、浦发银行、兴业银行、国家开发银行、北京银行、中国农业发展银行等,前述各银行的累计发行额度分别是500亿元、500亿元、500亿元、200亿元、150亿元、100亿元,合计总额1950亿元,从总体数量来看,上述主体的发行总额的比重已经占到了我国绿色金融债券的78.92%。由此可见,当

〔1〕 参见陈海清、王守清、陈海乐:《绿色PPP项目债券及国内外案例研究》,载《地方财政研究》2021年第5期。

前绿色金融债券的主体比较集中，因此，在绿色金融债券监管规则的设计中要明确监管重点，重视监管规则设置的针对性和有效性。

## 二、绿色金融债券发行模式分析

商业银行、金融租赁企业等金融机构仍然为绿色债券发行规模最大的主体，当前绿色金融债券也是支持绿色信贷等相关绿色金融制度可持续发展的重要支撑。因此，本部分拟对绿色金融债券市场的整体情况和典型模式予以分析，以期对绿色金融债券实际运行情况进行整体理解。

数据表明作为绿色信用债中的重要组成部分，绿色金融债券在我国绿色债券发行额中占有重要比重，对推动生态文明建设具有非常重要的意义。此类债券最大的特点是金融债券发行人需要在发行前储备足额的、涉及多个领域的绿色项目，在发行后逐笔投入具有资金需求的项目内，并每季度按时披露募集资金使用情况报告，公示已经投资的项目类型和未来投资余额的保管情况。从实际情况来看，目前我国绿色金融债券的运行已经积累了大量经验，因此，笔者认为有必要对绿色金融债券的实践进行考察，为制度建设提供支持。具体来说，绿色金融债券的主要运用方式包括如下类型。

### （一）模式一：政策性银行在境内发行政策性绿色金融债券的发行实践与交易结构分析

此种绿色债券在我国发行的数量、规模都相对较多，其也是我国绿色金融债券运行尝试中重要的组成部分，相关制度也比较契合当前生态文明建设中筹措资金的现实需要。例如，政策性银行发行的首单绿色金融债券是中国进出口银行于 2016 年 12 月 5 日成功发行的 2016 年第一期绿色金融债券，该债券期限为 5 年，金额为 10 亿元，最终发行利率 3.28%。披露信息显示募集资金主要将用于湖南省湘潭市的土壤污染治理项目、湖北省荆门市秸秆生态板项目、贵州省开阳县风电项目和江苏省连云港市光伏发电项目等 4 个绿色项目，自 2016 年至 2019 年，国家开发银行、中国农业发展银行和中国进出口银行等三大政策性银行都非常重视绿色金融债券的发行，三大政策性银行累计在我国境内外市场发行了 14 只绿色债券，募集资金总规模约合人民币 630 亿元。募集资金主要投向我国《绿色债券支持项目目录》确定的绿色项目，同时，也投入了“一带一路”共建国家的绿色产业和绿色金融的发展。[1] 数据显示，截至2021年，国家开发银行仍然是我国绿色债券的最大发行人，由此可见，绿色政策性银行发行绿色金融债券的实践可以为制度建设提供重要支持。在此种情形下，政策性绿色金融债券多在国内市场进行债券的发行交易活动，为拓展融资渠道，绿色金融债券也采用国内、国际多市场同时增发的方式筹集资金，相关制度建设中可以对其实施提供支撑。除上述案例之外，19国开G1、17农发绿债01(增发1)、17国开绿债03等绿色金融债券典型案例也可以为具体制度的优化改进提供支持，因为，此类绿色债券通过境内和境外市场定向增发的方式拓宽了融资渠道，可以为绿色项目的资金融通提供国际化合作的渠道。

(二)模式二：商业银行类绿色金融债券的发行实践与交易结构分析

商业银行类绿色债券也为绿色金融债券的主要组成部分，可以为绿色信贷项目的实施筹集资金。2016年1月，上海浦东发展银行和兴业银行分别通过簿记发行的方式在我国境内发行了第一批绿色金融债券，这标志着我国绿色金融债券从制度框架到产品发行的正式实施，[2] 此后，绿色金融债券在我国绿色债券市场中一直占有非常重要的作用。在此种情形下，商业银行等金融机构需要在《中国人民银行法》《全国银行间债券市场金融债券发行管理办法》等制度框架的约束下，在银行间债券市场发行绿色金融债券并将筹集资金投入产业生态化转型、基于“田园型”区域定位[3] 的生态观光业等收益性项目之中。其实，在实践中也不乏相关绿色金融债券的发行案例，例如，苏州银行股份有限公司2021年绿色金融债券、16浦发绿色金融债01、19兰州银行绿色金融01等绿色金融

[1] 该研究的表格统计部分对重要的绿色金融债券发行情况进行了统计，对总结相关发行实践经验具有重要意义。参见云祉婷：《我国政策性银行绿色债券实践分析》，载国际环保在线网2019年8月2日，https://www.huanbao-world.com/green/lsjr/109018.html。

[2] 参见赵美华、张飒：《兴业银行发行绿色金融债券的经验研究及启示》，载《金融纵横》2016年第2期。

[3] 能势哲也以经济因素的人均实质所得和环境因素的生态环境所得两个维度作为综合考量的依据，将区域划分为都市型、田园都市型、田园型三种类型，而在他的研究中公共投资的配置对生态环境所得指数影响较大。因此，在三峡库区的绿色发展也必须依赖于公共投资的驱动，并契合地域特点。参见[日]宫本宪一：《环境经济学》，朴玉译，生活·读书·新知三联书店2004年版，第306页。

债券的发行都为我国绿色金融债券的发行、监管和资金投放及管理等方面的制度实践积累了重要经验。需要指出的是，绿色金融债券募集资金需要依据法律法规的要求和监管部门的批准全部通过绿色信贷的方式投入生态项目之中，因此，各商业银行建立的资金管理制度、信息披露制度等内容控制制度在实践中发挥着软法功能，对保证绿色金融债券运行的效能发挥着重要的作用。

（三）模式三：金融租赁类绿色金融债券的发行实践与交易结构分析

金融租赁类绿色金融债券是绿色金融债券的重要组成部分，相关募集资金按照要求应当专项用于绿色产业项目融资租赁贷款投放。由此可见，其是绿色金融债券在融资租赁等行业的实践创新，通过该模式可以为生态环保设施融资提供基础，因此，其对推动生态环保产业的融资租赁业务具有积极意义。例如，江苏金融租赁股份有限公司发行的2020年第一期绿色金融债券、2017年河北省金融租赁有限公司〔1〕和华融金融租赁股份有限公司两公司在全国银行间债券市场发行的绿色金融债券都是其中比较典型的代表。此类绿色金融债券在制度安排上涉及融资租赁关系，由此可见，其在遵循《民法典》关于融资租赁模式规定的前提下，积极拓宽融资租赁机构的融资渠道。因此，融资租赁机构需要对底层资产的相关情况进行掌握，这就需要对融资租赁需求方的情况进行详细把握，故此类绿色债券运行过程中需要依赖硬法和软法层面对信息披露、资金管理制度进行完善。

## 三、法律问题分析与梳理

绿色金融债券运行涉及大量法律文书和相关主体的多种民商事行为、监管主体的监管行为，因此，本部分拟就此内容进行讨论，以期从静态视角关注我国绿色金融债券相关法律问题，为后文建议的展开奠定基础。

---

〔1〕 河北省金融租赁有限公司在全国银行间债券市场发行的绿色金融债券批准规模为20亿元，发行规模为1亿元，3年期固定利率品种，票面利率5%，发行主体及债项评级均为AA+，募集资金投向清洁能源、节能环保和工业节能等重点支持的战略行业，其为绿色金融债券的实践提供了参考。参见王雪钰：《绿色金融债券与绿色公司债券分析》，载中国外商投资企业协会租赁业工作委员会网2017年5月5日，http://www.clba.org.cn/newsitem/277911451。

具体而言，绿色金融债券运行中需要关注如下内容。

第一，从法律性质来看，绿色金融债券发行时需要同时获得国家金融监督管理总局（原银保监会）出具的批复和中国人民银行出具的准予行政许可决定书。[1] 两份行政文件表明绿色金融债券受到国家金融监督管理总局（原银保监会）和中国人民银行的共同监管，在具体案例中不难发现这一逻辑。同时，有关软法规范还对具体资金管理提出了细致的要求。因此，在探讨相关制度的衔接和互动时必须及时回应上述问题，强化监管部门之间的协同，增强制度的可操作性。

第二，从行政监管来看，监管内容还存在一些可以改进的内容。风险权重配置等金融监管法律制度方面的内容需要结合绿色金融发展的实际需求进行调整。按照目前监管政策的要求，商业银行配置国债、政策性金融债券等主权类信用债券时，其风险权重为0%；配置地方政府债券的风险权重为20%；配置期限3个月以内的金融债券、同业存单等银行类信用债券时，其风险权重为20%，期限超过3个月的风险权重为25%；配置企业类信用债券的风险权重为100%。监管机构还针对小微企业贷款出台了专项鼓励措施，按照规定对符合国家规定的微型和小型企业认定标准的企业债券，风险权重为75%。鉴于绿色债券的发行主体资本更为雄厚，信用风险实际上也比小微企业更低，因此，从激励政策设置上来看更应该降低其风险权重。[2] 具体来说，应该参考现有小微企业贷款的专门规定，当金融机构发行绿色债券时，可以允许其按照较低的权重计算风险资产和计提风险准备，进而增加相关资产的配置价值，提升绿色债券的流动性。

第三，从激励政策来看，相关激励政策的法治化进展还比较滞后，需要及时进行优化。从实际出发可以发现，配套的激励政策与政策扶持在绿色债券运行中可以有效降低融资成本、提高发行人收益。目前，我国已经出台的绿色金融债券支持政策更多停留在鼓励层面，且数量上也有不

[1] 金融债券发行与交易需要严格依照《全国银行间债券市场金融债券发行管理办法》和《全国银行间债券市场金融债券发行管理操作规程》的有关规定，接受相应的行政监管。

[2] 参考日本将地方政府债券风险权重设定为0的经验来看，将信用评级较高的绿色债券风险评级调整是具有合理性的。参见龙小燕：《日本地方政府债券发行管理机制及启示》，载《地方财政研究》2020年第7期。

足。具体来看,相关的免税、贴息、补贴等常见的财政激励措施供给有所不足、实施效果还有待进一步加强,以弥补现有法律法规层面存在制度盲点;同时,政府担保基金、风险补偿基金建设等分散绿色企业风险的激励措施更是存在制度空白,[1]亟须依据《公司法》《合伙企业法》等法律规范细化绿色债券配套制度安排。

综合上述情况可知,目前我国绿色金融债券发展存在一些制度瓶颈,因此,实践中亟待健全绿色金融债券制度体系,具体来说,需要有序推进第三方认证制度的本土化,并通过专门立法的方式为制定降低融资成本的激励政策提供法律依据,同时,积极拓展债券发行人的范围,加强对专业投资者的培养,最终推动我国绿色金融债券的健康发展。[2]

## 第三节　绿色企业债券概况与案例评析

绿色企业债券市场是绿色债券创新实践最为集中的领域,也是规则碎片化集中呈现的领域。由于此类企业债券涉及诸多类型的绿色债券品种创新,具体监管规则也存在明显差异,因此,此处笔者拟对相关内容进行讨论,以期为后续绿色企业债券运行制度的优化提供有益参考。本部分内容拟对现行绿色企业债券市场运行进行总体把握,这有助于市场主体从现有实践出发理解绿色企业债券实施的现实逻辑,也对后续制度的完善具有非常重要的意义。

### 一、绿色企业债券的概况简述

现有实践表明,广义的绿色企业债券市场不但包括绿色企业债券、绿色公司债券、绿色债务融资工具、绿色资产证券化等若干种绿色债券产品,还包括区域股权市场私募发行绿色可转换债券等一些创新产品,由此

[1] 参见王峰娟、李日强:《绿色金融债券的发行经验与建议——以浦发银行、兴业银行为例》,载《财务与会计》2017年第9期。

[2] 参见闫海、孟琦:《绿色金融债券:国际经验、发展现状及对策建议》,载《武汉金融》2018年第5期。

不难看出绿色债券市场是颇具远景的。新华财经中国金融信息网绿色债券数据库初步统计数据也表明,我国绿色企业债券的发展颇为迅速,2019年我国境内共有146个债券发行人累计发行了贴标绿色债券197只,发行总规模为2822.93亿元。此外,我国绿色债券发行人还重视境外绿色债券的发行活动,2019年我国境内主体在境外资本市场累计发行17只绿色债券,规模约合人民币567.69亿元。上述发行债券中绿色企业债券占据了较大的比重,这表明作为直接融资方式的绿色企业债券在提升绿色债券资本市场流动性、激发绿色债券发行人积极性方面有着突出的优势。

## 二、绿色企业债券发行模式分析

绿色企业债券的实践类型和具体做法都比较多样,是绿色债券相关制度实践中尤须关注的重要组成部分。同时,受到具体监管部门、交易市场的区别的影响,必须基于相关债券品种多样化的特征,从具体情况出发理解此类债券在交易结构和具体规则适用方面的差异性。需要认识到,不同类型绿色企业债券的规则差异颇为明显;但是,具体制度实践还应当重视凸显企业债券"生态性"属性的直接规则的统一性,这正是相关绿色监管类措施建构中需要重点关注的内容。因此,笔者认为对现有发行模式的整体把握具有重要意义,基于细致的分析有助于从现实需要出发对绿色债券相关制度安排进行把握,具体而言,绿色企业债券包括如下具体类型。

### (一)模式一:绿色公司债券发行实践与交易结构分析

绿色公司债券是我国境内上市公司进行绿色融资的重要形式之一,从目前实践来看,其也是继绿色金融债券、绿色企业债券之后,在我国绿色债券市场中很有发展前景的一种绿色债券品种。[1] 绿色公司债券是指在证券交易所公开以公司债券形式发行的绿色债券,笔者通过巨潮资讯等公开网络渠道进行检索,对我国目前在交易所市场发行的绿色公司债券进行了分析。借助实践情况可以发现,绿色公司债券是一种特定创新品种的公司债券,其在立法技术上需要采取普通立法和特殊立法并行

---

[1] 参见黄安平:《关于交易所绿色公司债发展的几点建议》,载《证券市场导报》2017年第3期。

的方式,以保证制度的实施效率。具体来说,绿色公司债券运行中需要遵循两类制度:一方面需要遵循《证券法》《公司债券发行与交易管理办法》等涉及公司债券的具体要求;另一方面还需要适用绿色公司债券的特殊规范。由此可见,对公司债券的规范体系的准确认知是理解绿色公司债券的基础。从现有规范体系建设的情况来看,公司债券是目前立法依据最全面、效力等级最高、规则体系最健全、监管最严格的债券品种,其以《公司法》《证券法》作为法律层面的基本法律依据,并与大量制度共同构成了绿色公司债券的制度规则体系。[1] 因此,在绿色公司债券运行中应当遵循既有普通立法的要求。同时,绿色公司债券在规则上也有其特殊性,如《上海证券交易所公司债券融资监管问答(一)——绿色公司债券》就有明确的监管要求,即用于绿色项目的资金不应低于债券募集资金总额的70%,而其余部分可以用于补充公司流动资金或者偿还借款等。这表明绿色公司债券在发行时也有特殊的监管要求,当其符合所有监管条件时,中国证监会以批复的形式准予公司债券注册。[2] 因此,笔者拟以绿色公司债券发行中的典型案例作为样本,对绿色公司债券的基本类型进行简要分析。笔者拟结合下述绿色公司债券发行的具体情况对我国现行绿色公司债券运行过程中涉及的注册、承销、利率、增信、信用评级等相关流程中的法律关系和法律适用予以适当讨论。在具体实践中,绿色公司债券的发行主要集中在如下领域。

第一,公开发行的绿色公司债券。在沪深两市公开发行的绿色公司债券是上市公司为其特定绿色项目融资的重要途径,其在绿色债券市场建设中发挥着重要的作用,特别是其在受到"双碳"目标等政策目标支持时,发展将更具前景。按照领域不同,公开发行的绿色公司债券可分为如下类型:其一,公共交通类绿色公司债券。公共交通类绿色公司债券主要

---

[1] 参见金永军、万志宏:《绿色公司债市场的发展战略和路径选择》,载《证券市场导报》2016年第12期。

[2] 本质上来看,该批复与企业债券的批复功能是一致的,都是注册改革下监管机构履行行政许可权的一种形式。因此,注册制改革后文书表述的习惯与原有习惯是不同的。例如,《关于同意保利置业集团有限公司向专业投资者公开发行公司债券注册的批复》是注册制改革后的同意公司债券注册的表述方式,而《关于核准中节能太阳能股份有限公司向合格投资者公开发行绿色公司债券的批复》是以前的核准制下公司债券的表述方式。

包括高速公路、地铁(公共交通)等公司发行的绿色债券。例如,2021 年第一期武汉地铁集团有限公司绿色可续期公司债券(以下简称21 武铁绿色可续期债 01)、深圳高速公路股份有限公司 2020 年公开发行绿色公司债券等案例表明,此类公司债券的利率确定方式可能为浮动利率,其计算规则一般与首期基准利率[1]相挂钩,这种探索可以在债券募集说明书或者其他标准文本、指引等软法建设中尝试作出更为细化的规定,为绿色债券发行标准化提供基准。其二,环保类绿色公司债券。上市环保公司发行绿色公司债券是其直接融资的重要手段,可以有效缓解流动资金方面的压力,按照募集资金的投入方向来看,此类债券多属于"用途绿"的类型。也就是说,募集的资金主要用于环保公司相关项目的建设和产业的投资,其主要用于污染控制领域,特别是污水处理、固废处理等运营时间长、有一定稳定收益现金流的项目。例如,北京东方园林环境股份有限公司在 2020 年面向合格投资者公开发行绿色公司债券、北控水务集团有限公司在 2016 年公开发行绿色公司债券等相关案例尝试都属于此类情形。由于相关环保公司绿色债券的流通期限较长,此类债券多数会附第 5 年末发行人调整票面利率选择权和投资者回售选择权,以期结合债券实际运行情况衡平多方的权利义务关系。

第二,公开发行的特殊要求的绿色公司债券。公开发行的特殊形式的债券需要进行专门说明,因为其在交易结构、法律关系等方面与一般的公司债券存在一些区别,这也可以作为债券实践中关注的重点。从目前的实践来看,特殊要求的绿色公司债券大致包括两种类型:一是绿色可续期公司债券。前文提到的 21 武铁绿色可续期债 01 就是比较典型的案例,绿色可续期公司债券最突出的特征就是设计了发行人续期选择权,这是依据公司债券募集说明书约定的一项商事权利,因此,债券投资人应当

---

[1] 一般来说,在浮动利率债券发行时其首期基准利率可以是发行公告日前 750 个工作日的一周上海银行间同业拆放利率(Shanghai Interbank Offered Rate, Shibor)的算术平均数(四舍五入保留两位小数),其后每个重定价周期的当期基准利率为在该重定价周期起息日前 750 个工作日的一周上海银行间同业拆放利率的算术平均数(四舍五入保留两位小数)。参见《2021 年第一期武汉地铁集团有限公司绿色可续期公司债券募集说明书》,载上海证券交易所 2022 年 10 月 18 日,http://www.sse.com.cn/disclosure/bond/announcement/corporate/c/2021-03-11/4127873986074640310946528.pdf。

遵循其约定,这可以为绿色公司债券提供弹性融资期限,进而降低其融资成本。二是绿色可交换公司债券。可交换公司债券的持有人除了可以要求债券发行人还本付息,还可以要求将债券转换为事先约定可以转换的其他上市公司的股票,这种模式中交换的股票被设定为债券的担保物,[1]可以有效降低债券上市流通的信用风险,增强绿色公司债券的流动性。2019 年 4 月长江三峡集团公开发行的 2019 年绿色可交换公司债券(第一期)在上交所完成挂牌上市,该绿色可交换公司债券的换股标的为长江电力,换股价格 18.8 元/股,发行规模 200 亿元,发行期限为 5 年期,票面利率 0.5%,采用信用申购网上发行结合网下发行方式,[2]其成功发行标志着国内绿色可交换公司债券的发行进入实施阶段,其有关实践可以为后续拟发行绿色可交换公司债券提供参考。

第三,非公开发行绿色公司债券。此种通过非公开发行绿色公司债券的方式扩大了绿色债券发行人的范围,并有效拓宽了绿色债券融资的可行性,因此,其在绿色金融市场发展中占据着重要位置。本书拟从重庆市万盛经济技术开发区开发投资集团有限公司 2021 年非公开发行绿色公司债券(第三期)、重庆渝南资产经营有限公司非公开发行绿色公司债券、东县民泰城乡建设工程有限公司 2019 年非公开发行绿色公司债券等案例出发对非公开发行绿色公司债券实践进行分析。相关案例表明,非公开发行绿色公司债券最典型的特征就是"非公开性",因此,此类债券在运行过程中除适用公司债券、绿色债券的普通规定之外,还需要适用《上海证券交易所非公开发行公司债券挂牌转让规则》,即需要遵循债券发行的一般性规则,例如,公司需要在债券募集说明书或发行公告中对债券发行的实际情况进行披露。

（二）模式二:绿色企业债券发行实践与交易结构分析

绿色企业债券在绿色债券市场处于比较重要的地位,是各类国有或者国有控股企业进行绿色融资的主要方式之一,也是一种非常重要的绿色债券品种。绿色企业债券的上市场所既包括交易所市场,也包括银行

[1] 参见何艳春:《可交换公司债券担保法律分析》,载《证券市场导报》2009 年第 8 期。
[2] 参见杨娉、王琰、王冲:《中国绿色债券市场发展概览》,载《中国金融》2020 年第 17 期。

间金融市场。〔1〕目前,我国绿色企业债券主要由国家发改委监管,并依赖中证登、上交所和深交所等机构提供登记、托管、结算、发行和交易等多项服务进行上市流通。从监管规则方面来看,绿色企业债券的优势在于其募集资金可以用于补充营运资金,同时,鉴于贴息等激励措施的存在,绿色企业债券的发行还可以有效降低绿色企业债券的融资成本,并使债券发行人获得良好的声誉效应。从相关案例可知,绿色企业债券的发行文件大致包括:发行人近 3 年未涉及重大诉讼事项的说明、发行人最近 3 年无重大违法违规情况说明、法律意见书、连续 3 年的审计报告、信用评级报告、绿色债券募集说明书及摘要、国家发改委的绿色债券注册通知等,文件涉及多个主体。截至 2024 年,我国绿色企业债券的发行案例主要包括如下类型。

第一,城市建设类绿色企业债券。城市建设类绿色企业债券多数是由政府平台公司发行的用于城市公共建设的绿色债券,其具有类似城投债的性质和定位。因此,此类债券多用于新区建设过程中污水管道、综合管廊等配套设施的建设活动,由于涉及民生,这类项目的生态效益和社会效果都较为突出,在推动区域生态文明建设中具有非常重要的作用,因此,在风险可控的前提下,其可作为平台公司进行城市建设的融资渠道。例如,2020 年随州市城市建设综合开发投资有限公司发行的绿色企业债券、〔2〕2021 年宜昌城市建设投资控股集团有限公司发行的绿色企业债券都主要用于污水处理、综合管廊建设等城市建设项目。

第二,公共交通类绿色企业债券。公共交通类绿色企业债券与交通类绿色公司债券在使用目的、投入领域等方面上具有较大相似性,二者只

〔1〕 例如,《国家发展改革委关于常州天宁建设发展集团有限公司发行绿色债券注册的通知》(发改企业债券〔2021〕94 号)、《国家发展改革委关于南通城市建设集团有限公司发行绿色债券注册的通知》(发改企业债券〔2021〕103 号)就表明企业债券可以在银行间市场和上交所向机构投资者发行,发行后机构投资者和个人投资者都可以参与二级市场的交易。

〔2〕 地方政府融资平台、开发公司等通过发行绿色企业债券进行融资是推动地区绿色项目建设的重要手段之一,由于这种方式可能造成地方隐性债务增加,因此,需要采取比较慎重的方式推进,正文中的例子就是比较典型的一种情况。

是在监管主体、交易市场等方面具有差异性。[1] 例如,2019 年江苏省南京地铁集团有限公司发行的绿色债券、2020 年南昌轨道交通集团有限公司发行的绿色企业债券、2021 年南通城市建设集团有限公司发行的绿色企业债券都属于此类情形,该类债券发行可以作为区域公共交通融资的重要方式,对推动“双碳”目标的实现具有积极意义,因为,其可以为不具备上市条件的公共交通企业提供有效的融资渠道,以弥补公共交通建设中前期投入大、收益回报时间较长等问题造成的资源错配问题。

第三,能源类绿色企业债券。能源类绿色企业债券是指符合绿色债券的具体制度安排,并契合我国能源市场自然垄断性特征,由能源类企业发行的一类绿色企业债券,特别是水电、光伏、能源管理等项目投资周期长、融资缺口大等方面的特征都为相关类型绿色债券的发展提供了先决条件,借助此类绿色债券进行融资可以为碳达峰、碳中和目标的实现提供重要支持,因此,笔者认为其可以作为今后绿色企业债券发展的突破点之一。现有实践也为能源类绿色企业债券的发展积累了重要经验。例如,2012 年乌江水电站发行的企业债券、2020 年广东省能源集团发行的绿色债券[2]等案例都表明绿色企业债券融资模式在能源企业融资活动中发挥着重要作用。按照绿色企业债券的有关监管规定,能源类绿色企业债券募集资金所投入绿色项目的比例是相对确定的,按照要求发债企业需要将募集资金的 50% 都投入具体的绿色项目中,这将极大增强募集资金的使用效率,为绿色项目的建设、运营提供充足的资本支持。

### (三)模式三:绿色 ABS 发行实践与交易结构分析

绿色 ABS 是一种特殊的绿色金融工具,其特殊性体现在重视基础资产承载着环境保护功能方面。绿色 ABS 多以绿色信贷、PPP 项目为基础

---

〔1〕 笔者认为,债券市场分割造成发行条件、披露规则具有差异性,进而导致相关企业在发行绿色债券时受到不同的激励和约束,客观上会引发企业的道德风险,这与绿色债券追求生态效益和法律平等的价值追求是相背离的,因此,有必要尽可能减少由于债券市场分割而造成的套利行为。

〔2〕 广东省能源集团发行绿色债券采用了注册制的方式,详见《国家发展改革委关于广东省能源集团有限公司发行绿色债券注册的通知》(发改企业债券〔2020〕117 号)。从该通知中可以得知,了解募集说明书的法律性质、发行人与相关中介机构信息披露义务、发行市场和交易市场的门槛规则等,对梳理我国企业债券发行流程具有非常重要的意义。

资产开展证券化业务。由此可见,该类债券追求环境保护与经济发展诉求的有效平衡。虽然,其在交易结构、现金流归集、信用增级等方面与一般资产证券化产品并无显著差异,但是,在资金流向和信息披露中,其却有特别要求,该类债券的募集资金必须投向绿色项目,具体来说,需要用于项目的建设、运营或者收购,或者用于偿还银行贷款等债务。由此可见,绿色 ABS 的特点在于其收益来源的特殊性,这一特性在提供能源效率方面资产证券化的尝试已经有所呈现,毕竟从一般认识来看,“假如某项资产因为提高能源利用效率而节省了成本,那么该资产的证券所有者就能够从中获得部分利益”〔1〕。

根据发行主体、发行场所的差异性,我国的绿色 ABS 产品大致可以划分为绿色企业资产证券化和绿色信贷资产证券化两种不同类型:前者的基础资产现金流主要源于原始权益人享有的收费收益权或者债权,属于直接的绿色 ABS,同时,这也是目前我国绿色 ABS 业务开展的主要方式;而后者的主要操作方式是将符合绿色产业支持目录的信贷资产一并打包入池,然后再将募集资金投入绿色项目实施中,属于间接的资产证券化。

第一,绿色企业资产证券化。绿色企业资产证券化是当前绿色 ABS 最重要的模式,其在增强绿色企业融资能力方面发挥着重要作用,鉴于资产证券化的尝试较多,笔者拟以比较典型的企业资产证券化类型对其运行流程进行介绍。其一,公共交通客票收益权类绿色 ABS。以客票收益权为底层资产发行绿色 ABS 产品运作的基本原理是将大量、相对稳定、能够产生可预收益现金的公共交通运输应收款,借助证券化运作转化为资本市场发行的以公共交通客票应收款为支撑的资产证券的一种融资过程,〔2〕除资本市场一般规定之外,其还应当适用《民法典》《公路法》《道路运输条例》《公路建设监督管理办法》《公路建设市场管理办法》等相关

〔1〕 参见[美]杰弗里·希尔:《生态价值链:在自然和市场中建构》,胡颖廉译,中信出版社 2016 年版,第 57 页。

〔2〕 此类绿色资产支持证券是一种物流运输应收账款资产证券化产品,在运作机制、法律风险防范等方面都可以参考一般物流运输应收账款资产证券化产品的逻辑。具体可以通过建立物流资产管理公司、成立 SPV 等措施,并通过完善信息披露、加强信用增级等方式防范相关的风险防范。

法律法规、规章。目前,我国在相关领域已经积累了一些尝试,例如,2021年宁波舜通集团有限公司公交经营收费收益权绿色资产支持专项计划、[1]2019年平安—漳州长运公交经营收费收益权绿色资产支持专项计划、2018年昆山市公共交通集团有限公司2018年度第一期绿色资产支持票据等成功发行的案例都表明,这种绿色债券已成为一种比较常见的绿色债券类型,在地区性交通集团融资、绿色公共交通发展等领域中发挥重要作用。其二,环保产业收益权类绿色ABS。以环保PPP项目的未来收益进行融资也是绿色ABS中比较常见的方式,实践中该项目具有两项优势:一则是利用基础资产在未来所产生的现金流可以减少投资者面临的风险;二则是能够显著降低企业融资门槛和融资成本。[2] 因此,运营公共环保处理设施的大型上市环保企业都较为重视通过这种方式获取项目建设资金,以缓解自身现金流的压力。例如,天风平银—桑德环保绿色资产支持专项计划、渤海汇金—康达环保污水处理项目绿色资产支持专项计划、国家开发银行绿色信贷资产证券化等都表明环保PPP项目资产证券化已经进行了一些有益的探索,后续需要及时总结实践中的有益经验。

第二,绿色信贷资产证券化。我国信贷资产证券产品和美国的CLO类似,两者都将贷款作为基础资产,具体到绿色信贷资产证券化领域,更准确地说其基础资产应当是绿色信贷资产。因此,此类绿色债券运行过程须符合《系统重要性银行附加监管规定(试行)》的附加监管要求,由此可见,其存在发行成本过高、风险自留监管过严格等问题,同时,此类绿色债券还存在供给端募集资金使用的限制性、需求端较低的流动性和信息不对称等限制,这些因素都使绿色信贷资产证券化的发展较为缓慢。《2023年资产证券化发展报告》显示,2023年发行的绿色ABS总计351只,规模高达2438.8亿元,较上年度增长了10%。我国已经发行了诸如"农盈2017年第一期绿色信贷资产支持证券"等许多此类绿色金融产

---

[1] 上交所于2019年12月受理该收费收益权绿色资产支持专项计划,并于2020年出具文号为上证函[2020]890号的确认文件,最终该绿色资产支持专项计划于2021年7月29日在上交所成功发行。

[2] 参见史英哲:《中国绿色债券市场发展报告(2019)》,中国金融出版社2019年版,第77–78页。

品，这些案例可以为后续绿色信贷资产证券化制度的优化提供实践素材。

(四)模式四：绿色债务融资工具发行实践与交易结构分析

银行间债券市场非金融企业债务融资工具[1]自2008年首次亮相以来就受到了极大的关注，目前来看，此类金融工具的运用对多层次资本市场建设具有非常重要的作用，其日益发展成为金融市场不可或缺的重要组成部分。为支持绿色金融的发展，绿色债务融资工具于2016年推出，其自推出以来就颇受关注。实践表明债务融资工具产品体系丰富，在发行期限、资金用途、发行方式和计息方法等方面都极具弹性，可以从不同维度满足国家生态文明建设的战略需要，有效引导市场资源配置投向绿色产业。

绿色债务融资工具主要在银行间市场进行发行和交易，因此，笔者通过孔雀开屏系统和上海清算所债券信息披露等渠道对我国银行间市场运行的绿色债务融资工具进行梳理。从现有实践来看，绿色债务融资工具中轨道交通、新能源等领域的绿色中期票据（Medium - term Notes，MTN）、绿色债务融资工具（GN）是最重要的两种形式。由此可见，目前非金融企业在银行间市场开展了大量绿色债务融资工具发行的尝试，具体情况如下：

一是绿色中期票据。中期票据是银行间市场最早开始尝试发行的金融产品，也是目前占比较高的绿色债券品种之一，其存在有力推动了银行间市场的繁荣。中期票据一般由机构投资者认购，对满足融资主体中期融资需求具有重要作用，这与绿色项目资金期限的需求一致，因而颇受资本市场的关注，目前在该领域也不乏绿色金融领域的尝试。例如，上海浦东发展银行、国家开发银行就曾于2014年联席主承销了由中广核风电公司发行的附加碳收益中期票据，该绿色债券在银行间市场的发行意味着国内首单以节能减排为主题的绿色债券取得成功，填补了我国与碳市场相关的直接融资产品中存在的实践空白，是绿色中期票据运行过程中较

---

[1] 债务融资工具是指具有法人资格的非金融企业在银行间债券市场发行的，约定在一定期限内还本付息的有价证券。自2008年中期票据发行以来，债务融资工具就获得了良好的发展，并在我国债券市场中占据着非常重要的位置，目前其已经成为境内企业直接融资的重要手段之一。参见杨婷：《2019年度绿色债务融资工具发展情况分析》，载国际环保在线网2020年3月3日，https://www.huanbao-world.com/green/lsjr/166240.html。

为典型的案例。又如,中国工商银行股份于2019年发行的“粤港澳大湾区”主题绿色债券从区域支持和域外发行两个角度开展了探索,该债券由中国工商银行香港分行发行,符合香港品质保证局的监管要求,并获得了“绿色金融发行前阶段证书”,按照原定计划,该债券募集的资金将主要投放于粤港澳大湾区的清洁交通和可再生能源等绿色项目,从范围来看将辐射大湾区内多座城市。

二是绿色短期融资券。短期融资券(commercial paper)特指发行人在银行间市场(由国内各金融机构购买,但并不向全社会募集资金的债券市场)发行和交易,融资期限在1年以内的一种有价证券,这类债券在短期融资中发挥着非常重要的作用。从实践层面来看,能源企业利用短期融资券进行融资的案例颇为常见,这些实践也为今后其他绿色项目借助绿色短期融资券进行融资提供了可供参考的典型样本。例如,龙源电力集团就曾于2019年9月发行了绿色扶贫超短期融资券,其尝试利用募集资金投入到同时具有生态效益和扶贫效果的项目中,对后续同类债券发行具有极大的启发;又如,华能水电于2020年6月发行的规模10亿元的绿色超短期融资券,债券的期限为126天,所募集的资金将用于偿还该公司的金融机构借款。

三是绿色债务融资工具。绿色债务融资工具是银行间金融市场开发的一种特定品种的绿色债券产品,其专门针对我国在银行间市场的绿色企业债券融资,保障该类债券的良性运行,中国银行间市场交易商协会专门制定了《非金融企业绿色债务融资工具业务指引》,并制作了配套表格,以期建立相对专门的制度框架为绿色债务融资工具的发展提供制度支持。按照注册通知书统计,自2019年1月武汉地点发行第一笔绿色债务融资工具产品以来,截至2022年,我国业已发行了120笔绿色债务融资工具,涉及公共交通、公共住宅、清洁能源、城市基础设施建设等诸多领域。例如,19浦口康居GN001的发行额度为23亿元,有效期为2年,按照注册通知书需要遵循《非金融企业债务融资工具注册发行规则》《非金融企业债务融资工具注册工作规程》《非金融企业绿色债务融资工具业务指引》等自律规则进行注册、后续管理等相关工作,这表明了发债企业的具体义务对后续同类融资活动的开展具有参考意义;又如,海峡环保就在银行间市场发行了规模为1.5亿元的绿色超短期融资券。披露信息的内容显示该债券的存续期限为180天,发行利率为3.5%,兑付方式为到期一次性还本付息,并由兴业银行担任主承销商,而资金将主要用于归还银行贷款和补充流动资金,这表明绿色债务融资工具相较于其他绿色债券而言用途的限制更为宽松,发行该类绿色债券将有利于满足绿色项目融资多样化的需求。

(五)模式五:境外机构发行绿色熊猫债券发行实践与交易结构分析

从网络公开信息的查询结果来看,绿色熊猫债券在我国绿色债券市场也处于非常关键的位置,这些绿色债券的发行可以加强我国绿色债券市场与国际金融市场的连接,也对增强绿色债券定价发挥着非常重要的作用。

具体来看,绿色熊猫债券主要包括两种类型:一是我国在海外上市的企业在国内交易所市场发行的绿色熊猫债券。这类尝试可以降低海外上市企业的融资成本,对开展绿色金融领域的实际探索具有很强的支持意义,截至2021年4月,纳入绿色债券数据库统计范围的绿色熊猫债券共有7只,囊括了公司债券、中期票据、PPN等不同的绿色债券品种。例如,为保证境内绿色项目的融资,北控清洁能源集团就曾于2020年面向合格投资者公开发行了绿色公司债券(熊猫债券),绿色债券募集资金为9亿元人民币,主体评级和债项评级均为AA+,期限为"2+1"年,发行利率5.5%,该债券在深交所上市流通。

二是境外机构发行的绿色熊猫债券。这种情况相对较少,但是,作为我国绿色债券国家化的重要实践,其也是我国绿色债券市场中不可或缺的重要组成部分。相关统计数据显示,目前比较受到关注主要有两个典型案例。一个案例是金砖国家新开发银行于2016年在全国银行间市场发行的"16新开发绿色金融债01";另外一个案例是匈牙利在我国发行的10亿元人民币熊猫债券,该债券也是国内市场首单绿色主权熊猫债券,其符合国际资本市场协会的GBP要求,所募集的资金将会投入匈牙利绿色债券框架下的合格绿色支出项目之中。

(六)模式六:区域股权市场绿色可转换公司债券发行实践与交易结构分析

按照《国务院办公厅关于规范发展区域性股权市场的通知》的有关规定,区域性股权市场只能开展股票、可转换为股票的公司债券或者国务院有关部门按程序认可的其他证券等三类证券的发行或者转让等活动，这就明确排除了区域股权市场为私募债券发行或者转让等活动提供服务的可能性。根据 Wind 数据显示，区域性场外市场绿色债券规模为 15.11 亿元，总数量为 116 只，[1] 这些非贴标绿色债券的成功发行表明在区域性场外市场仍有绿色债券发展的巨大潜力和机会，为绿色债券市场扩容的重要突破点。为了寻求融资需要和国务院监管要求之间的衡平，我国还需要更加积极地开展区域股权市场绿色可转换公司债券发行的探索，推动、探索区域股权市场绿色可转换公司债券的规范化、标注化工作。

因此，在区域股权交易中心借助绿色可转换公司债券的发行获取绿色项目融资确实是颇具价值的。由于各地区域性股权市场的自主性，制度设计层面也具有一定的灵活性，因此，在严格开展投资者适当性管理，有效控制金融风险的前提下，借助区域性股权市场灵活开展绿色可转债券的发行交易不失为一种合理的绿色债券创新方案。然而从实践层面来看，虽然现有国家层面制度安排允许各地区域性股权交易中心开展绿色可转换公司债券的发行探索，但是，目前的实践尝试仍集中在绿色金融的实践，因此，实践中区域性股权交易市场建设需要遵循证监会《区域性股权市场监督管理试行办法》《区域性股权市场信息报送指引(试行)》和证券业协会《区域性股权市场自律管理与服务规范(试行)》。例如，广东省为推动区域性股权市场开展绿色可转换债券的发行专门制定了《广东股权交易中心股份有限公司绿色可转换为股票(股权)的公司债券发行与转让业务指引》。又如，江西江南香米业有限公司在江西联合股权交易中心成功备案发行绿色私募可转债，该债券的发行规模 5000 万元，募集资金将用于公司下一步拟拓展的绿色生态农业项目，江西省在区域性股权市场备案发行的绿色私募可转债的实践为后续相关工作的开展提供了有益参考，将有力推动区域性股权市场发行绿色可转换公司债券的工作。

## 三、法律问题分析与梳理

由于不同品种绿色企业债券的发行方式、发行市场和监管规则的差异，不同绿色企业债券在发行、注册等一般规则上也存在一些差异，但是，

---

〔1〕 参见王遥、史英哲、李勐：《绿色债券发行市场》，载《中国金融》2016 年第 16 期。

它们在本质上也存在一定共性,对共性的把握将对客观认识绿色债券大有裨益。因此,本书拟对不同品种绿色企业债券在运行中的制度安排进行简要论述,以期有效把握绿色企业债券运行过程中需要关注的法律问题,加深对我国绿色债券具体制度的认识。

第一,绿色公司债券的法律适用。绿色公司债券发行时首先需要符合《公司债券发行与交易管理办法》的一般规定,同时,注重《深圳证券交易所公司债券上市规则》《深圳证券交易所债券市场投资者适当性管理办法》等软法规则。笔者拟结合债券评级报告、募集说明书等相关法律文件分析具体法律关系中涉及的权利义务。

其一,在绿色公司债券涉及的众多法律关系中最为重要的是债券发行人与债券持有人之间的法律关系。在具体运行中涉及债券发行人调整票面利率选择权和持有人回售选择权等权利的规范边界和行使条件的考量。

其二,担保法律关系。增信措施是债券发行过程必不可少的部分,其可以有效提升债券的流动性。例如,东方园林环境公司于 2020 年发行的绿色公司债券就采用了北京市朝阳区国有资本经营管理中心提供的全额无条件不可撤销连带责任保证的方式提供增信,以期减少潜在债券投资者的疑虑。

其三,与债券承销、簿记管理等证券服务机构相关的法律关系。证券公司、会计师事务所、律师事务所、资产评估机构、信用评级机构等专业服务机构为债券运行提供不同类型的服务,这些机构在绿色债券运行中都需要遵循相关法律法规、自律规则的规范要求。正如前文所述,证券服务机构开展的相关业务本质上属于特殊的金融服务,因此,按照《民法典》的一般规定,基于其服务业务的特殊性,相关服务机构需要履行法定的特别注意义务,否则就应当承担虚假陈述民事责任。[1] 例如,簿记管理人在债券发行与交易等活动中需要承担簿记建档、与发行人共同确定债券发行价格等义务,簿记管理人的义务应当有明确的边界,以有效衡平发行人和投资者之间的关系。在债券发行实践中,牵头主承销商、债权代理

---

〔1〕 参见郭克军、孙巍等:《证券服务机构虚假陈述责任及风险防范》,法律出版社 2020 年版,第 3－5 页。

人、簿记管理人通常都是同一主体，但是，不同身份涉及不同阶段、不同法律关系，因此，对其义务内容和边界的分析需要结合具体情况进行理解。

其四，行政许可。从现有案例实践可以得知，绿色公司债券必须取得中国证监会出具的证监行政许可。此外，绿色债券作为特殊品种债券还需要受到特殊规则的制约。

第二，绿色企业债的法律适用。在当前情景下，绿色企业债券的发行应当适用《公司法》《证券法》《企业债券管理条例》等法律法规中的一般规定。此外，软法规范也在绿色企业债券的发行中发挥着不容忽视的作用。例如，《国家发展改革委关于推进企业债券市场发展、简化发行核准程序有关事项的通知》《国务院办公厅关于贯彻实施修订后的证券法有关工作的通知》等相关规定就指引着绿色企业债券注册制改革工作的有效开展，有利于提升绿色企业债券的流动性。在现有诸多规范中，《企业债券管理条例》处于相对核心的地位，其有效规范了绿色企业债券运行过程中的发行、交易和监管等活动，在实践中发挥着协调法律和政策，保障软法实施的特殊功能。当然，随着注册发行制的有序推进，国家发改委发布了《国家发展改革委关于企业债券发行实施注册制有关事项的通知》，该通知属于企业债券运行中应当适用的一般规则，与涉及绿色债券的特殊性规则一起构成了相对完整的绿色企业债券制度体系。

第三，绿色资产支持证券的法律适用。在具体制度适用上，一方面，绿色 ABS 应当遵循《信贷资产证券化试点管理办法》《非金融企业资产支持票据指引》《证券公司及基金管理公司子公司资产证券化业务管理规定》《上海证券交易所资产支持证券挂牌条件确认规则适用指引第 2 号——大类基础资产》等资产证券化的具体要求，[1]另一方面，绿色资产支持证券运行中还需要遵循绿色债券关于第三方评估认证、信息披露等方面的专门规定。从现有（截至 2024 年）制度安排来看，我国绿色资产支持证券发行时并未被强制要求开展第三方评估或者认证，相关制度建设也存在一定的滞后性，因此，评估认证工作在实践中并非绿色资产支持债券运行的必备要素。从 2019 年下半年的数据来看，部分绿色支持证券

---

〔1〕 参见史英哲：《中国绿色债券市场发展报告（2019）》，中国金融出版社 2019 年版，第 79－80 页。

就并未进行认证评估。[1] 同时，通过观察政策支持方面可以得知，2016年5月中国证监会在《资产证券化监管问答（一）》中确定了促进绿色ABS发行和交易的激励政策，这一举措也反映了金融软法在绿色债券实际运行中的实际功能，因此，制度优化也需要借助法政策理论、软法理论等研究成果。

第四，绿色债务融资工具的法律适用。绿色债务融资工具的运行也应当遵循《银行间债券市场非金融企业债务融资工具管理办法》《非金融企业绿色债务融资工具业务指引》等银行间市场交易商协会制定的自律规则的具体规定。从实际运行情况来看，绿色债务融资工具的制度安排呈现出如下实践情况。

其一，绿色债务融资工具在披露规则都有较为明确的规定。这些监管层面的具体要求在接受注册通知书中都有明确的提示。也就是说，监管机关需要监督债券发行人按照具体规定履行信息披露的义务。例如，《重庆康达环保产业（集团）有限公司的接受注册通知书》（中市协注〔2021〕GN4号）就明确规定后续信息披露工作应当落实两个方面的要求：一方面，遵守《非金融企业债务融资工具注册发行规则》《银行间债券市场非金融企业债务融资工具信息披露规则》《关于发布非金融企业绿色债务融资工具业务指引》等自律规则关于披露信息的规定；另一方面，需要定期披露项目实施和资金使用的具体情况。由此可见，从具体品种来看，绿色债务融资工具需要履行债务融资供给信息披露的一般要求，并按照监管要求将通过发行绿色债务融资工具所募集资金按照比例投资于符合《绿色债券支持项目目录（2021年版）》规定的相关项目，以每半年一次的频率对募集资金的使用情况进行持续披露。但是，债券运行实践中如何实现"定期披露绿色项目及募集资金使用情况"的具体规则却并不明确，因此，在后续实践中仍然可以细化完善相关制度安排，以强化有关制度的可操作性。

其二，现有制度对激励措施亦有初步规定，但在后续实践中仍然可以作进一步探索。为推动绿色债务融资工具的发展，中国人民银行专门印

---

〔1〕 从数据库中披露的信息可以得知，第三方认证评估的债券比例并不高；同时，具体评估工作中主要由绿融（北京）、中诚信、联合赤道等机构做出。

发了《中国人民银行关于支持绿色金融改革创新试验区发行绿色债务融资工具的通知》(银发〔2019〕116号),以期通过专门规则的形式在后续绿色金融专门立法中进行规定,为绿色债务融资工具的发展提供软法层面的制度参考。

其三,发行流程和文本标准化工作也取得了较大进展。中国银行间交易商协会制定的《关于发布非金融企业绿色债务融资工具业务指引》和该指引的两个配套表格共同构成了具体业务实施的基本要求,这表明自律准则作为软法在此类债券发行时的重要作用。同时,为支持信息披露工作的开展,监管机构还鼓励第三方认证机构积极开展发行前认证或者存续期认证等服务,[1]规定第三方机构需要在评估结论中披露债务融资工具的绿色程度,并最终由银行间交易商协会在出具接受注册通知书时统一设置GN标识。综上所述,不难发现绿色债务融资工具目前已经成长为一种相对成熟的绿色债券,其运行法律政策体系也已经初步形成,具体规则的可操作性也在不断增强。

## 第四节　绿色债券实践中暴露的制度问题

虽然我国绿色债券市场发展较为迅速,但是实践中存在不同债种要求复杂、多层监管、信息披露不规范等亟待解决的现实难题,同时,地方有关政策分布不均衡的现象[2]也未得到很好解决。因此,从动态视角对我国绿色债券运行情况进行考察可以发现实践中仍然存在以下不足之处亟待完善。

### 一、制度框架的系统化工作有待进一步加强

正如托尼·普罗瑟所言:监管型国家已经建成,各个国家近年来均设

---

〔1〕参见郭沛源、吴艳静等:《绿债认证的原理、方法与实务》,载《金融市场研究》2018年第8期。

〔2〕参见巴曙松、丛钰佳、朱伟豪:《绿色债券理论与中国市场发展分析》,载《杭州师范大学学报(社会科学版)》2019年第1期。

立了相当数量偏重社会性责任而非经济性责任的监管机构。[1] 由此可见,保障社会公益实现在社会治理中的重要意义。对绿色债券的监管是非常复杂的,其需要关注经济利益和生态利益的同时实现,因此,特别需要在实践中实现证监会等经济性责任监管机构和生态环境部门等社会性责任监管机构职责的动态平衡。然而,在制度建设实践中由于相关监管机构职责划分安排的差异,宏观制度框架往往又难以满足制度实践的整体诉求。所以,若希望绿色债券市场获得长期稳定的发展,同时实现政府既定的经济和环境目标,就需要建立起"政府引导、市场运作、社会参与"的长效机制,平衡好政府、市场与社会三者在绿色金融实践中的具体功能;而这一目标的实现就要求专门制定该领域的宏观性文件,并以此有效指引宏观布局的形成与完善。

通过实践观察不难得知,当前绿色债券市场的整体性制度安排主要是市场创新实践和相关规范性文件制定活动来推动的,在宏观架构上就缺少法律层面为绿色债券领域实践提供整体性支撑,这也使制度推进的整体性、系统性要求未能得到满足。虽然,将绿色债券碎片化的制度安排嵌入现有债券市场发展的整体结构时会面临一定的挑战,但是,笔者认为从绿色债券类型化的角度出发,将"绿色规则"和"债券规则"分开理解,可以加强对不同品种绿色债券"绿色属性"一般规则的整体性供给,并增强制度的适用性。然而,从目前的实践情况来看,我国尚缺少一般性授权规定和整体性制度安排对这一问题进行专门性、系统性回应,这客观上导致了债券发行人、监管机构、投资者对绿色债券认识都比较模糊,使债券市场分割的现行格局影响到了"绿色规则"的建构,使相关参与者对运行过程中具体制度的认知成本增大,进而增加了绿色融资活动开展的制度成本,这客观上不利于绿色债券市场的发展。

### 二、债券市场分割下的规则差异有待进一步统一

由于历史原因和制度惯性的存在,银行间市场、交易所市场两个债券市场存在分割的情况,这客观上不但阻滞了绿色债券市场规则的统一性

---

〔1〕 参见[英]托尼·普罗瑟:《政府监管的新视野》,马英娟、张浩译,译林出版社 2020 年版,第3页。

建构,而且增加了绿色债券市场的交易成本。例如,作为核心制度规则的信息披露规则就存在较大差异,按照现行发行监管规范,不同品种的绿色债券在信息披露方面的义务是不同的。以披露频率为例,绿色金融债券应当每季度开展一次披露,绿色债务融资工具应当每半年开展一次披露,绿色公司债券应当每年开展一次披露,绿色企业债券则不存在强制进行信息披露的要求,而绿色资产证券化产品则缺乏明确的规定。[1] 但是,信息披露规则的差异导致绿色债券运行过程中监管套利的可能性增大,进而增加了债券发行的信用风险,这当然不利于绿色债券市场监管标准的统一。

在现有信息披露制度安排中,绿色地方政府债券的信息披露规则就尤其需要进行细化,当前绿色地方政府专项债券进行信息披露的主要载体是发行前的评级报告,缺少专门针对生态效益进行披露的第三方认证评估,因此,其在披露内容上存在生态效益披露不够细致深入、具体程序规定不足等问题。以 2019 年第一期兰州市绿色生态产业发展专项债券为例,该债券在披露具体项目时只是简要列出了项目涉及 11 个行政区的若干个子项目的名称,并明确说明了偿债资金来源的具体来源为垃圾处理费、污泥处理费、供热费收入、水费收入等。此外,诸如 2021 年浙江省污水处理专项债券(四期)等的相关披露文件更是没有披露相关信用评级报告,而绿色债券的第三方认证或者评估更是罕见。又如,绿色债券的运行中也将完善统一债券认定标准、设置增信措施等作为重要的激励性规则,希望通过制度保障提升绿色债券的发行热度,增强投资人投资绿色债券的积极性,但是,目前的激励措施仍然存在统一性不够、操作性不强等问题。以增信措施为例,不同品种绿色债券的专门政策、不同地区的激励性政策对增信措施的关注力度都不一致,具体规则的操作性也有待增强。《绿色债券支持项目目录(2021 年版)》的出台不但统一了绿色债券认定的标准,还为后续各种激励措施的统一化、法治化提供了思路。

---

〔1〕 参见史英哲、云祉婷:《中国绿色债券市场发展报告(2020)》,中国金融出版社 2020 年版,第 20 页。

## 三、债券品种创新制度有待进一步探索

拓宽绿色债券品种可以满足不同主体在生态环境治理中的融资需求,从现有实践来看,目前我国绿色债券品种虽然日益丰富,但是,绿色金融债券、绿色企业债券等传统债券类型仍然是主要的绿色债券品种,由此来看,当前我国绿色债券产品种类仍存在品种较为单一、创新能力不足等问题,结合前文类型化的讨论,笔者认为我国在债券品种方面仍然存在创新空间。

例如,目前我国绿色主权债券发行的尝试还比较薄弱,为拓宽我国绿色债券品种,拓宽融资渠道,支持我国产业绿色转型,有必要尝试开展绿色主权债券发行业务。又如,为发挥柜台债券市场的功能,财政部还可以借鉴新冠疫情防控期间我国发行疫情防控国债的具体实践,探讨绿色国债的发行的可能性,为拓宽生态环境融资提供理论准备。再如,我国绿色资产担保债券的具体实践目前也尚不多见。然而,绿色资产担保债券在推动生态环境治理中有其特殊的制度优势,该类债券以可再生能源资产的物权作为基础进行设计,因此,可以为节能减排工作的开展、环保项目的实施提供更为有效的融资方案,使债券投资人得以享有比传统资产担保价值更优的权利。但是,需要说明的是,在此类融资活动中可再生能源融资双重追索权的法律性质还需要进一步明确。从实践层面来看,我国也已经开展了相关产品发行的尝试,早在 2016 年,中国银行就曾在境外发行首支绿色资产担保债券,该债券由中债登担任担保品管理人和执行人,这是我国金融机构以境内资产作为担保并在境外市场发行债券的典型案例。[1] 此外,还有人针对雄安新区建设的现实需要提出了推动雄安新区金融机构发行绿色 ABS、绿色资产担保债券和绿色收益支持证券的建议,由此可见,绿色资产担保债券是我国绿色债券产品创新的重要组成部分,后续制度建设中应当对其进行专门规定。

综上所述,绿色债券品种创新仍有一定的空间,但是,现有制度安排在客观上存在一些空白,这不利于绿色债券运行实践的纵深推进,因此,笔者认为有必要对现行相关制度进行梳理,以期发掘我国现有制度安排

---

〔1〕 参见杨博文:《我国绿色资产担保债券监管法律制度研究》,载《证券市场导报》2019 年第 8 期。

的合理性,并为后续制度创新提供支持。

## 四、软法的制度功能有待进一步夯实

软法规范,特别是自律组织、金融机构等在绿色债券运行过程中积累的制度经验有助于填补我国自上而下形成的绿色债券法律制度体系中存在空白,这也凸显软法的制度性功能,特别是其在绿色债券探索过程中的特有功能。但是,目前我国绿色债券领域的软法呈现出较强的碎片化特征,学术研究中也缺乏从结构性和整体性需要出发对软法内容及其功能发挥进行的讨论,这不利于监管机构形成对绿色债券法律制度的整体性安排。从实际情况出发不难发现,在绿色债券运行中有大量可供参考的金融软法都有待进一步整理。例如,《中国工商银行绿色债券框架》(2017)就对募集资金的管理提出了详细要求,按照该框架的具体规定,绿色债券发行前,该行将审核新进资金支出情况,并按照绿色项目的筛选呈现和条件列出"合格绿色资产清单",以确保募集资金被及时用于合格绿色资产项目。为增强募集资金的可操作性,该行还尝试设置"绿色债券资金分配台账",并通过台账详细记录募集资金具体使用、分配的情况。同时,框架中还规定所有通过绿色债券募集的资金都会被存放在一般资金账户之中,并以"标记"的方法进行列明,一直到资金被用于支持合格绿色项目。[1]

综上所述,上述困境表明绿色债券法律制度在实施上仍存在一定阻滞,这种阻滞可能是由下述三种原因造成的:一是现行法律制度落实上存在问题,也就是说存在法律适用不严的问题,进而导致绿色债券的效能未能充分发挥;二是现行法律法规存在整体性支撑仍不足的风险,这是市场分割现状、绿色债券"绿色属性"凸显与一般债券规则统一性要求的冲突造成的;三是制度空白导致具体制度建构未能充分凸显绿色债券规则的特殊性。因此,笔者拟在第六章对域外经验进行讨论,并结合前文关于现行制度的总体性梳理提出改进方案,以期明确制度建构困境形成的具体原因,为后续制度建设和完善提供必要参考。

---

〔1〕 参见 2017 年 9 月发布的《中国工商银行绿色债券框架》。此类商业银行发布的绿色债券框架本质上也是软法制度的组成部分之一,其在绿色债券法律制度体系中也发挥着比较重要的作用,因此,在推动绿色债券市场制度框架的建立和完善中需要重视此类规范的梳理。

# 第六章 绿色债券运行实践与法律制度的域外经验

正如诺瓦里斯所言："一切认识、知识均可溯源于比较。"[1]绿色债券在世界范围内推广和发展的现实经验可以为我国绿色债券法律制度的细化提供重要参考。随着全球生态环境治理现实需要的增长，各国都越发重视绿色金融制度建设工作，目前，有效引导社会资本投入环境保护领域已成为全球性共识。虽然绿色债券在2013年之前的发展速度相对缓慢，但随着全球对可持续发展的持续性关注，绿色债券的增长速度非常迅速，统计数据显示，2013年全球发行绿色债券规模已经高达110亿美元，[2]此后绿色债券的发行规模持续增长，截至2022年3月，其规模已达5123亿美元。[3] 由此可见，当前主要的国际机构、发达国家或者新兴经济体都对绿色债券发展表现出了强烈的兴趣，并积极加强制度建设以期将绿色债券纳入各自绿色金融法律制度框架中。

目前，绿色债券的发行主体呈现出多样化的特征，包括多边开发金融机构、各国中央银行、地方政府、商业银行和非金融企业都在积极尝试发行绿色债券。从投资者角度来看，绿色债券的投资者群体也在持续扩大，越来越多的投资主体都积极参与到绿色债券投资活动中。同时，绿色债

[1] 比较分析的方法是法律制度建构的重要方法，正文所引用的观点清晰地展示了绿色债券法律制度建构中借鉴域外经验的重要性，该论述来源于《比较法总论》中德文第2版序的相关论述。参见[德]K. 茨威格特、[德]H. 克茨：《比较法总论》，潘汉典等译，法律出版社2004年版。

[2] 参见郭实、周林：《浅析国外绿色债券发展经验及其启示》，载《债券》2016年第5期。

[3] 参见气候债券倡议组织官网首页的统计数据，该数据是根据实际情况实时更新的。

券产品创新活动也取得了一些成绩，当前市场上交易的绿色债券品种日渐多元化，绿色项目收益债券、绿色 ABS、与绿色投资或指数挂钩的衍生债券等新品种相继出现。

因此，从全球范围内绿色债券运行实践可以得知，绿色债券业已成为绿色金融产品的重要组成部分，其在推动全球经济可持续发展过程中发挥着重要作用，同时，其宏观制度框架和微观制度安排也在日益完善。目前，域外国家或者地区在绿色债券标准体系建设、绿色项目认定、相关信息披露、针对性激励措施和发行主体拓展等方面进行了大量探索，[1]这些实践恰好可以为我国绿色债券市场的制度建构提供有益参考。例如，随着国际绿色债券市场的不断发展，为满足市场运行凸显债券绿色属性的实际诉求，国际资本市场协会逐步建立了以 GBP 为基本制度安排的软法性监管框架，并塑造了以私人部门主导的监管模式。但是，作为基础规范的 GBP 同样也存在规定比较模糊、监管强度较弱等问题；而作为替代标准的 CBS 虽然具体规定更加全面、严格，但是，其又存在适用范围过窄的问题。需要认识到，私人监管工具的多元化必然会导致监管竞次与监管套利等问题的产生，进而增大了债券发行中的“漂绿”风险，[2]这是全球绿色债券运行中亟待解决的难题。因此，本章拟对现有不同国家和地区的域外实践经验进行对比，以期梳理制度建设和运行实践中的具体成果，为我国绿色债券法律制度的优化和完善提供域外经验。

## 第一节　美国绿色债券运行与相关法律制度的实践考察

美国在绿色债券法律制度层面的建设也颇有特点，具体来说，其重视绿色债券规则自下而上的生成，凸显经济软法在市场运行中的作用，通过软法和硬法的协作推动绿色债券法律制度体系的完善，并以金融机构为主导有意识地尝试绿色债券发行实践的创新，最终实现绿色债券市场的

〔1〕 参见张浩良、安然：《中外绿色债券发展比较》，载《开放导报》2016 年第 5 期。

〔2〕 参见许蔡梦骁、唐建荣：《国际绿色债券市场的私人监管：运行检视与改良路径》，载《理论学刊》2021 年第 3 期。

可持续性发展。总体来说,美国的相关制度建设和具体运行实践主要体现在以下方面。

## 一、美国绿色债券市场相关制度建设情况

美国绿色债券运行的萌芽可以追溯至19世纪20年代的运河项目建设,有关数据显示,在此阶段美国各州政府通过向国外出售地方市政债券的方式获得了1.27亿美元的融资。[1] 虽然当时的运河建设更多关注运河的社会收益,但是,该融资思路也为绿色债券的实施提供了启发,并奠定了此类债券发行的基本制度框架。此外,美国还注重通过专门激励政策推动绿色债券的发展,其制订了免税债券计划,豁免按照该计划规定购买推广新能源基础设施建设公司债券的投资者的联邦所得税。[2] 同时,美国也重视资本市场一般规则的完善,美国金融监管框架自2008年以来就进入了统一监管时期,[3]特别是在2010年《多德—弗兰克法案》通过后,美国建立了金融稳定监管委员会(FSOC),其下辖的会员机构包括美国联邦储备体系(FRS)、证券交易委员会(SEC)、联邦存款保险公司(FDIC)和消费者金融保护局(CFPB)等,这一监管体系的建立有效强化了对系统性风险的有效防范,进一步完善了美国金融监管的基本架构,[4]同时也可以为金融消费者保护提供重要的制度支撑。

从上述实践可以得知,美国注重借助现有金融监管制度对绿色债券运行提供规制,以减少绿色债券创新中可能产生的交易成本。例如,《多德—弗兰克法案》的有关规定可以对绿色金融的发展提供重要支持,该法案第941章对风险留存进行了详细规定,即采用列举的方式确定了风

---

[1] 参见[美]杰里米·阿塔克、[美]彼得·帕塞尔:《新美国经济史:从殖民地时期到1940年》,罗涛等译,中国社会科学出版社2000年版,第158页。

[2] 参见袁康:《绿色金融发展及其法律制度保障》,载《证券市场导报》2017年第1期。

[3] 美国金融监管框架经历了金融监管萌芽、金融监管加强、金融监管放松、混业监管和统一监管五个阶段的历史演变,在此过程之中,美国一直在监管力度和边界中反复试探,以期寻求金融安全与金融效率之间的衡平。参见周代数、张立超:《金融监管的国际比较研究:模式、趋势与启示》,载《海南金融》2019年第4期。

[4] 参见周代数、张立超:《金融监管的国际比较研究:模式、趋势与启示》,载《海南金融》2019年第4期。

险留存减免、豁免条款的 4 种类型,[1]其中涉及民生资产证券化项目的豁免规定可以对制定我国绿色信贷资产证券化专门激励制度产生积极影响。此外,美国重视 NGO 组织、智库在绿色金融领域发挥其专业优势。例如,非营利机构落基山研究所在 2020 年时就和美国银行、高盛、摩根大通等金融机构共同成立了气候联盟金融中心,该中心被定义为一个跨部门合作的沟通平台,其主要工作是推动传统金融工具的创新及其与可持续发展理念的深度融合,以期为低碳经济发展提供专业性意见。而该中心的主要工作就是系统梳理绿色金融实施中相关制度实践,具体研究重心包含可持续投资、ESG(Environmentd, Social and Governance,环境、社会和公司治理)政策等内容,并期待最终建构起体系完整的战略制度安排,为美国绿色金融业务的发展提供制度支持。由于该中心可以充分利用落基山研究所在可持续性研究领域的专业知识和对金融业转型的独到理解,其在高排放行业定制化方案、全球气候金融框架制定等领域发挥着不可忽视的作用,是增强美国在全球范围内绿色金融规则制定话语权的重要制度安排之一。

## 二、美国绿色债券市场的运行情况与债券发行实践

美国在绿色债券等运行活动中进行了持续性的探索,具体如下。

第一,美国俄勒冈州学区于 2019 年 3 月发行了额度为 4500 万美元绿色市政债券,[2]该债券的融资期限长达 20 年。当前披露的相关信息显示,该学区拟设计并建设的这所新小学将会是威斯康星州建立的第一所“零排放”学校,具有很强的示范意义,该项目设计时充分关注到了学校的用电需求,因此,项目实施的目标是结合使用建筑节能和现场发电的方式实现该建筑使用过程中的零排放,该案例也印证了美国绿色市政债

[1] 参见鲁政委、方琦、钱立华:《促进绿色信贷资产证券化发展的制度研究》,载《西安交通大学学报(社会科学版)》2020 年第 3 期。

[2] 绿色市政债券是市政债券的一种类型,在具体类型上与美国的市政收益债券有一定相似之处。市政债券是指美国州、地方政府和公共机构为学校、道路等公共项目筹集资金而发行的债券,其包括一般责任债券、市政收益债券两种类型,其中的市政收益债券类似于我国的专项债。参见王敏、徐晓君:《地方政府专项债发行的国际比较与镜鉴》,载《经济体制改革》2020 年第 6 期。

券市场的信用质量逐步提升,投资吸引力越来越强的现状。[1]

第二,美国将债券作为流域治理的重要手段之一,1997 年,纽约市政府尝试通过发行环保政府债券的方式募集资金,并将资金持续性用于卡茨基尔流域生态功能修复的工作中。[2] 按照修复行动的计划,募集的资金被用于通过每英亩补贴 100 ~ 150 美元的方式限制农业农地生产、新建排污系统等改进流域水处理功能、买断流域周围土地以控制工业发展或者购买环境保护地役权等方式开展流域治理,[3]此外,早在 2013 年,马萨诸塞州就成了美国首个自主发行免税的绿色债券的州,其通过绿色债券募集的资金主要用于支持州内环保基础设施的建设工作。

第三,以创新担保模式的方式支持绿色债券的有效履行。美国为推动绿色债券市场的发展尝试由美国政府的经济发展机构海外私人投资公司(Overseas Private Investment Corporation, OPIC)出具专门的参与证明并提供增信服务,因此,这种债券本质上是一种附带美国政府担保的保值债券,可以有效降低投资者对绿色债券信用风险的忧虑。2014 年,OPIC 开始探索将部分参与证明视为绿色债券进行销售。尽管参与证明从性质来说应当属于绿色债券的范畴,但是,其具体性质一直都缺少明确的法律界定,而 OPIC 在当时开展的增贴绿色标签的尝试无疑更增强了其绿色属性。自 OPIC 于 2014 年第一次为智利 Luz del Norte 光伏项目建设融资提供绿色担保以来,此类实践就越发常见,此后,该机构又在 2015 年提供了多项绿色担保,[4]这表明绿色增信措施是绿色债券激励措施的重要组成部分。

此外,美国还编制了彭博巴克莱 MSCI 全球绿色债券指数用于关注绿色债券市场的财务表现,而数据显示,虽然受到利率下行的影响,但是

---

[1] See Karpf A. & Mandel A., *The Changing Value of the "Green" Label on the U.S. Municipal Bond Market*, Nature Climate Change, Vol. 8, p. 161 – 165(2018).

[2] 参见曹明德、黄东东:《论土地资源生态补偿》,载《法制与社会发展》2007 年第 3 期。

[3] 参见[美]杰弗里·希尔:《生态价值链:在自然和市场中建构》,胡颖廉译,中信出版社 2016 年版,第 54 页。

[4] 参见商道融绿、气候债券倡议组织课题组:《中国地方政府绿色债券激励机制研究》,载气候债券倡议组织网,https://cn.climatebonds.net/node/73。

该指数于2018年后的一年还是上涨了6.5%，[1]这显示绿色债券市场光明的发展前景。当然，美国绿色债券发展中也存在一些问题，其中以“漂绿”行为最为典型，例如，2015年，美国马萨诸塞州发行的一项用于塞勒姆州立大学建造停车场的绿色债券就存在明显违规，其并未达到预期的生态环境效益。从上述实践可以得知，美国绿色市政债券、绿色债券在募资用途监管、投资者保护、担保增信、信用评级和发行监管等方面都积累了大量经验，我国绿色债券法律制度优化过程可以结合我国的现实需要汲取成熟经验，以期克服我国绿色债券存在的市场分割、交易量不活跃等问题。[2]

## 第二节　德国绿色债券运行与相关法律制度的实践考察

欧洲是绿色债券的起源地，而从实践情况来看，2008年世界银行与瑞典北欧斯安银行联合发行了首只明确标识的绿色债券，[3]这标志着全球绿色债券实践的正式起步；此后，欧洲在绿色债券创新中仍颇有成绩，其中，波兰于2016年发行了全球首只绿色主权债券。[4] 欧洲央行的统计数据也表明，2019年欧盟发行的绿色债券占全球债券发行的2.85%，总规模约为2050亿美元。由此可见，对域外经验梳理过程中欧洲特别是欧盟及其成员国的实践是不可忽视的重要组成部分。同时，笔者了解到欧洲在推动生态环境保护工作中非常重视运用财政手段提供正向激励，例如，其比较重视结构基金、环境保护基金、欧洲投资银行等[5]政策性

---

[1] See Otek Ntsama et al., *Green Bonds Issuance: Insights in Low - and Middle - income Countries*, International Journal of Corporate Social Responsibility, Vol. 6:2, p. 2 - 9(2021).

[2] 参见张磊、杨金梅：《美国市政债券的发展经验及其借鉴》，载《武汉金融》2010年第1期。

[3] 参见巴曙松、丛钰佳等：《绿色债券理论与中国市场发展分析》，载《杭州师范大学学报(社会科学版)》2019年第1期。

[4] 参见驻德意志联邦共和国大使馆经济商务处：《德国首次发行“绿色”债券》，载中华人民共和国商务部2020年8月26日，http://www.mofcom.gov.cn/article/i/jyjl/m/202008/20200802997294.shtml。

[5] 参见李集合、李军波主编：《环境法适用的理论、实践与欧盟经验》，人民法院出版社2015年版，第296页。

金融手段在治理活动中的使用,而上述措施也为欧洲生态环境质量的持续改善作出重要贡献。绿色债券的发展成熟也需要财政手段的积极介入,这正是绿色债券政策性特征的重要呈现,也是全球绿色债券法律制度共性的表现。作为欧盟的重要成员国,德国在绿色债券方面的实践处于相对领先的位置,因此,本部分拟对德国绿色债券法律制度的建设进行考察,以欧洲绿色债券实践为我国绿色债券运行活动提供宝贵的经验。

## 一、德国绿色债券市场相关制度建设情况

从制度建设层面来看,对德国绿色债券法律制度的考察需要以欧盟层面制度绿色债券发展情况的了解为基础。从实践层面来看,欧盟及其成员国都颇为重视绿色债券有关的制度建设,以期为绿色债券市场的发展提供坚实的制度保障。

首先,欧盟重视绿色债券法律制度的制定和完善。欧盟委员会技术专家组于 2019 年制定了《欧盟可持续金融分类方案》和《欧盟绿色债券标准》[1] 两项制度,对欧盟成员国发行绿色债券进行融资和再融资提出了明确要求。[2] 其中,《欧盟绿色债券标准》更是对欧盟范围内绿色债券的运用、识别、收益等内容进行了详细规定,这些制度从欧盟层面为成员国绿色债券市场的发展提供了基本制度保障。此外,欧盟委员会还于 2021 年通过了绿色债券框架,并制定了欧盟《可持续金融分类方案——气候授权法案》,按照上述规范的要求资本流动需要有序转向到可持续项目(sustainable projects),以便使经济、企业和社会等多元主体能够获取足够的资金支持来抵御气候和环境的冲击与风险。此外,《欧洲绿色协议》也专门强调绿色专项投资实施的重要性,鼓励私人资本进入绿色产业,并鼓励将国家预算补贴投入绿色优先项目中。

其次,德国也非常重视在欧盟相关制度安排的基础上,加强本国制度建设。为保证本国可持续发展工作的开展,德国一直都重视本国可持续

---

[1] 《欧盟绿色债券标准》希望对欧盟绿色债券的运用、识别、收益和绿色项目的识别等流程提供一个具备操作性的解决方案。

[2] 参见史英哲、云祉婷:《中国绿色债券市场发展报告(2020)》,中国金融出版社 2020 年版,第 155 页。

金融市场的建设与发展。早在2000年,德国就已经开始尝试通过制度确定碳定价,此后,其于2008年专门建立了国家气候倡议组织(National Climate Initiative),又于2010年成立国家能源与气候发展基金(Energy and Climate Fund),可见其希望借助专门机制和组织推动环境治理转型的决心。2019年,德国政府又专门牵头成立可持续金融咨询委员会,该委员会的成员包括政府、金融机构、实体经济企业、居民和研究机构等多元主体,设立的初衷是通过多元主体民主协商的方式制定相关规则,推动该国可持续金融的有序、健康发展。在可持续金融宏观制度框架日趋完善的背景下,德国又于2020年8月24日发布了《绿色债券框架》,这表明德国政府认为债券市场可以助力可持续发展战略的最终实现。[1]

最后,德国也颇为重视在国际金融合作层面合作,以期强化诸国在绿色金融领域的交流。例如,在2017年担任G20国主席期间,德国支持G20金融研究小组对金融业的环境风险分析和公共环境数据相关制度建设进行了讨论,[2]这些研究对绿色债券信息披露和定价工作的开展都具有积极的作用。上述制度实践表明,欧盟及作为其成员国的德国都在制度层面进行了大量探索,而这些制度实践在很大程度上促进了绿色债券运行活动的有效开展,这对我国绿色金融体制机制的完善具有参考意义。

## 二、德国绿色债券市场的运行情况与债券发行实践

早在2008年,作为全球规模最大的多边开发银行之一的欧洲投资银行(EIB)就发行了气候意识债券,这是世界上第一只绿色债券,其发行为后续世界范围内绿色债券发行与交易等活动提供了重要参考,[3]对包括德国在内的欧洲国家影响更为深远,德国绿色债券运行的实践在此基础

---

〔1〕 德国除上述制度建设和参与绿色债券运行以外,还重视绿色金融组织结构的建设和完善,由德国金融署进行本国国债的一级市场发行活动和二级市场;同时,针对绿色金融的特殊性,政府牵头成立了由多主体参与的可持续金融咨询委员会。参见云祉婷:《绿色金融|德国主权绿色债券发行机制及影响力分析》,载中央财经大学绿色金融国际研究院网2020年9月26日,http://iigf.cufe.edu.cn/info/1012/3490.htm。

〔2〕 参见程琳、马骏:《绿色金融的最新国际进展》,载清华五道口网,http://www.pbcsf.tsinghua.edu.cn/info/1090/1788.htm。

〔3〕 参见史英哲、云祉婷:《中国绿色债券市场发展报告(2020)》,中国金融出版社2020年版,第153页。

上不断发展完善。该气候意识债券也可以为我国绿色债券市场的发展和完善提供可供参考的经验。

具体来说，德国在绿色债券运行中主要进行了如下方面的尝试：2020年德国财政部表示，该国将于当年筹集110亿欧元的资金来支持与气候相关项目的建设与运营。此次发行的绿色债券在发行机制上具有较强的参考价值，其采用双股债券的形式发行，具有与传统联邦债券相同的期限和票面利率，并且投资者可以随时将持有的绿色债券转换为普通的联邦债券，这样就极大降低了投资人对绿色债券流动性的担忧，对拓宽绿色债券发行规模具有极强的参考意义。同时，为激励绿色债券发行活动的持续开展，绿色联邦债券还制定了一项明确的激励机制，以期借助这种方式使绿色和气候友好型经济活动变得透明和可预测。

从组织层面来看，德国还于2019年建立了联邦政府可持续金融咨询委员会，[1]该委员会主要负责就可持续金融战略提出建议，并为德国政府就其在全球可持续金融中的定位等提供咨询，为此，其专门发布了《转移万亿——实现大转型的可持续金融系统》(*Shifting the Trillions Ein-nachhaltiges Finanzsystem für die Große Transformation*)。由此可见，其在推动德国可持续金融制度建设和完善中的重要作用。通过上述实践案例可以发现，德国在绿色债券市场进行了大量实践探索，这些探索涉及绿色债券产品创新、制度建设等方面，都可以为我国绿色债券市场运行法律制度的完善提供参考。

## 第三节　日本绿色债券运行与相关法律制度的实践考察

日本政府和企业界也非常重视绿色债券在推动可持续发展中的重要作用，并在绿色债券运行实践中积累了大量经验，这些经验对我国绿色债

[1] 德国可持续金融咨询委员会的成员来自金融机构、实体经济和学术界等领域的从业者，该委员会是由联邦财政部、联邦环境、自然保护和核安全部共同倡议建立，目前，该委员会制定了章程等相关内部管理制度，并按照其职责向联邦政府提供了报告，提出可持续金融系统的目标。参见该委员会官网，https://sustainable-finance-beirat.de/。

券市场运行的制度建设和发行实践有一定的参考意义。数据显示，日本企业发行绿色债券的积极性较高，例如，日本电产、东京建筑和清水建设等不同行业的多家债券发行人都在2019年试水绿色债券发行业务，这些绿色债券的成功发行让该国于2020年第一次位列全球绿色债券市场的前十名，也为该国在绿色债券实践开展、制度建设等方面积累了丰富的经验。同时，鉴于地域、文化、制度的相似性，笔者认为日本在绿色债券法律制度和发行层面的尝试对我国绿色债券的实施和推广具有积极意义。

## 一、日本绿色债券市场相关制度建设情况

在绿色债券相关制度建设层面，日本在加强金融法和环境法一般立法的同时，注重通过政策、计划和指引等软法的形式对绿色债券市场运行法律制度体系进行不断优化，以期形成整体框架比较完备的绿色债券法律制度体系。在日本，不同发行主体在发行绿色债券时具体适用的法律、政策等都存在一些差异，具体来说，在法律适用层面上，发行绿色债券主要应当遵循一般品种债券运行的相应制度安排，并同时适用关于绿色债券的软法性规则。例如，在发行绿色公司债券时，债券发行人应当遵守《日本民法典》《日本商法典》《日本证券交易法》《日本担保债券信托法》等一般法律法规；又如，在发行地方政府债券时，债券发行人应当遵循《日本地方自治法》《日本地方财政法》等法律的相关规定。[1] 诸如《日本地方财政法》第5条关于融资目的规定就可以为包括交通、天然气、供水和排污等公共企业运营、公共设施建设提供法律基础；此外，按照《日本地方公营企业法》规定，下水道行业、水道事业等也可以按照法定限额和规定利率在耐用年数范围内发行债券，[2] 这都为日本国内绿色债券的发行提供了法律支持。同时，为了吸引外国投资者购买日本地方政府债券，日本还专门设置了免税等激励措施。例如，根据《日本关于税收特别措施》第5-2条的规定，自2008年起，通过记账系统结算或者外国公司

〔1〕参见龙小燕：《日本地方政府债券发行管理机制及启示》，载《地方财政研究》2020年第7期。

〔2〕按照王敏等人的整理，日本地方公营企业发行债券为水道事业、下水道行业募集资金是有专门的法律制度规定的，且该法对具体发行条件的规定比较详细，在该文的表3"日本地方公营企业法相关规定"中对相关内容的整理比较详细。参见王敏、徐晓君：《地方政府专项债发行的国际比较与镜鉴》，载《经济体制改革》2020年第6期。

持有的地方政府债券利息收益将免征预扣税。[1]

当然，为适应绿色债券市场发展的特殊要求，日本也比较重视绿色债券市场特殊制度的建设，而软法规范的制定更是颇受多方关注。例如，日本在2019年发布的《绿色债券发行金融支持计划(补贴项目)》是环境省实施的专门补贴计划，而2021年发布的《区域脱碳路线图》中产业经济省也在“ミラサポ plus”等相关部分明确规定了向中小企业提供补贴和福利等相关措施，[2]这些尝试都为后续绿色债券法律制度的嵌入提供了制度创新的空间。同时，为促使金融机构加强应对气候变化领域的投融资，日本央行还制定了全新的绿色融资制度框架方案，该方案将实施到2030年的年末，其具体内容包含实施有利于降低金融机构利率负担的优惠政策。按照有关规定，这些优惠政策将可以适用于所有金融机构投资企业所发行的绿色债券。

此外，为缓解交易主体之间信息不对称的问题，日本在专门通过《绿色信贷指引》《绿色债券指引》的同时，还设置了详细的信息披露和审查规范，上述两项指引将与已经制定的《环境会计指南》和《环境报告指南》及其捆绑性文件《环境绩效指标指南》[3]形成比较严密的关联性，共同推动包括绿色债券在内的生态产品价值核算。

综上可知，日本环境法除了使用规制方法，还特别注意综合性方法、经济方法、信息型方法和合意方法在生态环境治理中的功能，[4]经济方法在其环境立法和行政立法中发挥越来越重要的作用，而在绿色债券相关制度的建设中也需要重视多种方法的综合运用。

---

[1] 此类激励措施对扩大我国绿色债券域外投资者也有重大的参考意义，在具体制度安排中可以予以参照。参见龙小燕：《日本地方政府债券发行管理机制及启示》，载《地方财政研究》2020年第7期。

[2] 该制度并非针对绿色债券的专门规定，但是，其可以为绿色债券实施提供资金支持。按照结构功能主义的观点，这些制度共同构成了相关体系并推动着社会绿色发展目标的实现。参见《地域脱炭素ロードマップ》(译作《区域脱碳路线图》)第37页。

[3] 参见张岳、周应恒：《绿色金融“漂绿”现象的成因与防范：来自日本的经验启示》，载《现代日本经济》2021年第5期。

[4] 参见刘惠明、王珠翠：《日本环境法中非规制调整方法及对我国的启示》，载《河海大学学报(哲学社会科学版)》2017年第6期。

## 二、日本绿色债券市场的运行情况与债券发行实践

在绿色债券运行实践方面，日本也积累了大量经验，数据显示日本的绿色债券发行位居全球第九、亚洲第二，在2014～2020年，该国通过发行绿色债券的方式为绿色项目实施募集了261.5亿美元的资金，有效支持了本国企业在建筑、交通和能源等领域可持续发展转型工作的开展。[1]

一是日本电产株式会社通过日本国内公募的形式发行了NIDEC绿色债券，该债券符合国际资本市场协会（ICMA）公布的GBP（2018）和环境省发布的《绿色债券指引》（2017）的要求。二是日本小田急电铁曾经于2019年发行了规模为100亿日元的绿色债券，年利率是0.1%。已披露信息显示，募集资金将用于提高列车的能源效率、开展车站的翻新建设和安装双轨铁路线等项目。三是作为光伏（PV）发电厂开发商和运营商的日本可再生能源公司（Renewable Japan）也发行了一只期限长达22年的绿色债券，该债券所募集的资金预计将投到北海道登别市光伏电站的建设项目中，按照约定，该项目实施过程中会将资金分配状况以及经专业测算之后预计完成的二氧化碳减排量等内容按年在其企业社会责任报告或者公司官网上作出披露。四是作为公私合营的区域性新电力公司的日本Konan Ultra Power也发行了规模为1.1亿日元的15年期绿色债券，并拟按照安排把募集资金专门投入两个物流设施屋顶太阳能装置的建设和位于江南市的四所学校LED安装等项目之中。查阅R&I制作的绿色评估（GA1）可以发现，其对具体项目实施情况的披露是非常详细的，其中包括太阳能板数量、年发电量和LED灯数量等具体的项目数据和年度二氧化碳减排量等预期环境效益指标，该公司此后还会通过官方网站公布每年与其募集资金用途和环境效益相关的关键指标。

此外，日本地方政府还发行了相当数量的绿色国债和绿色地方政府债券。此前，日本央行已经表示将进一步扩大外币计价的绿色国债购买规模；而地方政府绿色债券的具体信息也在日本内务省制定的“地方政

[1] 参见王然：《国内外绿色债券市场发展的实践与启示》，载《新金融》2021年第12期。

府债券计划”(Local government Bond program)[1]中有明确记录。上述相关实践使日本的绿色债券市场不断扩大,2018 年该国已经成为亚洲地区除中国外绿色债券发行的第二大国。[2]

## 第四节 印度尼西亚绿色债券运行与相关法律制度的实践考察

印度尼西亚较为重视绿色金融领域创新性活动的开展,其重视使用伊斯兰债券这种特殊的品种开展绿色债券融资活动,为本国绿色转型提供绿色转型。由于印度尼西亚是绿色金融实践中心之一,因此,其在绿色伊斯兰债券领域的实践可以为我国借助绿色债券推动“一带一路”建设的现实需要提供有效的参考案例。

### 一、印度尼西亚绿色债券市场相关制度建设情况

笔者认为在介绍伊斯兰债券的具体思路实践之前,首先需要对伊斯兰债券的概念进行说明,以便后续讨论。[3] 伊斯兰债券(sukuk)是一种允许在二级市场中流通的债务工具,按照一般观念,此类债券必须严格遵循伊斯兰教的宗教戒律。在具体实践中,伊斯兰债券又通常以信托凭证或者参与凭证方式存在。伊斯兰债券运行的基本规则受到《古兰经》教义的影响,这使此类债券不能像普通债券一样直接募集资金,并向投资人发放利息,[4]因此,实践操作中主要是按照金融租赁的方式开展融资活

[1] 日本地方政府依据日本《地方财政法》第 5 ~ 7 条发行债券的信息都在外务省“地方政府债券计划”(Local government Bond program)有详细记录,其中包括排污等公共企业运营、公共设施建设等项目。参见龙小燕:《日本地方政府债券发行管理机制及启示》,载《地方财政研究》2020 年第 7 期。

[2] Leena Fatin, *2018 年グリーンファイナンス市場動向*, Climatebonds(Feb. 28, 2019), https://www.climatebonds.net/resources/reports/japan - green - finance - state - market - 2018.

[3] 与前述欧盟、英美和亚太地区绿色债券域外经验按照地域介绍不同,本书对伊斯兰债券域外经验的简介是因为伊斯兰债券在交易结构、融资思路等方面具有独特思路。我国绿色债券的发展可以从相关实践中汲取经验。

[4] 按照伊斯兰教法的规定,穆斯林禁止收取利息,因此,伊斯兰债券本质上属于租赁债券,而马来西亚等国家和地区非常重视利用伊斯兰债券获取资金推动基础设施建设。

动,即伊斯兰债券名义上是不存在利息的,但是,这意味着投资人享有支付该债券基础资产的"收益权",从本质上来看,收益权属于一种利息租金化的操作。因此,伊斯兰债券最终指向的是对特定资产或者资产收益权的所有权,故从权利基础来说,投资人是针对所有权主张其权利而非项目实施中的现金流。

从历史发展过程来看,自中世纪以来,伊斯兰债券就呈现出许多商业票据才有的特性,虽然随着经济全球化形势的推进,伊斯兰债券与普通意义上的债券呈现越来越强的相似性,但是,其仍然保持着自身固有的特质。与一般债券不同,伊斯兰债券的持有人自始至终都享有资产收益的所有权而非债权,无论是在基础资产实现的过程中还是债券到期日都是如此。同时,由于其发行的财务要求和法律要求的复杂性,使其只能供大型机构投资者使用。

当然,为了增强伊斯兰债券的使用范围,相关国家也在积极尝试建立规范伊斯兰债券运行的制度框架。例如,约旦政府早在1981年就出台了《Muqaradah 法案》,该法案明确规定了可以发行利润分享债券的机构,具体包括宗教基金部和具有财务独立性的公共机构、市政当局,对发行主体的明晰为绿色伊斯兰债券的发展提供了基础法律支撑;又如,巴基斯坦也于1977年出台了《基金公司和基金1980》和《基金公司和基金规则1981》两项法案,[1]这两项法案为该国境内利润分享债券的发行活动提供法律框架;还如,马来西亚证券委员会于2014年启动了SRI伊斯兰债券框架(Sustainable and Responsible Investment Sukuk Framework),希望通过软法的形式实现SRI和伊斯兰资本市场(ICM)的有效连接,同时,为激励绿色债券的发行,马来西亚还出台了减税和专项资助等系列激励措施。[2]由此可见,伊斯兰债券运行的制度框架体系已有基本安排。

---

〔1〕 参见[马来西亚]苏丁·哈伦、[马来西亚]万·纳索菲泽·万·阿兹米:《伊斯兰金融和银行体系——理论、原则和实践》,刚健华译,中国人民大学出版社2012年版,第213页。

〔2〕 该框架与国际资本市场协会(ICMA)的绿色债券原则(GBP)相契合,是伊斯兰绿色债券领域的重要制度尝试。参见《研究 | 全球ESG政策法规研究　马来西亚篇》,载社会价值投资联盟网2020年8月7日,https://www.casvi.org/h-nd-1038.html#skeyword=%E9%A9%AC%E6%9D%A5%E8%A5%BF%E4%BA%9A&_np=0_35。

## 二、印度尼西亚绿色债券市场的运行情况与债券发行实践

目前,印度尼西亚、马来西亚和海合会成员国都是全球伊斯兰债券发行的主要国家,数据显示,亚洲地区的伊斯兰债券发行量占全球伊斯兰债券发行量的72.1%。其中,马来西亚、阿联酋、印度尼西亚等国都是主要的伊斯兰债券发行国,而马来西亚在其中占据着绝对主导的地位,该国的伊斯兰债券发行量占比高达62.5%。早在1990年,其就在债券市场为马来西亚壳牌公司发行了规模为1.2亿令吉的伊斯兰债券,这是伊斯兰债券在全世界范围内的首次发行,对后续伊斯兰债券业务的开展起到了积极的宣传作用。

但从实践来看,绿色伊斯兰债券发行的尝试尚不多见,主要有如下一些案例可以关注。例如,伊斯兰发展银行(IsDB)就曾在纳斯达克迪拜交易所发行了总额为10亿欧元的绿色伊斯兰债券,按照发行时的相关规定,穆斯林和非穆斯林都可以成为债券的持有人,该债券募集资金的使用范围也受到了严格限制,其发行为绿色伊斯兰债券的运行提供了可供参考的重要经验。[1] 又如,印度尼西亚非常重视主权绿色伊斯兰债券的发行工作,以期为本国可持续发展项目募集充足资金。截至2022年年初,印度尼西亚已经在纳斯达克迪拜交易所挂牌发行了三只绿色伊斯兰债券,分别是2018年发行的首只同时也是全球第一只主权绿色伊斯兰债券(规模为12.5亿美元)、2019年发行的规模为7.5亿欧元的主权绿色伊斯兰债券、2020年发行的5年期7.5亿美元的主权绿色伊斯兰债券。[2]

上述绿色伊斯兰债券的发行表明发行绿色债券的实践与基于伊斯兰金融的基本安排并不构成冲突;相反,这些尝试可以为绿色伊斯兰债券运行积累经验,同时还可以培养、储备熟悉绿色伊斯兰债券发行的专门人才。

---

〔1〕参见驻迪拜总领馆经商室:《伊斯兰发展银行发行10亿欧元绿色伊斯兰债券》,载中华人民共和国商务部网2019年12月15日,http://www.mofcom.gov.cn/article/i/jyjl/k/201912/20191202922183.shtml。

〔2〕在气候债券倡议组织数据基础上,笔者收集了纳斯达克迪拜交易所、网络公开数据中的相关资料,整理了近年来印度尼西亚主权绿色伊斯兰债券的发行情况。参见气候债券倡议组织:《近期绿色债券回顾:2019年3月》,载气候债券倡议组织网2019年5月3日,https://cn.climatebonds.net/node/6767。

## 第五节　域外绿色债券运行与相关法律制度构建的经验梳理

综合考察域外绿色债券运行的制度安排和实践案例，可以宏观了解全球范围绿色债券运行的具体情况，为我国绿色债券法律制度的优化调试提供比照对象，这是通过比较研究对域外制度进行考察的重要原因。从域外相关法律实践中不难看出，鉴于绿色债券的社会公益性和生态性特征，其实施过程中必然涉及一些具体性、专门性的制度规范，因此，在遵循各国关于债券发行一般规则的基础上，不同国家或者地区发行绿色债券的实践往往也是既有共性，又有各自的特点。

### 一、域外绿色债券运行经验参考的可行性分析

根据笔者收集的相关资料可以得知，域外绿色债券市场制度建设中存在重视市场参与、制度引领与激励措施的建立或者适用等诸多共性。笔者以结构功能主义理论为框架，对域外绿色债券运行中的制度安排进行把握，以期在衡平一般规则和特殊规则的基础上为我国绿色债券法律制度的建构提供有益经验。从当前绿色债券运行的实际状态来看，借鉴域外绿色债券相关经验的主要考虑如下。

第一，国际上对绿色金融政策的共同关注和持续探索的需要。早在2016年G20财长和央行行长会议发布的公告中就指出，需要借助绿色投融资手段来支持全球可持续增长，增强金融体系动员私人资本开展绿色投资的能力。[1] 世界各国历来重视绿色金融领域的制度完善，例如，英国就在2019年召开的第二届英国绿色金融年会上专门公布了《英国绿色金融战略》，该战略号召包括公共部门、企业单位、学术机构等在内的所有主体共同奋斗以实现一个更加可持续和绿色化的未来；从内容上看，该战略包括了两项长远目标和三大核心要素，希望在公共部门的引导和支持下实现金融活动和投资活动的绿色化转型。作为绿色金融体系的重要

---

〔1〕 参见单科举：《我国绿色发展基金运作情况探析》，载《金融理论与实践》2018年第11期。

组成部分,绿色债券相关制度设计也需要以此目标为出发点,持续探索具体制度安排的持续优化和完善,以期有效推动绿色债券市场全球化的进程。目标的统一性必将促使措施和方法的统一,发掘各国绿色金融制度的共性和特色制度,结合我国具体国情进行有鉴别的吸收采纳有其客观必然性。

第二,绿色债券是全球范围内许多国家进行绿色项目直接融资时共同选择的融资工具,因此,在经济全球化背景下,诸国在绿色债券标准认定、激励措施设置等重要制度安排上具有较多相似性特征。虽然,不同国家和地区在绿色债券品种、发行条件、激励措施等方面存在一些差别,但是,结合我国绿色债券运行的需要,仍然可以在制度设计获得一些可供吸收、借鉴的重要经验。例如,新加坡金融监管局已经于2017年制定了专门的绿色债券津贴计划,而后其又将补贴扩大至社会与可持续债券,这极大扩展了补贴的运用空间。该补贴计划是借助行政激励措施助力绿色债券发展的典型方式,凸显了绿色债券政策性的本质属性。按照津贴计划的具体规定,发行人在对绿色债券进行独立的第三方评估时可以申请津贴,可获得的津贴最高可以达到100%,最高数额以10万元为限。此类行政补贴的尝试在全球绿色债券运行中并不少见,这些共性经验对我国绿色债券法律制度体系的建构也具有一定参考价值。从总体情况考察可以发现,目前我国在绿色债券发展路径、项目分类、募集资金管理、信息披露、第三方认证和激励措施等方面与域外制度都有一些不同。[1] 因此,从不同国家和地区绿色债券市场实践中汲取具有参考价值的做法,有利于我国绿色债券法律制度的完善。

第三,域外诸多国家都进行了不同层次、不同深度的绿色债券发行探索,可以为我国绿色债券运行提供多视角的参考。不同国家融资需求、历史文化的差异导致绿色债券运行中具体规则设计上也有细微差异,这可以为我国绿色债券法律制度建设提供不同角度的印证资料。例如,欧洲许多国家都重视绿色主权债券的发行,如瑞典就曾于2020年专门制定了《瑞典绿色主权债券的框架结构》,该框架以推动生态环境可持续发展为目的,专门对绿色项目类别界定、项目筛选流程、收益管理、报告撰写和外

---

〔1〕 参见王遥、徐楠:《中国绿色债券发展及中外标准比较研究》,载《金融论坛》2016年第2期。

部审查开展等程序制度进行了详细规定，其结构和内容可以为我国完善绿色政府债券的软法规范提供参考。此外，波兰和法国也都制定了本国的《主权绿色债券框架》，公开了关于发行债券拟实现的生态环境目标，这些实践也可以为我国绿色债券产品创新提供一定的参考。又如，日本对绿色债券披露信息的细致要求可以为我国信息披露规则的统一提供一定参考。再如，欧洲一些国家和金融机构在 GBP 的基础上结合实际需要对绿色债券运行的具体操作要求进行了细化，为我国绿色债券运行中的制度创新提供了启发。具体看来，巴克莱银行与明晟公司以 GBP 为编制基础，专门制定了绿色债券指数，用于跟踪全球绿色债券的发展情况；挪威国际气候与环境研究中心的“第二意见”或者“第三方认证”机构与汇丰银行等金融机构都在 GBP 的指导之下，尝试对资金管理、披露规则等实践性规则进行更精细的规范，[1]以期增强绿色债券在实践中推动可持续发展的作用。

需要注意的是，对域外经验进行考察时需要对各国具体制度安排的差异和变化予以及时关注，从中选择适宜我国绿色债券运行的具体制度安排进行参考。虽然域外绿色债券运行的经验可以为我国绿色债券市场的发展提供支持，但是，还需要从我国国情出发对有关制度进行仔细的比较和反思，慎重选择。

## 二、域外绿色债券运行经验的规范性把握

从域外绿色债券法律制度建设和发行实践的情况来看，绿色债券属于金融创新比较集中的领域之一，而在该领域软法性规范大量存在，制度规范的稳定性、体系性工作开展都有待强化，法律规范本身的滞后性在有关实践中表现得也比较突出，但是，这恰恰意味着在参考域外实践经验时需要加强对我国社会现实的认识，把握拟参考制度在我国制度实践中的可接受性，[2]不能脱离我国文化渊源和当前社会背景。在绿色债券实践中必须要容忍甚至鼓励政策文件、自律规则等软法自上而下发挥作用，可以适度加强对绿色金融实践的监管。具体来说，笔者

[1] 参见陆文钦、王遥：《明确界定绿色债券项目》，载《中国金融》2016 年第 6 期。

[2] 参见巩固：《环境法律观检讨》，载《法学研究》2011 年第 6 期。

认为域外实践中有如下经验可供参考。

第一,绿色债券发行所筹集资金的用途特定性保障的制度安排。域外对绿色债券资金用途管理虽然并没有直接的法律规定,但是实际上存在相关法律制度、各国绿色债券框架、国际通行标准都对绿色债券募集资金的使用范围进行了严格限制,并要求建立相关监管制度,以保证募集资金用途受到有效监管。例如,GBP 和 CBS 等两项标准都明确要求债券发行人建立专门账户,用以分隔绿色债券募集资金和其他自有资金,以最终实现专款专用的目的;[1] 又如,《韩国基础设施民间投资法》第 58 条(发行基础设施债券)要求募集项目资金必须用于该项目之内;[2] 再如,巴西规定社会效益债券运行需要建立专门、独立的托管账户,在一定程度上赋予投资代表人监管该账户的权限。[3]

第二,绿色债券环境效益披露的特殊要求。绿色债券对生态效益的追求应当通过有效的披露措施进行保障,而域外的一些融资项目就对项目开展后生态效益的实现进行了比较详细的披露。例如,日本 Konan Ultra Power 公司在债券信用评级报告中对太阳能板数量、项目年发电量和 LED 灯数量等项目细节进行了详细披露,其披露信息清晰度较高,债券发行人严格履行了最佳实践披露的承诺,类似的实践对我国绿色债券信息披露工作的开展具有重要参考价值。在我国绿色债券法律制度框架中,项目实施前的第三方认证一直都是项目关注的重点,但是尚无对生态环境效益披露的专门规定,这客观上不利于绿色债券生态环境效益的彰显。

第三,绿色债券是生态环境保护领域采用的重要的经济调节工具,其尤为重视监管和激励框架的建立,以凸显出较强的政策性。国际经验业

[1] 关于资金用途的专门监管是绿色债券法律制度完善的重要组成部分,也是后文中拟专门回应的重要内容。参见陆嘉敏:《我国绿色债券监管法律问题研究》,华东政法大学 2018 年硕士学位论文。

[2] 《韩国基础设施民间投资法》第 58 条(发行基础设施债券)第 2 款规定:"依照本条第一款的规定由基础设施债券筹得的资金不得用于民间投资项目以外的用途。"转引自顾功耘:《当代主要国家公私合作法》,北京大学出版社 2017 年版,第 537 页。

[3] UBS, Investing in Social Outcomes UBS white Paper on Social Impact Bonds – Perspectives for Brazil, November 2016.

已证实加强绿色债券市场的有效监管与激励扶持相关法律政策的建设可以有效推动所有市场参与主体自下而上地参与绿色债券市场的建设。[1]因此,制度框架建立和完善过程需要重视宏观结构的布局架构和微观规范的建立完善,重视配套政策的有效参与。需要认识到,合理、完备的制度框架体系是绿色金融良性发展的基础,在绿色金融发展过程中市场的主力作用和政府的引导作用都需要得到充分重视。[2] 因此,绿色债券运行的制度安排就既要遵循基本经济规律,又要重视法律、政策的功能发挥,这在域外立法中都有不同程度的体系,例如,《俄罗斯联邦环境保护法》第四章以“环境保护领域的经济调节”为章节题目提出了收费、保险和经济激励等相关措施,以期通过经济手段达到激励环境保护领域工作开展的目标;[3]又如,哥伦比亚的金融部门就制定法律规范对其出现的“社会债券”作出明确规定,并通过专门立法的方式推动包括绿色债券在内的社会债券的有序发展;再如,巴西银行联合会与巴西可持续发展商会曾于2016年共同制定了《巴西绿色债券发行指南》[4],希望借助软法强化对绿色债券运行的私人监管。

第四,重视绿色债券品种创新活动,扩大绿色债券的融资渠道。为拓宽绿色债券的运用场域,我国需要从不同发行要求、融资规模、资金需要出发,进一步完善我国绿色债券品种,而现有域外实践恰好可以提供一些参考经验。其一,欧洲在绿色主权债券发行方面积累了较为丰富的经验,对我国绿色主权债券的发行具有一定启发。从实践情况来看,波兰和法国主权绿色债券的运行实践都有一定的典型性,[5]值得一提的是,两国都在各自的绿色主权债券框架中公开承诺了其发行债券的环境治理目标;而瑞典为推动绿色主权债券的发展专门制定了《瑞典绿色主权债券

---

[1] 参见万志宏、曾刚:《国际绿色债券市场:现状、经验与启示》,载《金融论坛》2016年第2期。

[2] 参见蒋先玲、张庆波:《发达国家绿色金融理论与实践综述》,载《中国人口·资源与环境》2017年第S1期。

[3] 参见中国—上海合作组织环境保护合作中心、中国—东盟环境保护合作中心编:《“一带一路”生态环境保护俄罗斯重要环保法律法规2017》,外文出版社2017年版,第30-39页。

[4] 《2017年G20绿色金融综合报告》,载中国人民银行网2017年7月13日,www.pbc.gov.cn/goutoagjiaoliu/113456/113469/334428/index.html。

[5] 参见陈霞、许松涛:《国外主权绿色债券特征及启示研究》,载《金融发展研究》2018年第1期。

的框架》,这也可以为我国类似制度的建立提供借鉴。此外,截至2020年年底,法国、波兰、德国、印度尼西亚和智利等22个国家已经发行了多只主权绿色债券、社会和可持续发展债券,而其累计发行规模已经达到了960亿美元。[1] 例如,荷兰政府就曾于2019年发行了59.8亿欧元的绿色政府债券,其募集的资金将用于建设低碳发展的相关项目或用于推动可持续水资源管理目标的实现。[2] 又如,为适度扩大适格投资者的范围,英国政府将绿色主权债券专门划分为两个部分:一方面为散户投资者发行全球首只主权绿色储蓄债券,该储蓄债券募集的资金用于可再生能源、清洁公共交通等领域项目的开工、建设和施工;另一方面专门针对机构投资者发行绿色金边债券,这一部分募集的资金主要为该国"绿色工业革命"设想提供金融支撑。其二,日本、澳大利亚和美国等国在市政债券、地方政府债券、准政府债券发行的规定方面为绿色债券法律制度建设提供了方案。为支持包括绿色基础设施项目债券融资,日本、澳大利亚等国现有法律体系已经有推动此类债券发行的具体规定,可以在相关品种绿色债券发行中直接适用,这为我国修订相关法律法规提供了可供参考的思路。

第五,国际层面在重视绿色债券领域的具体实践开展的同时,还需要积极推动绿色债券原则的共识凝聚,促进该领域国际金融软法不断生成。目前,为了有效回应具体项目中债券发行人和持有人双方信息不对称的问题,国际资本市场协会等国际组织都采取了多项积极行动,例如,它们专门建构了完善的保障制度,对绿色项目界定与分类、发行人内控与信息披露、外部鉴证与认证等亟待解决的问题进行了专门的制度回应。[3] 此外,涉及绿色债券运行的制度建设和国际合作也一直在不断发展,例如,国际资本市场协会在2018年修订GBP时还对募集资金用途管理、项目评估与遴选流程、披露报告等几项核心要素进行了细致规定;又如,气候

---

[1] 参见王然:《国内外绿色债券市场发展的实践与启示》,载《新金融》2021年第12期。

[2] See Anderson J., Gartner T., Mauroner A. et al., *Conservation Finance Takes Off as the Netherlands Issues One of The Largest Green Bonds Ever*, WRI (Jun. 21, 2019), https://www.wri.org/insights/conservation－finance－takes－netherlands－issues－one－largest－green－bonds－ever.

[3] 参见洪艳蓉:《绿色债券运作机制的国际规则与启示》,载《法学》2017年第2期。

债券倡议组织制定的《气候债券标准和认证机制》对气候债券的发行前要求、发行后要求和行业适格标准等进行了明确规定；再如，国际市场还编制了 Solactive 绿色债券指数、标普道琼斯绿色债券指数、巴克莱—明晟绿色债券指数和美银美林绿色债券指数等 4 个比较有影响力的绿色债券指数，[1] 期望优化绿色债券定价，并通过设立债券基金的方式扩大绿色投资者的投资渠道，上述这些尝试都对推动绿色债券共识凝聚和市场实践具有积极意义。

正如赫尔曼·哈肯所言："共同行动可以使人从冲突中解脱出来。"[2] 通过对域外经验的梳理可以把握不同国家在绿色债券发行领域的实践情况，有鉴别地吸收其中有益的经验做法，并将其纳入我国绿色债券法律制度框架体系之中，这是推动全球范围绿色债券法律制度在实践中凝聚共识性理念的重要尝试之一，同时，还可以借此推动绿色债券领域共同行动的开展。因此，我国需要从整体角度对绿色债券相关制度框架进行系统性梳理，汲取域外绿色债券发展完善中的现实经验，以不断推动我国相关制度的优化完善。

---

〔1〕 参见傅京燕、刘玉丽：《粤港澳大湾区绿色债券助推产业转型的实践探索》，载《环境保护》2020 年第 12 期。

〔2〕 参见[德]H. 哈肯：《协同学——自然成功的奥秘》，戴鸣钟译，上海科学普及出版社 1988 年版，第 100 页。

# 第七章 绿色债券法律制度的规范建构

科因认为:“脉络关联是发现新知的根源,是法秩序继续发展的基础。”从行为模式的角度进行观察,我国绿色债券运行秩序生成的逻辑就既包括理性建构的成分,也包括自发生成的成分,[1]二者共同推动着我国绿色债券市场运行制度的体系性建设。从结构功能主义的角度进行观察,我国绿色债券市场运行需要依赖债券一般规则和绿色债券专门规则的双重供给,即需要从立法论和解释论双重视角出发对涉及债券、绿色金融、绿色债券的诸多制度进行综合考察。鉴于此,在体系化工作中应当秉持动态的视角来审视我国绿色债券运行涉及的法律制度,并从现有绿色债券市场运行的具体脉络出发,探寻健全相关制度设计的最佳路径,寻求不同市场中绿色债券运行具体规则的体系化的可能,而其中最重要的工作就是通过对相关制度的有机整合来强化制度之间的内部关联性。

经过改革开放后40余年的努力,生态文明建设法律体系已经初步建立起来了,但是,在体系构成、原则组成、制度建设等几个方面仍存在一些不系统、不适应、不科学的情况,[2]特别是对经济激励型规制工具的关注还有待加强。然而,按照《生态文明体制改革总体方案》的设想,我国需要“形成对各类市场主体的有效约束,逐步实现市场化、法治化、制度化”,而包括绿色债券在内的绿色金融体系也是其中的重要组成部

[1] 参见董正爱:《生态秩序法的规范基础与法治构造——“美丽中国”的行为模式与秩序规范法律研究》,法律出版社2015年版,第111-116页。

[2] 参见王灿发:《论生态文明建设法律保障体系的构建》,载《中国法学》2014年第3期。

分，因此，目前颇为需要现有绿色债券法律制度进行法治化、制度化的整合。

## 第一节　绿色债券法律制度实质分立与形式统一的衍更路径

借助何种路径促进国家生态治理体系和治理能力现代化是理论探索和实践探讨中经常关注的问题。从目前的实践来看，主要存在观念导向的理想主义路径（ideal approach）和问题导向的现实主义路径（realistic approach）两种具体思路上的争议。其中，理想主义路径主要关注人的全面发展，重点是实现公众环境权利保护等问题，但其在我国生态环境治理实践中面临着以环境权为基础构造体系化制度的困境；现实主义路径则更关注国家生态治理权威秩序的建立，特别是强调治理体系和能力的现代化，因此，其更偏向于给出具体问题的解决方案。从现实需求来看，问题导向的现实主义路径与国家生态治理体系和能力现代化的现实诉求更加契合一些。

在我国的立法实践中，生态环境立法多采用多法并行的综合规制模式，相关规则呈现出零碎并相互隔离的状态，而绿色债券作为新兴立法内容，这一特性表现得尤为突出，因此，在实践中，以问题导向的现实进路更有利于实现制度的系统性安排。

我国对绿色债券发行人、投资人等主体的权利义务规定分散在多部法律之中，其形式上存在抵牾的同时，内容上也存在一些脱漏或者冲突，因此，亟待做出追根溯源式的统合。[1] 基于对法安定性的价值追求，从现行我国债券运行的实然状况入手进行考察，笔者认为，制度惯性的存在

---

〔1〕《私募基金管理人义务统合论》一文对分散式立法中存在的冲突和解决方式进行了讨论，在绿色债券运行中涉及的多项制度之间的统合实践中也具有方法论上的参考意义。参见许可：《私募基金管理人义务统合论》，载《北方法学》2016 年第 2 期。

客观上制约着我国统一绿色债券市场的建立和发展。为减少我国绿色债券发行与交易过程中的制度成本,在现存分割的债券市场中需要建立相应的沟通协调机制、互联互动机制,以进一步推动统一规则体系下绿色金融制度的常态化、法治化,满足绿色债券发展的现实诉求。由上文可知,绿色债券按照主体分类的三种进路设计制度既符合债券现有一般性规则体系,也有利于绿色债券软法性规则的类型化嵌入。因此,笔者认为在遵循路径依赖和有限理性的前提下,在秉持一般发行和交易规则稳定性的同时,可以尝试对绿色债券专门规则进行形式统一,这种操作方案或许是绿色债券市场法律制度完善的合理思路。

金融行业存在大量的法律法规以防止资金资源过度集中,并维持市场信用秩序,这是金融立法应有的制度功能,[1]而绿色债券作为其交叉领域,基于维持信用秩序的考量,也需要诸多法律、政策等制度安排予以支持。在该过程中既需要考虑到现有债券相关制度在运行中存在的制度惯性,还应当追求环境法和金融法的有效互动,实现宏观制度框架的体系化和微观规范构造的实质理性。因此,出于《环境保护法》等相关生态环境法律和《证券法》《预算法》等相关经济法律法规的系统性修订的现实需要,可以采用"打包"修改的模式开展实定法的调整工作,并通过制定转致条款、立法授权条款等方式强化相关制度间的协调性。[2] 例如,《环境保护法》《水污染防治法》可以参考《长江保护法》关于绿色金融鼓励性规则设置的立法经验,在具体规则中及时增加绿色金融激励性规则。具体来说,建议在《环境保护法》中增加一条,其条文可以表述为:"国家鼓励金融机构发展绿色信贷、绿色债券、绿色保险等金融产品,为生态环境保护和绿色发展提供金融支持。"同时,从环境法体系化的阶段性工作来看,近期在对现行有效的污染控制法、自然资源法、循环再利用法进行修

---

〔1〕 参见[日]柏木亮二:《FinTech:金融科技指引未来》,姚待艳译,人民邮电出版社 2019 年版,第 137 页。

〔2〕 参见谢忠洲、彭强:《法政策视域下乡村振兴战略的制度供给》,载《农村经济》2021 年第 6 期。

订时,应当有意识地将绿色金融鼓励支持规范予以体系化补充,为中期环境法总则整合和后期环境法典编撰[1]中规则的设置提供支持。

如果从社会系统论的角度进行考察可以发现,社会问题本质上是由社会系统整体运行效果不佳造成的,即问题的产生不单单是由于某个系统的运行不畅,更多是构成社会系统的不同子系统之间相互激扰和信息过渡的结构耦合之结果。[2] 因此,笔者认为绿色债券立法也应当遵循适度法律化、适度体系化的追求,强化生态环境立法中绿色金融条款的可操作性,着手从条例、部门规章等角度细化一般规则的补强,以满足社会系统运行的客观需要。同时,借助地方立法的制度优势尝试建构特色的绿色金融激励条款,以完成政策法律化的立法任务,为政策的实施提供法治化的基础。也就是说,采用统一立法与分散规约结合的立法思路可以充分发挥相关硬法、软法的功能作用,并减少制度各子系统之间的信息冗余,保证制度供给的有效性。同时,相关规则构造必须秉持总分结构理论的具体构造,[3]通过具体立法基础处理实现一般性规则和特殊性规则在立法活动中的具体实现,并最终达成形式理性和实质理性的统一。

## 一、绿色债券法律制度的法律体系

法治经济在法律制定、法律实施与法律保障三个层面提出了优化经济增长结构、推动经济体制改革具体方法思路,这对绿色债券法律制度的完善也具有重要的指导意义。因此,需要廓清绿色债券法律制度框架体

〔1〕 参见鄢德奎:《中国环境法的形成及其体系化建构》,载《重庆大学学报(社会科学版)》2020年第6期。

〔2〕 参见张海涛:《政治与法律的耦合结构:党内法规的社会系统论分析》,载《交大法学》2018年第1期。

〔3〕 总分结构理论并非目前一个公认的理论命名,其源于《总分结构理论与我国民法典的编纂》一文,下述相关文献都对作者开展该问题的讨论提供了一些启发,故在此一并整理,以供参考。参见王利明:《总分结构理论与我国民法典的编纂》,载《交大法学》2019年第3期;陈华彬:《潘德克吞体系的形成与发展》,载《上海师范大学学报(哲学社会科学版)》2007年第4期;杨代雄:《萨维尼法学方法论中的体系化方法》,载《法制与社会发展》2006年第6期。

系涉及的诸多法律制度及其内在联系,明确相关规范的内在逻辑与涵盖范围。道格拉斯·诺斯提出的"良性法律+良性执法=良好的经济绩效"法律公式恰好可以为绿色债券法律制度体系的优化提供必要的依据:好的法律制度及有效执行可以增强社会活力,并保证社会生产力的有效提升,因此,法律制度也应当被视为生产力的有机组成部分,通俗来说,就是"制度是极其重要的"。[1] 因此,笔者认为单纯从部门法的角度难以有效描述绿色债券运行中制度实施的全部现实,只有从制度建构的总体视角观察,才能把握我国绿色债券法律制度在整个法律制度框架体系中的具体位置,从立法和执法双重角度入手,更加精确地把握具体微观规范的细致架构,而相关规则制度规范的整合与互动可以有效降低在多市场同时发行绿色债券的交易总成本,提升绿色债券发行与交易的具体效率。[2]

从金融法的结构理性视角来看,金融活动的开展主要依赖于金融商法、金融市场规制法与金融宏观调控法三大核心法律支柱形成的"二维三元实现机制",[3] 因此,从这个角度来看,《环境保护法》《水污染防治法》等环境与资源保护类法律需要与《预算法》《证券法》等经济类法律形成良好的互动模式,推动两个系统之间的高效互动,以加强在市场规制领域和宏观调控领域的制度建设(见图7.1),增强法律系统与政策系统的有机互动。因此,从立法技术上需要确立"立改废释"并举的思路,及时修订不符合当前社会发展的相关制度规定,完善现有制度安排中的空白点,以有效推动绿色债券市场制度安排的优化和完善。

---

〔1〕 参见钱玉文:《我国法治化营商环境构建路径探析——以江苏省经验为研究样本》,载《上海财经大学学报》2020年第3期。

〔2〕 参见气候债券倡议组织:《国开行将首次试点多市场同发获气候债券标准认证的"应对气候变化"专题绿色金融债券》,载微信公众号"气候债券倡议组织北京办公室"2020年7月27日,https://mp.weixin.qq.com/s/rnHgbJSMYIVUdFNdcPWpfg。

〔3〕 参见刘辉:《论金融法的结构理性——基于金融禀赋结构理论视角》,载《西安交通大学学报(社会科学版)》2019年第3期。

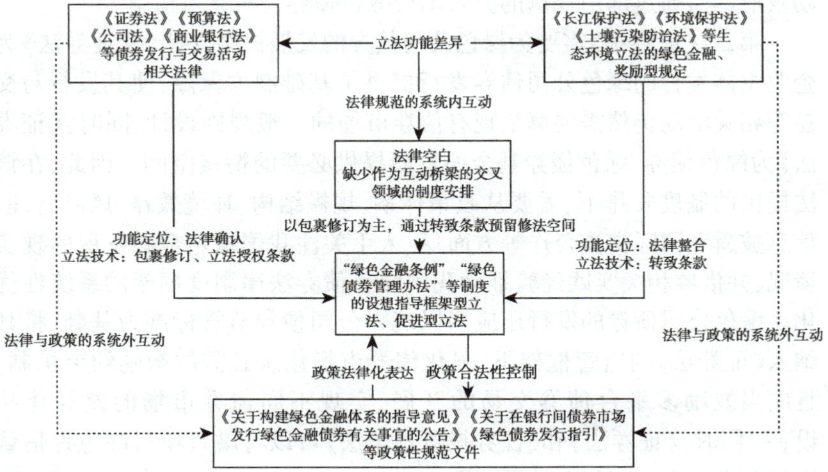


**图 7.1　绿色债券的制度供给的结构性安排**

第一,《环境保护法》(2014 修订)需要为激励性政策制定提供明确的法律保障。《环境保护法》具有较高强度的政策引导性,其本质上属于典型的政策性立法,而其主要功能在于形塑生态环境治理相关立法的体系和走向。[1] 因此,为细化、落实该法第 4 条之规定,充分发挥绿色债券在环境治理中的激励功能,建议将该法第 52 条的政策导向进一步凸显,修改为绿色金融鼓励条款。具体操作方式是将该条修改后表述为:"国家鼓励和支持发展绿色信贷,发行绿色债券,投保环境污染责任保险等绿色金融措施,为生态环境保护和绿色发展提供金融支持。"该条的生成逻辑是实践理性的,主要参考了《土壤污染防治法》等具体要素污染防治法和《长江保护法》等新近流域立法中的具体规定,通过归纳整合的方式提出的具体建议,以弥补当前《环境保护法》在经济激励措施方面的关注不足,并完成环境法体系化的阶段性任务。同时,从体系性功能发挥的需求出发,修改后的鼓励性条文还应当与《环境保护法》(2014 修订)第 21 条的规定相结合,为激励性措施的实施提供必要的法律依据;同时,需要鼓

[1] 参见叶俊荣:《环境立法的两种模式:政策性立法与管制性立法》,载《清华法治论衡》2013 年第 3 期。

励政府部门通过部门规章的方式出台绿色债券配套支持措施。[1]

第二,《证券法》需要为绿色公司债券的发展提供支持。《证券法》为企业主体发行的绿色公司债券发行提供了基础制度保障,使其发行与交易等相关活动仍然需要尊重现有债券市场的一般规则设计,同时,《证券法》为绿色债券、绿色债券基金的发展提供必要的衔接空间。因此,在该法提供的制度安排下,需要从政策体系、规模结构、环境效益、风险管理、信息披露和国际交流合作等方面[2]入手关注我国绿色金融发展的现实境况,并借鉴相关实践经验推动我国绿色债券法律制度框架的系统性优化。绿色公司债券的发行还应当以统一公司债券监管标准为基础,将其纳入《证券法》的监管框架下,强化债券市场化所必需的激励约束机制,且应当鼓励多平台债券交易的开展,实现不同债券市场的差异化建设;[3]同时,《证券法》和《证券投资基金法》可以将融资项目绿色评估认证的要求纳入强制信息披露范围。[4]

第三,《预算法》需要为绿色主权债券、特别国债和绿色地方政府专项债发行提供支持。政府作为发行主体发行特别国债、地方政府债券(专项债)时,需要遵循现有法律制度安排,因此,需要对相关法律制度进行相对系统化的梳理,并结合实际需要作出调整。具体的制度调整安排如下:一是有必要在《预算法》修订时参考《澳大利亚宪法》关于地方政府举债[5]的规定设计权利条款,在总体性规定中赋予地方政府发债权限;二是《关于加快地方政府专项债券发行使用有关工作的通知》(财预〔2020〕94 号)中提及的省级政府和 6 个计划单列市的发债权需要在《预算法》修订时予以明确;三是设置必要的激励性条款,将实践中降低风险权重等激励性措施法治化,以增强地方政府专项债等的流动性;四是部门

---

〔1〕 参见马贱阳、张斌:《推动绿色债市制度建设》,载《中国金融》2017 年第 24 期。

〔2〕 参见中国银保监会政策研究局课题组、洪卫:《绿色金融理论与实践研究》,载《金融监管研究》2021 年第 3 期。

〔3〕 参见洪艳蓉:《公司债券制度的实然与应然——兼谈〈证券法〉的修改》,载《证券法苑》2011 年第 2 期。

〔4〕 参见祁永忠:《我国绿色金融政策体系:现状、问题与建议》,载《宁夏大学学报(人文社会科学版)》2018 年第 3 期。

〔5〕 See Lancaster D. & Dowling S., *The Australian Semi - Government Bond Market*, Reserve Bank of Australia (Sep. 1, 2011), https://www.rba.gov.au/publications/bulletin/2011/sep/6.html.

规章和规范性文件等需要参考《日本地方公营企业法》的规定，对发债目的、法定限额、发行利率、发行期限等政府发债的具体内容进行明确规定，全流程规范地方政府举债借、管、用、还的活动。基于上述建议的相关性，对相关内容可以采用“打包”修改的方式进行一次性修改，以保证相关规则具备衔接性，其中，特别要重视激励制度法治化的实现，保障绿色债券的运行效能。

第四，国务院应当尝试制定专门的“绿色金融条例”，为绿色债券发展提供直接的行政法依据。按照现代行政的基本原理，立法机关可以将操作性、“几乎不具备重要性的问题的规则”制定的权限委托给行政机关行使，[1]因此，绿色债券法律制度若想发挥作用，就需要制定专门“绿色金融条例”对绿色金融活动进行规范，以该条例的“绿色债券”相关章节规定为桥梁作用，通过转致条款等形式保证规范性文件、行业自律规则等软法发挥相应功能，以凸显行政机关在绿色债券运行中的引导作用。而实践中《深圳经济特区绿色金融条例》《湖州市绿色金融促进条例》的制定为国家层面“绿色金融条例”立法工作的开展提供了重要参考。条例在章节体例、具体制度安排上都可以参考现有地方立法，其中尤须关注的是对监管机构、职能部门之间的职责划分条款的确定，因为，绿色债券市场的繁荣发展需要各类主体的积极参与，多元主体间的深度合作是非常重要的。因此，国家金融监督管理总局及其分支机构、证监会及其分支机构和省市地方金融办、地方金融监管局、生态环境部门等监管机构需要形成制度合力，在此基础上与行业协会等自律组织、交易所、金融机构、实体企业等其他市场参与者共同努力，完善绿色债券相关硬法、软法制度规范，共同推动绿色债券法律制度的优化和完善。

综上所述，从结构功能主义的角度观察，绿色债券法律制度必须注重相关制度的系统性、协同性，并将债券运行的一般规则和绿色债券运行中所需的特殊规则有机结合起来，以期形成结构层次相对清晰的制度体系。

---

[1] 参见[日]大桥洋一：《行政法学的结构性变革》，吕艳滨译，中国人民大学出版社 2008 年版，第 26 页。

## 二、绿色债券法律制度的阶层构造

据现有债券运行的具体实践观察可知，目前我国债券市场普遍存在多头监管而导致的协调不足问题，这很大程度上增加了债券发行与交易的制度成本，也阻滞了我国绿色债券持续、稳定地发展。鉴于此，我国应当建立起包括大量规范性文件、自律管理规则在内的绿色债券法律制度体系，该体系既要注重债券一般性规则和绿色债券特殊性规则的有机整合，又要注重软法功能的发挥，以便在绿色债券运行中协调发挥好正式制度和非正式制度的应有功能。需要认识到，地方性知识是当地文化传统的重要组成部分之一，其在实践中呈现出社会—文化语境相关性与本土文化空间内嵌性等具体特征。[1] 从该视角出发可以将法律制度视为具体文化背景下的地方性知识，因此，只有契合本土文化空间的内在要求，才有可能建构、完善相关制度以有效指引我国绿色债券市场的发展。

国家政策、自律管理规则作为软法的制度供给可以有效克服法律实施过程中的僵化缺陷，下文中笔者所论及的法律适用和法律实施都是指广义上包括法律法规、国家政策和自律管理规则共同构成的相对体系严密的制度供给体系。为正确把握绿色债券法律制度供给的整体情况，需要从现行有效规范梳理出发，从动态运行的角度对现有制度进行理解，并对其中不契合当前管理要求的规定进行及时修改。例如，《关于在银行间债券市场发行绿色金融债券有关事宜的公告》（中国人民银行公告〔2015〕第39号）中“绿色产业项目范围可以参考《绿色债券支持项目目录》（见附件）”的表述应当调整，以契合《绿色债券支持项目目录（2021年版）》调整后的最新要求。

第一，衡平债券一般规则供给和绿色债券特殊制度的供给结构。绿色债券对实现代际公平、助力可持续发展具有重要作用，因此，对绿色债券予以特殊的激励是颇为必要的，但是，激励性制度的引入势必会导致市场机制的扭曲，故实践中应当重视两类规则的供给动态衡平，避免对债券市场的过度干预而增加制度成本或者“漂绿”等异化行为的出现。因此，可以参考《农业法》第45条的规定，在《环境保护法》中对绿色金融体制

---

〔1〕 参见鞠实儿、贝智恩：《论地方性知识及其局部合理性》，载《科学技术哲学研究》2020年第2期。

机制建立、绿色金融产品创新探索、贴息等内容进行规定;同时,还需在设置专门条款保证法律保留原则的前提下提供税收优惠方案[1]的现实可能性,以期为绿色债券的良性发展提供基础规则。

第二,优化自律管理规则的供给结构。自律规则对债券发行、交易等相关活动具有重要作用,不同类型绿色债券在运行中需要从现实需求出发优化相关准则,以增强自律规则的可操作性。债券指数基金运行、债券发行等活动都会涉及各类金融机构及相关协会的参与,因此,需要自律管理规则等为绿色债券运行活动提供必要支持,甚至交易所、指数编制公司等还可以开展私主体监管的尝试。这些尝试都需要通过两种路径予以探讨:一是可以上升为法律的,这种需要借助法政策理论提供的方案讨论相关软法规范法律化的过程;二是需要继续保持现有制度形式和内容稳定性的,这种可以通过软法理论将有关内容纳入法律框架的考察范围内。

第三,优化正式制度和非正式制度的供给结构。绿色债券的运行还应当重视供给结构的整体性衡平,特别是需要关注非正式制度在促进绿色金融发展过程中的重要作用。例如,在推动地方股权交易中心发行绿色可转换公司债券的创新实践时需要在遵循《公司法》《国务院办公厅关于规范发展区域性股权市场的通知》《区域性股权市场监督管理试行办法》制度安排的基础上,重视不同地区股权交易中心开展的制度创新。比如《陕西股权交易中心非公开发行可转换为股票的公司债券业务管理办法(暂行)》《北京股权交易中心有限公司私募可转换公司债券业务管理规则(试行)》等不同区域市场的制度安排都涉及私募可转换公司债券发行的具体规范,因此,后续工作中可以及时修订相关规则,对绿色私募可转换公司债券运行进行专门规定,以期发挥软法在该领域中的特有功能。

从上述视角来看,绿色债券法律制度体系呈现出统一性规则和差异性规则交织的复杂情况,需要从绿色债券运行的实际情况出发,对相关制度进行相对系统性的梳理。具体而言,强化制度体系性主要需要加强两个方面的工作:一方面,一致性规则源于"绿色属性"的一致性规则设置,是绿色债券法律制度专门制度设计必须予以回应的部分。具体来说,需

[1] 参见叶姗:《税收优惠政策制定权的法律保留》,载《税务研究》2014 年第 3 期。

要保持绿色债券激励约束规则、绿色债券认定标准、绿色债券生态效益信息披露规则三个方面制度的一致性。另一方面,基于债券市场分割性特征,有针对性地适用规则。在绿色债券运行中,基于类型化的区分,发行要求、发行程序、上市场所、监管部门和登记结算相关规则都呈现出一定差异,因此,绿色债券运行需要适用不同品种债券具体规则。

### 三、绿色债券法律制度的立法路径

荀况曾言:“法者,治之端也。”生态环境治理体系和能力的现代化必须以系统性的制度安排作为基础。绿色债券运行涉及的法律制度规范具有很强的交叉性,笔者认为环境法和经济法可以在该领域中发挥各自应有的制度功能,因此,从制度路径依赖的具体实际出发,为推动绿色债券持续、深入的发展,制度层面的目标应当是着力加强经济法与环境法沟通协调,构建两者共同作用的绿色债券法律制度体系。[1] 从制度完整性的角度考虑,相关制度工作的重点主要包括两个部分:一是对已有规则安排进行总结、整合,以期更加清晰地认识具体规则的安排,把握绿色债券法律制度安排的整体统一性,更好回应我国当前债券市场分割的实际情况;二是后续规则制定需要重视制度之间的协调性。因此,在后续绿色债券法律制度完善过程中需要探索部门联合协同立法的模式。也就是说,国家发改委、中国人民银行、证监会和生态环境部等有关机构或者部门都应当按照程序积极参与到相关规范制定工作中,同时,重视信息平台的搭建工作,增强绿色债券运行规则制定前的沟通,以保证后续制度的统一性,并为绿色债券相关自律准则、行业规范的完善奠定基础。

第一,国家层面需要重视制度的整体性供给。绿色债券法律制度中具体规则的一致性要求可以采用如下立法路径予以实现:其一,在《环境保护法》《证券法》《预算法》等法律修订时可以通过“打包”修改的方式保证规则设置的衔接性、一致性。借助“打包”修改的方式,立法机关可

[1] 笔者对绿色债券交易与发行涉及部门法的立法路径思考,参考了环境法侵权规范体系建构的具体研究成果。与环境法侵权规范体系的结构相似,绿色债券运行中也涉及不同领域部门法的协调与互动,为充分发挥制度设计的应有功能,笔者在制度建构部分亦对经济法和环境法领域的交叉和互动做了必要论述。参见吕忠梅、窦海阳:《以“生态恢复论”重构环境侵权救济体系》,载《中国社会科学》2020 年第 2 期。

以在共同立法目的的指引下将数个法律文本整合到一个法律案中进行小幅度调整，[1]这样的操作契合有限理性的假设，在付出较小立法成本的同时可以保证后续修法的系统性和整体性。因此，基于推动绿色金融发展的立法目的，绿色债券运行涉及的大量法律法规修订也可以采用这种法律修订模式，并以整合碎片相关制度规范、增强制度实效为目标，分主次、分步骤启动《环境保护法》《证券法》《预算法》等相关法律法规的系统性修订。其二，在确有必要的情况下推动专门行政立法，开展"绿色金融条例"和"绿色债券管理办法"的制定工作。Feiock 教授所建立的制度性集体行动（Institutinal Collective Action，ICA）理论框架的基本要点表明，交易成本、公共物品和制度变迁等核心概念及据此建立的分析框架对政府及有关机构作为核心主体的集体行动分析具有很强的解释力。按照 ICA 理论的理念，当公共决策涉及多地政府或者多机构时，基于共同目标、利益会出现沟通、协作和订立契约的动态过程，[2]这就是前文所谈及的制度性集体行动。在信息不对称和缺少有效协调的境况下，不同行动者追求自身利益的行为会导致集体结果的无效率。[3] 因此，为减少专门立法的制度成本，立法者需要与相关机构进行有效的协调，在建立高效协作机制的前提下，参考《深圳经济特区绿色金融条例》探索国家层面绿色金融法律制度的建立和完善。同时，在实际操作中还要重视政府主导下财政、税收、金融、宏观调控、生态环境等不同主管部门在信息共享、监管合作和事务协调等方面的部际协同。[4] 这种专门立法的制度安排与"法典法 + 单行法"的中国环境法典编撰思路具有较高的匹配度，可以在保持环境法律体系相对稳定的同时，借助单行法的调整减少法典的僵化。[5]

第二，重视地方立法和政策在宏观层面建立绿色金融制度框架。在

---

〔1〕 参见刘风景：《包裹立法的中国实践》，载《法学》2014 年第 6 期。

〔2〕 See Feiock R. , *The Institutional Collective Action Framework*, Policy Studies Journal, Vol. 41:3, p. 397 – 425(2013).

〔3〕 参见姜流、杨龙：《制度性集体行动理论研究》，载《内蒙古大学学报（哲学社会科学版）》2018 年第 4 期。

〔4〕 参见洪艳蓉：《论碳达峰碳中和背景下的绿色债券发展模式》，载《法律科学（西北政法大学学报）》2022 年第 2 期。

〔5〕 参见史玉成主编：《环境法法典编纂中的关系与结构》，法律出版社 2021 年版，第 183 页。

地方绿色债券立法中应当尊重地方立法的现实需要，主要采用三种形式开展地方绿色债券运行促进立法：其一，开展各地绿色金融条例的制定活动。例如，试点地区可以将《上海市浦东新区绿色金融发展若干规定》《深圳经济特区绿色金融条例》《湖州市绿色金融促进条例》作为样本，结合本地绿色金融实践情况对包括绿色债券在内的绿色金融制度进行整体性规定，为绿色金融发展提供宏观制度支持。其二，从绿色债券需要解决的实际问题出发有针对性地制定政府规章、规范性文件等，出台专门的实施细则对信息共享、财政贴息、债券担保等内容进行规定，以期与地方性法规共同构成绿色金融制度体系，共同推动绿色债券贴息、担保等工作的法治化，[1]发挥软法规范在绿色债券运行中的指引作用。其三，在各地环境保护条例修订过程中对绿色金融发展作出明确规定。一般而言，激励绿色债券发展的制度规范都属于绿色金融规则的组成部分，因此，在法律规范进行修订时期可以对相关内容一并作出规定。从内容上来看，激励制度的主要内容应当包括一般性激励规范和授权性制度规范两个部分，以便在发挥宣誓、倡导功能的同时协调好法律与政策之间的复杂关系，为政策制定提供地方性法规依据。

## 第二节　实施：绿色债券一般规则的法律适用

债券运行过程需要私法制度和公法制度的沟通协调，所以在此过程中会存在大量法律法规、部门规章和自律规则等制度安排。因此，笔者从债券运行的全流程出发，对绿色债券涉及的发行人、投资者、承销商和监管者等相关主体的具体行为和涉及的法律问题进行简要分析。需要说明的是，按照制度变迁中路径依赖的相关理念，短时间内对我国分割的债券市场进行统一建设仍颇有难度，因此，在承认前述第四章现有规则安排合理性的前提下，笔者认为绿色债券在一般规则适用中与其他债券并无明显差异，因此，为从发行、承销和登记结算等全流程对绿色债券运行进行理解，本部分将对其中较为重要的数项制度进行进一步讨论。

---

[1] 参见郭建伟：《区域绿色金融创新——以新疆为例》，载《中国金融》2016 年第 16 期。

## 一、绿色债券发行制度

由于不同类型绿色债券的发行人、发行市场存在的差异，在具体制度运行中的发行模式、所需适用的法律制度等也存在较大不同，因此，为了更加清晰地把握绿色债券的发展脉络，需要具体到不同品种绿色债券的运行实践中进行讨论。以绿色公司债券为例，随着《证券法》的修订，公司债券注册发行制度改革的已经开始逐步开展，因此，发行公司债券时需要严格遵循《公司法》《证券法》《公司债券发行与交易管理办法》等有关制度的规定，以满足公司债券发行中的一般规则要求。又如，政策性银行在我国境内发行的绿色金融债券会因为发行市场的不同而存在差异性，比如，19 国开 G1 绿色金融债券采用了多市场发行的方式，其中 30 亿元的招标额度将依据《全国银行间债券市场柜台业务管理办法》的具体要求，通过商业银行柜台向个人、企业、金融机构不同投资者进行分销。由此可见，绿色债券在发行方面适用的规则本质上应当从属于所属的绿色债券市场，而从绿色债券“市场性”定位出发，发行制度应当遵循不同类型债券市场的具体制度安排，发行过程只需要遵循现有制度安排即可。

企业直接融资时，企业债券、公募的公司债券、中期票据、非公开的公司债券和 PPN（定向债务融资工具）的发行难度依次递减，因此，在绿色债券发行中也需要结合具体融资需求选择合适的融资工具。也就是说，由于路径依赖的存在和不同发行人的融资需求的差异，相关发行要求宜采用相对稳定的标准，以便债券发行人知悉具体情况。为保证绿色债券法律制度的整体协调性，在企业债券、债务融资工具等发行制度调整时也可以汲取公司债券发行时制度调整的情况，整体推动债券注册发行制度的实施。例如，《国家发展改革委关于企业债券发行实施注册制有关事项的通知》就对今后企业债券发行审核的问题进行了详细规定，由此可见，在绿色债券发行时不同绿色债券在债券市场运行时都应当遵循既有规则，根据实际情况推动绿色债券注册制发行实践。

从债券发行人与债券投资人之间的法律关系观察，二者本质上形成的是债权债务关系，因此，发行人发布发债募集说明书的行为也应当属于

《民法典》所规定的要约邀请，[1]从民事活动的角度来看，该行为应当受到作为普通法的《民法典》和作为特殊法的《证券法》的规制。出于维护市场秩序的现实需要，按照有关监管要求，发债募集说明书发布时需要依法依规对主体、内容和程序进行比较详细、全面的披露，也只有按照这样的要求才能够纠正绿色债券运行中存在的信息失灵等问题。同时，笔者认为还需要从激励的有效性进行考虑，需要通过财政贴息、绿色通道等实质性激励措施降低债券发行人的融资成本，[2]以提高潜在债券发行人的兴趣；此外，绿色债券的条款设计还应当保持弹性，降低发行人的融资风险和融资成本，[3]通过系统性的制度安排增强绿色债券的吸引力。这些都是在发行前需要考虑的内容，因此，在遵循现有制度安排的基础上可以通过政策文件等软法对绿色债券发行中的特殊要求进行规定，以在保证现有市场体系稳定性的前提下凸显绿色债券发行中的特殊要求。

## 二、绿色债券承销制度

在绿色债券承销中也需要遵循现有关于债券承销的制度安排，《证券发行与承销管理办法》（2023 修订）中对承销机构的资质、权利、义务和法律责任等作出详细规定，对绿色债券承销工作的基本业务进行了规范，在实际业务开展过程中适用该办法即可。但是，鉴于债券市场分割的存在，承销不同类型绿色债券时具体制度安排也存在一些差异，因此，需要在遵守一般规则的前提下把握专门制度安排适用的边界，以便理解债券承销中具体制度适用的实然效果。例如，在绿色公司债券承销业务中，承销机构就必须遵循作为自律规则的《公司债券承销业务规则》的规定；又如，按照《企业债券管理条例》（2011 修订）的规定，发行企业债券应当由证券经营机构承销，这表明不同类型绿色债券的承销既有共性，也有个性，按照现有制度安排可以理解其运行的基本情况。由上可知，虽然不同

[1] 《民法典》第 473 条第 1 款规定："要约邀请是希望他人向自己发出要约的表示。拍卖公告、招标公告、招股说明书、债券募集办法、基金招募说明书、商业广告和宣传、寄送的价目表等为要约邀请。"

[2] 参见朱晓勤：《绿色公司债券发行人相关制度设计》，载《郑州大学学报（哲学社会科学版）》2017 年第 5 期。

[3] 参见李心琪、李日强：《绿色债券的条款设计问题探究》，载《财务与会计》2017 年第 9 期。

类型的绿色债券承销商受到不同层级、不同内容规范的制约，但是承销相关的规则目前来说是相对稳定的，在绿色债券承销业务中基本规则的适用变化不大，更多是对现有债券承销一般规则的适用。

需要强调的是，在证券承销过程中，证券经营机构作为代销商的最基本业务就是代理发售证券，显而易见，在绿色债券代销活动中，其与发行人构成民法意义上的委托代理关系。因此，正如前文所述，双方具体的权利义务关系应当按照《民法典》第一编第七章“代理”和第三编第二分编关于“委托合同”的相关规定处理。也就是说，作为委托人的证券发行商和作为受托人的证券代销商应当按照代理的基本要求进行活动，证券承销对外产生的民事法律后果应当直接由绿色债券发行人承担，但是，这并不意味着承销商在发行绿色债券过程中不用承担任何责任。为加强对此类承销活动的监管，弥补对承销商追责的制度空白，建议完善两方面的制度：一是明确债券发行人可以依据承销合同向代销商主张权利，要求其在合同约定范围内承担损失；二是在证券承销法律制度、绿色金融行政法规中对代销商的忠实勤勉义务进行细化规定，并设置相关的监管规则和行政处罚。

### 三、绿色债券登记结算制度

笔者认为绿色债券登记结算相关法律制度本质上与一般债券登记结算制度是相同的，这也是由绿色债券作为债券的本质特征所决定的。从商事交易的一般流程来看，绿色债券与普通债券的登记结算二者之间并无本质差别，但是，在不同场所交易的不同品种绿色债券的登记结算却有细节差异。例如，绿色公司债券的发行既可以采用公募的形式，也可以采用私募的形式，交易场所是上交所或者深交所，由中证登负责登记结算；而地方政府债券却可能采用招标的形式发行，交易场所除了银行间市场（包括柜台市场），还包括交易所市场，登记结算工作主要由中债登负责。由此可见，交易场所的差异会导致制度适用存在分化的趋势，中债登、上清所和中证登对不同监管机构负责监管的券种进行负有登记结算的义务，具体来说，中债登负责国债、地方债券、企业债券等财政部、发改委和央行监管的券种；中证登负责证监会监管的公司债券、ABS；而上清所负责中国银行间交易商协会监管的中期票据、短期融资券和 ABN，三者的软法规范共同推动着债券登记结算业务的开展。由此可见,登记结算法律问题主要可以通过解释论的视角予以解决,只是在适用法律制度的范围上更为宽泛,包括法律、法规、部门规章和软法。

从现行实践来看,我国绿色债券登记结算中主要应当关注如下问题:一是一般债券登记结算的制度样态和法律构造。随着银行间债券市场和交易所债券市场互联互通机制的进一步完善,分割状态下的债券登记结算机构上清所、中债登、中证登等相关金融基础设施将需要进一步整合,以提高债券登记结算的效率,而从法律适用角度来看,作为证监会部门规章的《证券登记结算管理办法》(2022 修订)适用于交易所市场债券,而作为中国人民银行部门规章的《银行间债券市场债券登记托管结算管理办法》(2009)适用于银行间债券市场。后者自制定之后已经长期未进行修改和完善,有必要研究其修改完善的必要性。二是区域股权交易市场的可转换公司债券登记结算的制度安排。鉴于区域股权交易中心开展可转换公司债券发行的可行性,此类债券将可以作为区域绿色债券发展的突破点。因此,有必要对相关制度进行系统性梳理和完善,《证券登记结算管理办法》(2022 修订)作为该领域的基础制度安排,其第 2 条明确规定其他非上市证券的登记结算业务可以参考其规定,因此,区域股权登记结算时可以参考适用该办法,同时,可以借鉴已经废止的《中小企业私募债券试点登记结算业务实施细则》中的相关规定,结合具体业务进行落实。三是需要关注金融科技(FinTech)对登记托管结算机构带来的颠覆性创新。在登记计算业务开展中需要冷静思考法律价值的衡平和市场制度选择的契合,[1]并关注区块链技术的实践中综合运用。立法需要回应技术语境下互联互通机制的实施与开展,在我国绿色债券登记、托管和结算一体化的前提下重视相关制度性功能的发挥,以保证技术创新对绿色债券登记结算工作的保障。

## 四、绿色债券违约处置制度

债券发行人无法按时、足额筹集资金以偿付债券的应付利息和本息

[1] 参见张阳、阎维博:《债券市场登记托管结算机构的联通与统合》,载《证券法律评论》2018 年第 0 期。

就是债券违约,其不但对债券持有人的合法权益造成了不利影响,还在一定程度上扰乱了绿色债券市场的秩序,因此需要建立完善债券违约处置制度。从债券违约的一般情况来看,在2014年之前,我国一直存在债券"刚性兑付"的情况,但自"11超日债"违约事件发生后,我国债券违约事件就日渐增多,这表明债券的信用风险日益受到关注。虽然目前我国绿色金融资产质量整体良好,绿色债券尚无违约案例,但是从金融风险防控的现实需要出发,绿色债券运行过程中也必须关注并需要落实好现有债券违约处置的相关制度安排。总体来说,债券违约处置的有关制度目前已经初步建立,市场、监管和司法都高度重视债券违约处置工作的开展,[1]其中主要有三个方面的实践安排:一是银行间市场交易商协会、上清所和北京金融资产交易所等机构制定了《公司债券受托管理人处置公司债券违约风险指引》(2023)、《银行间市场清算所股份有限公司债券违约及风险处置操作指引(2022年修订版)》等软法规范;二是中国人民银行、国家发改委、证监会等三部门共同制定了《关于公司信用类债券违约处置有关事宜的通知》,对公司债券违约处置进行了必要的规定;三是最高人民法院也专门制定了《全国法院审理债券纠纷案件座谈会纪要》,为债券纠纷审判工作提供指导。在绿色债券违约处置过程中,需要落实上述制度,充分发挥制度在规范绿色债券运行中的应有作用。

如果仔细分析债券违约发生的具体逻辑,可以发现债券违约情况的发生主要由内部和外部两个方面共同导致,内部因素常常是债券违约发生的主因;而外部因素是企业债券违约的诱因。[2]因此,健全、完善我国的债券违约处理机制需要从内外因素两个方面对相关风险予以系统考虑,即需要注重公私法在债券违约处置领域的融合,以金融私法为核心和基础逻辑对债券违约处置进行回应,同时,完善先行赔付制度,加强债券受托管理人职责,并建立债券市场信息处理机制、行政指导机制等公法手段,以期强化金融公法的指导作用,[3]防止债券发行人的监管套利和多头融资。具体制度安排应当从债券市场的需求出发进行制度优化,以公

[1] 参见冯果、张阳:《债券违约处置的法治逻辑》,载《中国金融》2020年第23期。
[2] 参见张强、隋学深:《债券市场违约风险分析及应对策略》,载《西南金融》2019年第11期。
[3] 参见冯果、段丙华:《债券违约处置的法治逻辑》,载《法律适用》2017年第7期。

司债为例,在债券发行时需要制定针对特定公司债券的持有人会议规则,并按照规定在特定系统上进行信息披露[1]以优化债券市场信息处理机制,从源头上减少违约事件的发生。同时,由于从经济学原理来看,罚金比徒刑更应该被适用,[2]因此,对绿色债券违约责任的确定是非常重要的,需要在充分考虑追责的现实可能性,特别是在主体负担能力、违法行为发现概率[3]的基础上对相应公法和私法责任予以系统考虑,并从现有实践中寻求经验。

### 五、绿色债券持有人保护制度

债券持有人的保护是绿色债券法律制度重要的组成部分,绿色债券持有人在债券市场信息不充分的情况下需要面对较大的市场风险,因此,有必要结合绿色债券市场发展的特殊需要对债券持有人进行倾斜性保护。2019 年《证券法》修订后,对绿色债券投资者合法权益的保护还需要持续性关注,特别是需要注重《消费者权益保护法》与《证券法》的有效衔接,关注相关制度安排的系统性,以保证债券持有人的合法权益,有效提升潜在投资者获取投资信息的可能性。倾斜性保护制度的建立力图改善绿色债券市场信息的不充分,保证绿色债券投资规模持续、稳定地提升。该制度的完善需要从如下方面入手。

第一,完善债券持有人准入制度,推动绿色债券投资者多元化。相较于股票市场而言,债券市场特别是银行间债券市场客观上存在流动性不足的问题,这会阻碍绿色债券市场的发展和完善。目前,我国债券市场主要以银行、基金和保险公司等机构投资者为主,而债券投资人的多元化可

---

[1] 参见南昌市政公用投资控股有限责任公司 2020 年公开发行公司债券(面向专业投资者)披露的相关信息数据资料,来源于上交所公司债券项目信息平台,访问地址为 http://bond.sse.com.cn/bridge/information/index_detail.shtml?bound_id=13952,最后访问日期:2020 年 8 月 7 日。

[2] 参见[美]理查德 · A. 波斯纳:《法律的经济分析》,蒋兆康译,中国大百科全书出版社 1997 年版,第 297 页。

[3] 笔者认为合理的法律责任制度体系需要考虑责任追究控制效果以及相应的经济效益,通过高额的违约金、罚款就可以达到预定法律效果的想法是存在问题的。实际的制度设计必须要考虑责任的绩效标准,才能形成结构合理、功能协调的法律责任体系,推动法律制度体系的优化。参见李志刚:《调制受体法律责任体系的重构》,载《法学》2007 年第 6 期。

以拓宽融资渠道，提升我国债券市场的流动性，因此，允许期货公司、资产管理产品、私募投资基金甚至个人投资者等进入绿色债券市场可以有效改善投资人的构成，推动包括绿色债券在内的债券市场投资侧的优化。

为保证该目标实现，笔者认为需要关注两个方面：其一，需要适度降低国内绿色债券投资者准入门槛。按照交易市场的不同，需要对分散的制度规范进行对应性的调整：一方面，针对交易所市场，适时调整《证券期货投资者适当性管理办法》(2022 修正)第 8 条、《上海证券交易所债券市场投资者适当性管理办法》(2023 修订)第 6 条等规定，通过增加但书的方式适当降低参与绿色债券等特殊品种债券交易的投资者准入门槛，以便更好地发挥债券市场的融资功能。另一方面，针对银行间市场，短期内建议落实《关于做好地方政府专项债券发行及项目配套融资工作的通知》的要求，逐步扩大地方政府债券投资群体；长期来看，还需要探索具体的专项债立法，推动专项债法治化、规范化管理。

笔者认为，降低国内绿色债券投资者准入门槛可以有效募集资金，推动绿色债券市场的发展，而英国绿色主权债券发行的经验表明政府债券可以吸收更多的散户投资者，这种储蓄债券将为可再生能源和清洁运输等领域的项目提供资金，因此，我国在制度实践中也尤其需要注重地方政府债券的发行。

其二，需要完善国外投资者准入制度的具体规范。随着我国债券市场的发展，目前国外投资者投资我国债券市场的便捷性正在逐步提高，2022 年 11 月 10 日，中国人民银行、国家外汇管理局发布了《境外机构投资者投资中国债券市场资金管理规定》。随着该规定的实施，境外机构投资者投资我国债券市场的资金账户、资金收付和汇兑、统计监测等管理规则等规则得以统一，特别是即期结售汇规定的实施将有力增强我国债券市场的吸引力，这对绿色债券的发展而言也是难得的契机。此外，借助债券通等制度安排也可以拓展域外投资人参与内地市场交易的途径，有利于增强绿色债券市场的流动性，因此，实践中需要落实《内地与香港债券市场互联互通合作管理暂行办法》的要求，借助债券市场的互联互通保证全球范围内适格投资者都有机会参与我国绿色债券投资活动。

第二，探索绿色债券多市场发行制度，拓宽绿色债券投资者的范围。多市场增发可以摊薄认证评估等绿色债券发行过程中的必要成本，并扩大绿色债券的潜在投资者的范围，这客观上可以有效提升发行人对绿色债券的兴趣，因此，具体制度适用也需要加强对此类制度的关注。例如，19 国开 G1 等绿色债券就采用了该方法发行，其充分运用银行间市场和交易所市场协同发挥作用以拓宽绿色债券的融资范围。但是，由于制度规范的限制，在实践中多市场同时上市的绿色债券并不多见，数据显示，2019 年我国境外发行的 24 只绿色债券中只有 3 只债券选择在多家交易所同时上市。[1]为推动绿色债券市场的繁荣发展，需要系统性修改或者制定相关法律、法规和政策，为绿色债券多市场增发提供制度保障。例如，可以在新制定生态环境政策、通过绿色金融专门立法时，明确出台鼓励绿色债券在多个市场同时发行的规定，同时，借助自律准则等软法规范引导发行人开展绿色债券多市场发行的尝试。

第三，优化债券投资者保护制度，保障绿色债券投资者的利益。对投资人的倾斜性保护需要依赖具体制度的统一规范和完善，也需要统一当前分散于多部法律法规中的债券投资者保护具体规范。具体而言，需要从下述五个方面对现有制度进行调整：其一，加强金融消费者保护制度的实施力度。其二，健全统一的金融消费者保护制度的框架体系。其三，强化投资者保护基础设施的建设。通过投服中心、“12386”中国证监会服务热线等多种形式，进一步丰富完善投资者保护的具体渠道。其四，积极开展债券示范性诉讼。实践中需要落实《证券法》关于证券示范性诉讼的具体规定，加强此类诉讼的开展，并将相关费用支出等纳入投资者保护专项补偿基金中进行保障。其五，健全债券持有人会议。作为用债存续期议事决策机制的核心，我国现有债券持有人会议监管规则仍待进一步完善。“13 海航债”到期前债权人持有会议操作不规范的问题表明，我国现行债券持有人会议的具体规则存在被虚置的风险，这客观上挫伤了各方主体投资债券的积极性。从债券发行市场进行观察可以发现，债券持有人会议相关制度安排仍然存在形式分散、规则差异和制度空白等三大问题。例如，银行间交易商协会曾于 2010 年以自律规则的形式发布了《银行间债券市场非金融企业债务融资工具持有人会议规程》，该规程对

---

〔1〕 参见史英哲、云祉婷：《中国绿色债券市场发展报告（2020）》，中国金融出版社 2020 年版，第 158 页。

会议召开情形、召集与决策程序、决议生效条件、效力范围等事项作出了具体规定；但是，作为证监会部门规章的《公司债券发行与交易管理办法》(2023)与《证券法》第92条第1款共同构成了持有人会议的基本制度保障，却只对召开持有人会议的具体情形进行了要求，而对会议召集、通知、决策机制等会议规则并未进行统一要求，这属于债券发行人自行在债券募集说明书约定的内容。相较而言，国家发改委关于债券持有人会议的规定则效力更低，而且分散在《国家发展改革委办公厅关于进一步加强企业债券存续期监管工作有关问题的通知》和《关于全面加强企业债券风险防范的若干意见》等政策文件中，程序性规范也并不明确，这不利于保障绿色债券持有人的合法权益。

## 第三节　整合：绿色债券特殊规则的法律完善

基于绿色债券的特殊性，债券运行中一般规则的适用需要结合绿色债券实践的具体需求，同时还需要发掘具有特色的规定以克服散点状分散分布的相关规范内容导致的规制乏力的问题。为降低绿色债券实施的制度成本，有必要克服当前我国绿色债券法律制度建设中客观存在的规则分立情形。从短期来讲，需要考虑制度惯性的客观存在，统一不同债券市场绿色债券运行的部分规则，以建构富有逻辑性、体系性和稳定性特质的绿色债券法律制度，因此，本部分关注的是绿色债券法律制度中已有的一些安排，并按照制度整合的急迫性进行分别讨论。

### 一、绿色债券评估认证制度

绿色债券的核心功能在于为绿色项目提供一种可行的融资渠道，因此，与一般债券不同，生态环境目标的实现也是投资者所关注重点，但是由于受技术、信息和专业能力等因素制约，[1]在不借助专业信息支持的情况下，投资者很难对绿色债券的生态属性进行认定，由此可知，绿色债

〔1〕参见曹媛媛、刘松涛、刘煜砷：《中国绿色债券评估认证制度》，载《中国金融》2017年第14期。

券评估认证制度的重要性是不言而喻的。为了推动该制度的实施,首先必须拥有一个统一、标准的绿色债券认定标准。当前,国际上主流的绿色债券标准主要有两个,一个是由国际资本市场协会与数百家金融机构共同制定的GBP;另一个是气候债券倡议组织开发的CBS。[1] 相较而言,国内的绿色债券认定标准在已经趋于统一。此前,国家发改委发布的《绿色产业指导目录(2019年版)》及其解释说明与中国金融学会绿色金融专业委员会编制的《绿色债券支持项目目录(2015年版)》在对绿色债券适用范围的解释上具有一定区别,这在客观上阻滞了绿色债券功能的发挥。[2] 由此可见,建立绿色债券社会评估机制[3]是绿色债券法律制度建设的重点,而借助统一的绿色债券标准可以为绿色债券生态效益、社会效益的实现提供基础。因此,中国人民银行、国家发改委、证监会联合发布的《绿色债券支持项目目录(2021年版)》[4]有利于降低绿色债券的交易成本,优化监管机构对绿色债券市场的有效管理。

绿色债券在发展过程中面临诸多挑战,其中,标准制定碎片化等问题对绿色金融发展已经构成了较大的限制,是实践过程中亟须解决的问题。[5]鉴于绿色债券的有效实施需要依赖标准发挥其支撑作用,《绿色债券支持项目目录(2021年版)》的出台标志着我国关于绿色债券支持项目的范围限定已经趋于统一,这有助于我国形成统一的绿色债券标准,为后续修订绿色债券管理办法、建构激励机制和出台配套措施奠定基础,最终

---

[1] 参见《绿色债券信用评级探究》,载中国金融信息网,http://greenfinance.xinhua08.com/a/20160719/1650628.shtml。

[2] 参见《我国绿色债券发展现状与风险关注点分析》,载和讯网债券频道网,https://bond.hexun.com/2019-06-03/197425466.html。

[3] 参见樊明太:《建立绿色金融评估机制》,载《中国金融》2016年第24期。

[4] 相较于2015年版本的旧目录,《绿色债券支持项目目录(2021年版)》不再将煤炭等化石能源清洁利用项目纳入绿色债券的支持范围,这是因为煤炭等化石能源的使用在本质上仍属于高碳排放项目,国际主流绿色债券标准均未将其纳入支持范围。因此,我国不再将其纳入支持范围可以使我国绿色债券标准更加严格,并与国际主流标准保持一致。

[5] 参见曾庆睿:《构建统一的中国绿色金融标准体系》,载《中国财经报》2020年7月30日,第2版。

有力促进我国绿色债券市场健康发展。[1] 从项目支持范围来看,我国绿色债券认定的标准在部分领域上与国际通行标准存在差异,但是,全球范围内标准和规范的统一化是一种趋势。从实践来看,在国际资本市场协会(ICMA)的GBP的影响下,欧盟正在积极制定《绿色债券标准》(EUGBS),而印度、日本和东盟的成员国都在积极开展合作,以保证相关绿色债券指导标准的相容性,[2] 因此,我国需要在《绿色债券支持项目目录(2021年版)》修订时加强与国际通行标准的比较,强化与其他国家、地区的合作。绿色金融环境效益的概念、评估意义和一个可供绿色金融主体参考采用的量化框架[3] 是绿色债券特殊规则构建非常重要的组成部分,也是目录制定时必须考虑的前置工作,而这恰恰是传统债券信用评级无法提供的制度安排,因此需要特殊规则的供给以满足绿色债券发展的现实需要。

为解决我国评估认证报告内容和形式方面不统一的问题,可以通过指引、指南等软法工具进行统一规定。具体方案是由中国人民银行、国家发改委、证监会共同组织修订《绿色债券评估认证行为指引(暂行)》,参考相关经验并结合我国绿色债券认证的具体实践,在修订后的指引中对评估报告的具体内容进行详细规定。通过研究可以发现,域外绿色债券认证报告的内容主要是基于GBP或者CBS两项国际通行标准对债券发行人和项目进行要求,而认证报告主要包括三个方面的内容:一是在项目投向方面,要求披露资金投向的领域具体为清洁能源、建筑能效、废弃物处理、污水处理、气候变化等领域中的一类或者几类,同时,还需要披露在细分领域中资金配置的实际情况、所占比例等具体信息;二是在项目评估和筛选方面,在明确该项目所属细分领域后还需要根据各细分领域的具体评价标准评估量化该分类的绿色指标(包括环境附加值等),然后将不

[1] 参见《人民银行有关部门负责人就〈绿色债券支持项目目录(2021年版)〉有关问题答记者问》,载中国人民银行官网2021年4月21日,http://www.pbc.gov.cn/goutongjiaoliu/113456/113469/4236398/index.html。

[2] 参见陈婷、周艾琳:《国际绿色债券新标准出炉,中国绿债"国际达标率"待提高》,载第1财经网2019年12月13日,https://www.yicai.com/news/100435545.html。

[3] 参见袁祥飞:《绿色金融环境效益评估研究:一个可参考的量化框架》,载《武汉金融》2018年第5期。

同领域所有的绿色指标进行加权汇总,以整体判断该项目的环境附加值和绿色可持续性;三是在认证结论方面,第三方机构需要制作保证报告得出最终的认证结论,或者提交审查报告阐述债券发行人和项目的具体情况及其是否满足发行绿色债券的标准。[1]

## 二、绿色债券档案管理制度

绿色债券融资业务档案的管理是对业务开展情况进行量化统计和整体分析的基础,其对后续绿色金融投融资活动的开展具有一定参考价值,借助档案数据的梳理可以为绿色金融法律制度的完善提供实践支撑。随着大数据、云计算等数字技术的快速发展,借助数字技术强化档案管理水平为产业绿色转型、绿色债券的发展繁荣提供支持的呼声日益高涨。因此,监管部门、金融机构和债券发行人等应当在落实《档案法》《商业银行法》《证券法》《保险法》《金融企业业务档案管理规定》的有关规定的基础上,结合具体工作实践要求强化相关配套制度的建设和完善,特别是需要对绿色金融债券等运行中电子档案管理中具体制度适用予以明确的规定;[2]同时,还需要鼓励债券发行人建立、完善债券融资业务档案管理工作制度,为绿色债券持续性的信息披露和后期监管核查提供信息支撑。

证券业务档案的保存可以为后续绿色债券市场发展、制度研究和政策制定等提供坚实的基础,因此从软法层面出发,绿色债券业务的开展还需要依据《证券业务档案管理规范》(DA/T 79—2019)的有关规定,强化大数据、人工智能、区块链等新技术的利用,以提升债券发行、交易等业务中档案管理工作的水平,增强档案储存、管理和发掘的具体效能。鉴于通过贴息、担保方式等激励机制促进绿色债券市场发展的尝试较为多见,且此类债券在信息披露等方面往往相较一般债券发行过程中有较多特殊要求,因此,在规范制定中需要对此类档案的管理提出特殊的规范要求以强化制度监管,回应绿色债券发展的特殊性需求,为后续绿色债券市场的发

---

[1] 参见霍志辉、聂玉玲、王云鹤:《建立健全绿色债券第三方认证或评估机构》,载《中国银行业》2017年第1期。

[2] 参见蔡盈芳:《规范金融企业业务档案管理——〈金融企业业务档案管理规定〉解读》,载《中国档案》2015年第8期。

展完善提供制度支持。

## 三、绿色债券监管制度

一般而言,金融监管活动主要包括系统性监管、审慎性监管、商业行为监管三种形式,而审慎监管通常又被视为金融监管的重点领域。由于绿色债券对生态效益的关注是其实施中的重点,这使其在资金用途、具体行为等方面的监管要求具有一定的特殊性。因此,为保证商业行为监管目标的实现,推动绿色债券法律制度的运行效率,在绿色债券监管中需要生态环境部门、自然资源部门、财政部门等部门的积极参与,以防止因"漂绿"行为而可能出现的制度异化。由此可见,绿色债券监管也需要秉持金融安全和普惠金融的二元价值追求,加强我国绿色债券监管的专业性,以保障绿色债券领域金融科技和金融产品的创新性可持续发展。[1] "金融监管手段是以法律为基础的间接手段。"[2] 作为与规制极为类似的概念,监管制度的建构需理解规制主体、规制对象、规制手段和规制依据[3]等四项必备的核心要素,借此对绿色债券监管的具体制度安排进行综合考虑。

第一,从监管规则具体内容来看,绿色债券运行监管中需要重视如下三个方面的内容:其一,对绿色债券募集资金用途的监管。在指定的报纸、网站等媒介上披露绿色债券募集资金的用途是金融监管规则中最基本的要求,也是在金融监管法治建构中严守信义义务的重要表现。[4] 例如,为破除绿色债券市场分割造成的问题,绿色企业债券也需要对绿色专项信息进行定期或者不定期的披露,这要求其借鉴现有公司债券法律制度的安排,并与之形成有机互动。其二,对补贴资金的监管。为克服金融机构、债券发行人等相关主体逐利行为可能造成的不良影响,需要加强对

---

〔1〕 参见杨彦龙:《国际金融监管改革的方向和路径——基于国外文献梳理的思考》,载《西部论坛》2018 年第 2 期。

〔2〕 参见王元龙:《中国金融安全论》,知识产权出版社 2019 年版,第 359 页。

〔3〕 参见张宝:《规制内涵变迁与现代环境法的演进》,载《中国人口·资源与环境》2020 年第 12 期。

〔4〕 参见许凌艳:《金融监管法制比较研究:全球金融法制变革与中国的选择》,法律出版社 2016 年版,第 176－178 页。

补贴资金的监管以填补金融监管工作中存在的缺失，而监管内容包括对补贴资金标准、运用途径、使用效果等多个方面的监管，这是保障财政补贴法治化的客观要求。其三，完善对具体金融产品创新的监管。目前，中国人民银行、证监会、国家发改委、银行间市场交易商协会等机构都出台了针对绿色金融债券、公司债券、企业债券、债务融资工具的具体监管规定，这些规定促进了贴标绿债的发展。为保证不同品种绿色债券法律制度安排的整体性，建议财政部制定我国境内发行绿色国债、绿色地方政府债券的专门指引，统一不同类型绿色债券关于适用标准、信息披露和评估认证要求，积极推动贴标绿债的发行。例如，按照《绿色债券支持项目目录（2020 年版）》的规定，绿色债券分类标准已经统一，因此，绿色国债、绿色地方政府债券也应当参照该目录执行。

第二，从监管机制和手段来看，绿色债券运行监管中需要重视如下几个方面的内容：其一，重视自律机制在绿色金融监管中的重要作用。按照监管互动理论的相关要求，监管者综合运用合规为本的方式开展协作监管通常是最为有效的。因此，绿色债券监管需要同时引入劝说激励和自愿合规等相关制度安排，[1]以保障监管的有效性。从域外经验来看，政府型监管与自律型监管的融合趋势日渐明显，[2]因此，将自律机制纳入监管法治体系之中是颇为必要的。同时，在绿色债券发行与流通等环节中，除金融同业自律机制外，还需要重视环境保护企业协会、第三方机构等不同主体的实质性参与。其二，强化对要素的监管。正如克里斯·斯金纳所言："当转向基于要素的金融，我们也会创造一个基于要素的监管体制。"[3]金融市场整体的数字化浪潮必然会影响绿色债券监管活动的实施，鉴于此，绿色债券运行过程中的规则设计就既需要关注数字要素的监管，还需要从生态环境治理的现实需求出发，努力寻求经济利益与生态利益的有效衡平。其三，建立健全监管协调机制。在对绿色金融的具体

---

[1] 参见[荷]乔安妮·凯勒曼等编著：《21 世纪金融监管》，张晓朴译，中信出版集团 2016 年版，第 87 页。

[2] 参见周代数、张立超：《金融监管的国际比较研究：模式、趋势与启示》，载《海南金融》2019 年第 4 期。

[3] 参见[英]克里斯·斯金纳：《金融科技时代的来临》，杨巍、张之材、黄亚丽译，中信出版集团股份有限公司 2016 年版，第 138 页。

监管中要充分发挥监管合力，弥补法律不完备可能造成的制度障碍。为保证监管效果的实现，实践中建立完善包括国家发改委、中国人民银行、证监会等主管部门为主的协同监管体制，[1]同时，还需要发挥证券交易所、证券协会等机构、生态环境主管部门等在自律监管、协同监管中的作用。具体而言，可以采取如下措施：一方面，由各主管部门、自律组织、有关部门共同参与建立协调议事机构，重视绿色环保相关领域专家、组织的参与；另一方面，在保证监管部门协调一致的基础上，共同制定凸显绿色债券市场"生态性"的监管准则和措施。[2] 除上述监管领域实践的深化之外，随着大数据、云计算和区块链技术的发展，人工智能在金融领域的运用也日趋深入，绿色债券运行也必然会受到其影响，目前，金融监管的模式、理念正在进一步变迁、发展和优化，而绿色债券监管活动也迫切需要新型数字技术的支持，这是社会与技术结构性耦合的特殊需要决定的，因为社会中诸多领域都依赖于技术功能的发挥。[3] 因此，在国家立法、地方立法和自律规则制定过程中需要加强数字技术运用规则的建设，重视发挥不同监管主体的实际作用，以不断强化评估认证标准建设、[4]信用评价开展和激励政策法治化等方面的程序和实体规则设计。

## 四、绿色债券评级制度

债券评级制度是债券运行中的一项重要制度安排，是为债券投资人提供信息披露的重要途径，其对债券投资人的实际决策具有重大影响，因此，其在绿色债券法律制度中的作用是不容忽视的。与其他债券一样，在绿色债券运行中也需要强化对信用评级机构等中介服务机构的监管，以保证相关评级信息的真实性。在绿色债券运行中，信用评级机构发挥着"准监管者"的作用，其对债券发行人所进行的主体和债项信用评级都是债券投资者判断债券信用风险进而作出投资决策的基础。由此可见，其影响着债券投资者的投资决策，对债券市场的发展具有重要意义。因此，

---

[1] 参见赵晓英：《绿色债券发展制度框架》，载《中国金融》2016 年第 16 期。

[2] 参见万志宏、曾刚：《国际绿色债券市场：现状、经验与启示》，载《金融论坛》2016 年第 2 期。

[3] 参见[德]尼克拉斯·卢曼：《风险社会学》，孙一洲译，广西人民出版社 2020 年版，第 150 页。

[4] 参见王遥、曹畅：《中国绿色债券第三方认证的现状与前景》，载《环境保护》2016 年第19 期。

笔者认为有必要从信息披露的主要内容、时间和格式、保障制度等方面出发,[1]参考美国在信用评级信息披露中的重要经验,强化我国信息披露报告的实际效果。鉴于现行债券制度是基于债券一般性要求进行的,因此,其存在难以为绿色债券生态效益披露提供支撑的问题,这也是绿色债券信用评级工作亟待解决的难题。

绿色债券信用评级制度需要在遵循债券信用评级一般要求的基础上,增加如下特殊性规定:一是从披露内容来看,应当要求在主体评级及债项评级中对发行绿色债券产生的生态效益进行统一、强制的披露。鉴于绿色债券功能的特殊性,其在内容上也与一般债券存在差异,故环境效益量化披露应当是其披露的核心内容之一。[2] 因为从法律责任承担的角度看,对生态效益特定目标的追求是绿色债券的最主要特性,因此,证券评级机构应当承担起额外的社会责任,在主体评级和债项评级活动中采用统一、标准的规则对生态效益信息进行披露,未能履行相应职责的评级机构应当承担具体的法律责任,以有效缓解绿色债券市场存在的市场信息不对称的问题。[3] 二是加强对评级机构的监管。在后续立法活动中需要明确规定当披露不明确或者失实时,评级机构应当承担的法律责任,以保证披露信息的真实性和有效性。鉴于目前信用评级工作开展、评级报告出具都是采用发行人付费模式,客观上容易出现利益冲突,致使评级机构出具的评级报告易受质疑,因此,还需要优化利益冲突相关规则,强化评级机构的责任。

## 五、绿色债券指数制度

绿色债券指数制度的建立对优化绿色债券定价、保障绿色债券发行而言具有非常重要的作用,而绿色债券指数编制工作的开展又需要依赖金融软法功能的发挥。因此,本部分将从整体性制度安排出发,对绿色债券指数编制的具体要求和实际运用进行论述。从当前实践来看,我国于2016 年发布了第一批绿色系列债券指数包括中债—中国绿色债券指数、

---

[1] 参见周俊杰:《信用评级机构监管法律问题研究》,武汉大学出版社 2018 年版,第 155 – 157 页。
[2] 参见陈志峰:《我国绿色债券环境信息披露的完善路径分析》,载《环境保护》2019 年第1 期。
[3] 参见黄雅芳:《论绿色金融市场中介机构法律责任特殊性》,载《特区经济》2020 年第 4 期。

中债—中国绿色债券指数精选指数等两个指数。此后,中财—国证高等级绿色债券、中债—中国绿色债券指数财富(总值)指数等也陆续编制完成。上述指数产品的编制在绿色债券运行过程中发挥了相应作用,因为绿色债券指数的发布可以为绿色债券定价提供工具支持,[1]同时,还可以为公募基金参与绿色债券融资奠定基础。因此,后续工作中更应该强化绿色债券发行的日常工作安排,例如,中债金融估值中心有限公司就建立了常态化的制度以支持中债—中国绿色债券指数成分信息按月定期发布。

由此可见,金融软法需要对指数编制的程序、时间、技术规范等作出细致要求,这将成为我国绿色债券法律制度体系的重要组成部分,对后续绿色债券市场的发展意义重大。具体来说,中债金融估值中心有限公司应当规范其指数编制的一般要求和规范,优化《中债—中国绿色债券指数编制说明》等相关软法规范,定期关注目标债券和指数的动态变化。总体来说,该编制主要有三项作用:一是现有指数的使用有助于从宏观把握我国绿色债券的发展规律,发挥价值发现的功能,这有利于后续相关金融产品的开发;二是可以为被动指数型绿色债券指数基金提供可跟踪的投资标的,也就是说,绿色债券指数的发布是被动指数型基金开发的基础性工作,通过此类产品的开发可以扩大绿色债券的融资规模,更好发挥绿色债券在募集可持续性融资方面的功能;三是拓展个人投资者的投资渠道,有效增加公众参与社会责任投资渠道。个人投资者可以通过投资场外或者场内指数基金的方式获得更多投资绿色产业和项目的机会。

## 第四节　探索:绿色债券专门规则的制度创新

按照制度演化理论的观点,制度环境是由诸多复杂变量共同构成的,这意味着既定制度系统环境中的某些因素积累变化到一定临界点时,制度主体的制度需求也会因此而发生改变,进而引发新的制度博弈行为,直

[1] 参见龚玉霞、滕秀仪等:《绿色债券发展及其定价研究——基于二叉树模型分析》,载《价格理论与实践》2018年第7期。

到不同主体之间形成新的博弈均衡,从而进入相对稳定的阶段。[1] 因此,基于绿色债券的特殊性,笔者认为有必要在遵循债券运行基本规则的基础上,寻求规则建构上的突破口,以支持绿色债券的良性发展。

## 一、绿色债券产品制度

从我国绿色债券运行的实际情况不难看出,虽然目前我国绿色债券产品越来越多样化,但是,其与绿色产业和绿色项目融资中的多元化需要仍有一定差距,因此,我国绿色债券产品仍然存在较大的创新空间。为推动绿色债券产品的创新活动,具体建议如下。

第一,尝试开展发行绿色主权债券。前述域外经验表明在绿色债券融资活动中,政府通过主权债券的方式开展融资一直都是多方关注的一种形式,例如,绿色主权债券互换以减免发展中国家债务[2]的创新做法就在气候融资探索实践中颇受青睐。但是,截至 2024 年我国仍未在国际市场发行绿色主权债券,而主要采取通过政策性银行等公共融资机构发行准主权债券的方式在国际市场上为国家生态文明建设募集资金。例如,国家开发银行、中国农业发展银行发行的准主权绿色就受到了国际市场的高度关注,这种方式充分利用了政策性金融机构现有的产品渠道,在绿色债券运行中发挥着重要作用。但是,域外多国发行绿色主权债券的尝试也表明,我国需要从国家层面开展绿色主权债券的制度建设和发行尝试,以在国际市场上树立大国形象,拓宽公共绿色融资的渠道。我国有必要建立相关制度,加大财政部门、生态环境部门等在该领域的合作,积极制定我国绿色主权债券专门规范,扩大我国绿色项目的融资渠道,增强我国在境外绿色债券市场的融资能力。

第二,参考《地方政府土地储备专项债券管理办法(试行)》的结构和设计思路,可以尝试设计地方政府绿色专项债专门管理办法。我国应当从地方生态文明建设的实际需求出发,重视地方政府绿色专项债法律制度体系的建设和完善。国家层面首先需要注重《预算法》和绿色金融专

---

[1] 参见范如国:《制度演化及其复杂性》,科学出版社 2011 年版,第 31 页。

[2] 参见郭栋:《绿色主权债券:"碳中和"驱动的债券创新与债务治理》,载《中国货币市场》2022 年第 1 期。

门法双重规制功能的发挥，积极吸收、汲取现行专项债券发行中的制度建设经验，总结在绿色债券运行中的具体实践，有效推动我国地方政府绿色专项债制度体系的建立和完善。同时，在遵循《全国银行间债券市场柜台业务管理办法》的前提下，可以通过鼓励性政策等软法规范激励、推动绿色专项债柜台市场的发展，以增强绿色地方政府专项债券的市场流通性。

第三，探索发行绿色特别国债。我国国债具有高信用等级、高流动性和完善的期限结构等优势条件，因此，在实践中应当积极发行绿色国债，以期逐渐形成全周期绿色国债收益率曲线，在丰富我国绿色债券市场产品体系的同时，为完善绿色债券定价机制提供支持。比如，实践中可以探索发行 10 年以上，甚至 30 年的长期绿色国债，以支持国家重点绿色基础项目的建设，减少资本错配的问题。因此，为支持生态文明建设工作的开展，实现我国经济的绿色转型，我国可以将绿色国债作为一种定期发行的国债品种，同时适用常规国债同样的上市交易制度，以保证绿色国债的流动性，最终形成人民币绿色国债的全周期收益率曲线，为完善绿色债券定价机制提供数据支持。为强化绿色国债的实际功能，还需要积极推动将其纳入富时世界国债指数、彭博巴克莱全球综合指数等国际指数的相关工作，这样可以凸显我国积极参与全球治理、重视应对气候变化工作的坚定决心。[1] 现有国债法律制度已经初具框架，其也可以为绿色国债的发展提供支持。例如，依据《储蓄国债（凭证式）管理办法》（2021 年）的要求，可以针对稳健型投资者发行绿色储蓄国债（凭证式）；又如，按照《手机银行销售储蓄国债（电子式）试点办法》（2021 年）的规定，商业银行在获得试点资格的情况下可以使用电子渠道销售储蓄国债（电子式），故绿色国债的发行可以借助数字技术及手机银行。

第四，扩大区域股权交易中心等绿色可转换公司债券的发行。区域股权交易中心开展绿色可转换公司债券发行可以有效解决环保类小微企业融资难、融资贵的问题。2017 年印发的《国务院办公厅关于规范发展区域性股权市场的通知》和证监会于同年发布的《区域性股权市场监督

[1] 参见云祉婷、崔莹：《绿色债券|关于探索发行中国主权绿色债券的建议》，载中央财经大学绿色金融国际研究院网 2020 年 12 月 22 日，http://iigf.cufe.edu.cn/info/1012/3796.htm。

管理试行办法》的相关规定对区域股权交易中心开展的具体业务进行了详细规定,这些制度为绿色可转换公司债券的发行奠定了一般性规则基础,但是,对特殊规则供给仍然有所不足。因此,在遵循各地区股权交易中心私募债券业务暂行管理办法的基础上,各地区股权交易中心可以将绿色可转换公司债券的发行作为地区金融创新点的重要抓手。国家可以先通过政策性文件鼓励试点地区开展绿色可转换公司债券的发行尝试,待条件成熟后,在一般规则修订时增加激励特殊领域发行可转换公司债券的具体规则。

## 二、专项资金管理制度

按照现有监管规定,绿色债券所募集的资金必须用于绿色项目,这才可能实现推动绿色债券发展的初衷。为保证绿色债券生态效益的实现,需要规制债券发行人通过"漂绿"行为募集资金却不将募集资金依法、依规用于绿色项目的行为。但是,与国际资本市场协会(ICMA)的GBP和气候债券倡议组织(CBI)的CBS要求的所有募集资金均需要投入绿色项目不同,国内绿色债券募集资金只需按照一定比例投入绿色项目。[1]此外,从程序上来看,目前国家发改委发布的《绿色债券发行指引》、中国人民银行发布的《银行间债券市场发行绿色金融债券有关事宜的公告》、证监会发布的《中国证监会关于支持绿色债券发展的指导意见》、中国银行间市场交易商协会发布的《非金融企业绿色债务融资工具业务指引》等不同绿色债券领域的基本制度安排对募集资金的使用方式、使用比例和程序规定、募集资金限制期间的投资要求等都存在差异。[2]虽然有些差异是债券品种的特殊性和交易市场的差异性所致,但是,还有些特殊规

---

[1] 参见刘宛晨、刘文蓉、彭刚龙:《我国绿色债券规则完善与制度优化研究》,载《财经理论与实践》2022年第6期。按照现有监管要求,国家发改委、上交所和中国银行间市场交易商协会对募集资金投向绿色项目比例的要求分别为50%、70%和100%,这与国际上绿色债券的要求还有一定差异。要求所有募集资金都用于绿色项目可以有效推动我国绿色债券市场与全球绿色金融市场的衔接;同时,还可以增强绿色金融在推动生态环境治理中的具体效果,因此,后续制度优化过程中需要适时推动相关规则的调整。

[2] 参见张辰旭:《绿色债券监管标准的比较研究》,载《福建论坛(人文社会科学版)》2018年第9期。

则是可以统一的。具体来说,应当统一下面的相关规则:在绿色债券资金管理中需要建立专门账户,并签订资金监管协议,促使监管银行参与到资金监管活动中,以保证募集资金投入预定绿色项目。

从软法层面来看,加强债券发行人资金管理内部合规建设也是颇为重要的工作,相关制度在实施过程中可以保证绿色债券资金管理的规范性。因此,中国银行间市场交易商协会、交易所可以总结现有债券发行人资金管理相关制度的共性特征,通过专门制定示范性文本、具体工作指引等方式推进该领域软法的建设工作,细化、完善我国绿色债券的专项资金管理制度。

### 三、绿色债券激励制度

绿色债券激励制度应当建立和完善以经济刺激政策为主的激励性制度,[1]重视行政补贴、信用风险缓释凭证和担保增信等多种措施的综合运用,以建立具体环境权益新型保障制度,同时,也需要注重包括相关信息政策的运用,为具体激励制度的展开提供实然基础。随着绿色债券发展步伐的加快,各级政府和有关部门都积极制定绿色金融、绿色债券领域的奖励措施,激励制度越来越受各方重视,但同时也存在制度碎片化分布、法治化程度不高等问题。因此,实践中需要为政策制定程序寻求法治化的理路,以推动绿色债券激励制度的法治化,其中最为重要的是需要使相关财政激励手段受到预算法、税法等的约束,即降低税率、价格补贴、政府采购、债券贴息等政策的执行需要法律规范的支持以将其落实到执行层面,从而提高企业和投资者的参与积极性。[2]

按照当前激励制度的具体实施情况,笔者认为还有如下方面亟待改

---

〔1〕按照宫本宪一的观点,环境政策主要包括国有化、经济刺激政策、直接管制等三种方式。但是,绿色债券发行交易中使用的激励政策,既包括补助政策、税收政策等经济政策,还包括信息激励工具的运用。参见[日]宫本宪一:《环境经济学》,朴玉译,生活·读书·新知三联书店2004年版,第225-232页。

〔2〕参见巴曙松、丛钰佳、朱伟豪:《绿色债券理论与中国市场发展分析》,载《杭州师范大学学报:社会科学版》2019年第1期。

进。一是补助政策的法治化。[1] 补助政策是环境政策实施过程中最常见的经济刺激手段,在绿色债券激励措施中,政府主导的财政资金补贴也扮演着关键性角色,因此,需要通过法治化的手段提升绿色债券激励中财政支出的效率,保证财政资金使用效率的最大化。具体来说,需要将绿色债券的补贴制度纳入法治化监管的轨道中,力求使其契合财政法治的原则和要求。为实现补助政策规范化、法治化的目标,需要加强两个方面的工作:一方面需要明确财政补贴适用的边界,避免因政府权力的越界而造成市场机制的过度扭曲;另一方面需要建立绩效评级机制、公平竞争审查机制等制度安排对政府补贴进行规制。[2]

二是税收优惠政策的精细化。税收优惠政策的实施可以减轻绿色债券发行人、投资者的税负压力,提高绿色债券发行人和投资者的收益,从而降低绿色项目在市场上的融资成本,因此,需要结合绿色债券品种的差异设定科学的优惠制度。例如,购买绿色储蓄国债(凭证式)的投资者可以免缴个人所得税,以增强个人投资者投资绿色储蓄国债的意愿。其他品种绿色债券的发展也需要借助现行税法框架下具体税收优惠的实施以有效激励。又如,可以逐步降低商业银行持有专项债的税收优惠力度,提高个人投资者投资专项债的优惠力度,[3] 以提升个人投资者购买绿色政府专项债的积极性。

三是强化声誉激励的使用效果。众所周知,声誉来源于评价,[4] 因此,声誉激励机制实施的前提是建立、完善绿色债券的评价机制,并通过信息工具、信息平台的使用对绿色债券运行的信息进行公示,借助新华网绿色债券数据库等统一的绿色债券信息库可以实现对绿色债券的穿透式披露,为债券发行人、承销人进行正面宣传,这正是可持续投资的意义所

---

〔1〕 参见[日]宫本宪一:《环境经济学》,朴玉译,生活·读书·新知三联书店2004年版,第225-232页。

〔2〕 参见姚海放:《论政府补贴法治:产业政策法、财政法和竞争法的协同治理》,载《政治与法律》2017年第12期。

〔3〕 参见龙小燕、赵全厚、黄亦炫等:《地方政府专项债券的问题解析与制度完善》,载《经济纵横》2021年第4期。

〔4〕 参见刘超:《我国证券投资基金的宏观管理——制度分析与政策建议》,载《经济社会体制比较》2010年第5期。

在,因此,在相关制度修订时需要强化这种意识。例如,《证券投资基金评价业务管理暂行办法》(2020)就应在保证基金评价方法和结果标准全面、准确的基础上,对绿色债券基金等特殊基金的评价要求作出"专门"规定。

从现有实践来看,绿色债券激励制度的实现依赖于两类激励条款的规范:一是宣示性条款对绿色债券发展予以确认和激励。在各地地方金融监督管理条例、环境保护条例等地方立法修订时应当确定绿色债券激励的宣示性条款,以发挥法律制度的指引作用。[1]二是在地方金融监管条例中细化操作性条款。在地方立法权限内通过立法方式确定贴息、补贴等相关激励措施,增强制度执行的效力。[2] 例如,《深圳市人民政府关于构建绿色金融体系的实施意见》中提及的"将中小企业绿色集合债纳入我市集合发债再担保范围"就可通过地方立法予以实现。因此,从立法完善的角度来看,法律层面可以对激励政策的建立和运行予以制度性规范,以回应财政贴息、税收优惠、风险权重降低等常见激励政策在运行中的实际需求。香港特别行政区政府在《2018—2019 财政年度财政预算案》中专门制定了有效期为 3 年的"债券资助先导计划",该计划拟对通过香港品质保证局"绿色金融认证计划"的绿色债券提供认证费用的全额资助,[3]这表明激励政策的实施需要强化立法活动与预算工作的互动协调,以保证激励政策的实际落地。

## 四、绿色债券基金制度

作为特定用途和目的设立的资金集合,基金具有扩大资金来源、规模和融资渠道的功能,这可以有效增强绿色债券在绿色产业治理中的作用。

---

[1] 地方立法中的宣示性条款可以表述为:"鼓励、引导和支持各类金融机构、企业探索绿色信贷、绿色债券等绿色金融产品的运用。"这种鼓励性条款的表述既可以为后续立法活动提供明确的支撑,还可以为后续其他地区的立法提供参照,同时,还可以为政策性文件、行业规则等软法的建立提供合法性依据。

[2] 参照《生态环境损害赔偿资金管理办法(试行)》的授权性条款,具体条文可以表述为:"各地区可结合本办法及实际情况制定本地区管理办法细则。"借此强化激励性规则的地方特性和具体可操作性,确保相关制度的具体适用。

[3] 参见史英哲、云祉婷:《中国绿色债券市场发展报告(2020)》,中国金融出版社 2020 年版,第 171 页。

因此,绿色债券基金的发展可以作为机构投资、普通投资者投资绿色债券的重要方式,也可以作为拓展绿色债券投资人的重要途径之一。为推动绿色债券基金的发展,笔者认为后续制度供给应当注重两个方面的工作安排。

第一,通过设立绿色债券指数基金或者主动式绿色债券基金的方式,可以适当引入个人投资者的参与。证券投资基金具有资源配置、风险管理和金融衍生等具体功能,这也表明了绿色债券基金的发展具有广阔前景。因此,按照《证券投资基金法》《证券法》《信托法》的规定,我国已经建立了保护投资者权利的交易治理结构,这可以为证券投资者提供全面、系统的保护,[1]也可以为绿色债券公募基金的设立提供基础。现实中也不乏此类基金发行的实践,例如,美国和巴西早在 2016 年就尝试建立绿色债券基金。我国也不乏开发绿色债券基金的产品实践,相关披露的信息也比较全面,例如,2020 年兴业绿色纯债基金在合同中就承诺,其投资于符合绿色投资理念的债券不低于非现金基金资产的 80%;而富国绿色纯债 1 年定开债券在基金合同、招募说明书、托管协议等相关文件中也对实现生态环境效益的有关内容进行了详细披露。同时,地方立法也对此进行关注,《深圳经济特区绿色金融条例》第 54 条要求深圳证券交易机构履行开发推广绿色金融相关指数的职责,这对发挥证券投资基金在绿色债券中的功能具有积极意义。因此,交易所、基金公司等主体应当积极开展绿色债券指数开发,及时推出绿色指数 ETF 等基金类产品及其他债券类衍生品,以拓宽个人投资者购买合适绿色金融产品的渠道。[2]

绿色债券公募基金运行应当受到《证券投资基金法》《公开募集证券投资基金销售机构监督管理办法》等相关法律规范的约束,因此,基金监管的一般制度安排就可以为其运行提供基础制度保障,但是对基金管理人的特殊管理义务的规定仍然有细化的空间。例如,在债券的季度报告

---

[1] 参见郑泰安、钟凯等:《证券投资基金法律制度:立法前沿与理论争议》,社会科学文献出版社 2019 年版,第 16－18 页。

[2] 参见郑颖昊:《经济转型背景下我国绿色债券发展的现状与展望》,载《技术经济与管理研究》2016 年第 5 期。

中可以增加生态效益实现情况的信息披露，以提升信息披露的整体质量。因此，在国家制定专门的“绿色金融条例”时可以明确规定上海、深圳等地的证券交易机构和基金公司在开发此类绿色金融产品中的职责，同时，激励规则的建构也应当得到充分重视，特别是需要针对基金投资者、基金公司参与绿色基金交易提供等更加优惠的买入、卖出费率和管理费用补贴专门激励制度，以增强绿色基金的竞争力。

第二，通过产业投资基金推动绿色债券投融资活动。产业投资基金参与绿色债券发行的形式主要有如下几种：其一，建立完善绿色担保基金风险分担机制，形成平台化的增信方式，[1]增强绿色债券的抗风险能力。政府可以支持建立专业化的绿色担保机构，由该机构专门为有关项目提供增信和担保等服务。同时，试点地区可以通过财政出资的方式建立绿色风险补偿基金，用于分担部分绿色债券支持项目的风险损失，并保障该担保机构的有效运行。此类实践在地方绿色金融改革中已有相应尝试。例如，《广东省广州市建设绿色金融改革创新试验区总体方案》就提到设立绿色债券担保基金，以期为绿色债券的运行提供支持。

其二，重视通过绿色产业基金形成有效的利益联结。在实践中，国家绿色发展基金可以通过购买绿色可转换公司债券等方式参与生态文明建设，为绿色产业发展提供资金支持，这表明政策性绿色金融政策在绿色债券市场建设中的重要作用，而各地政府也重视绿色基金在生态环境治理中的功能发挥。例如，云南、河北、湖北等省就已建立了绿色发展基金或者环保基金，还有些地级市也在探索绿色基金的运用场景和方式，这些实践对推动地方政府投融资改革和实现绿色协调发展都大有裨益。[2]又如，为保障绿色债券的推广，可以将政策性银行通过绿色金融债券发行募集的部分资金用于由其牵头设立或者主动加入绿色产业基金，以解决地方小微环保企业融资难的问题。这样的实践可以充分发挥政策性银行在金融市场政策传导方面的引领作用，扩大绿色债券支持项目的范围，确保

[1] 参见史英哲、云祉婷：《中国绿色债券市场发展报告（2020）》，中国金融出版社 2020 年版，第 82 页。

[2] 参见安国俊：《中国绿色基金发展趋势》，载《中国金融》2018 年第 19 期。

募集资金的投向更具普惠性。[1] 综上所述,上述基金的规范运行需要强化规范性文件、自律准则等软法的建设完善,以常态化、制度化的激励制度吸引更多投资者投资绿色债券,从而降低绿色项目的融资成本。[2]

## 五、绿色金融统计制度[3]

按照《G20 促进增长的气候和能源汉堡行动计划》的有关要求,我国应该提升金融机构在开展环境风险分析和改善环境融资可获得性等方面的能力,这就需要强化统计、财政、金融监管和生态环境等部门之间的协作,以克服绿色债券运行中存在的统计指标不健全和统计制度不完善,绿色投融资制度设计科学测量和定量决策的具体依据不足等问题。绿色债券统计工作的开展恰恰需要以绿色金融统计制度作为基础,因此,其实体规范、程序规则都需要在《统计法》基础规则的指引下,参考《外债统计监测暂行规定(2020 修订)》等有关规定,从统计范围、统计期限等方面作出规定,以满足绿色金融统计制度建设的现实需要。需要认识到,完善、高效的金融统计信息可以为绿色金融信息共享提供基础,因此,实践过程中充分运用数字技术并保证收集信息的及时性、准确性可以提升具体激励制度、监管制度实施的有效性。

绿色债券的生态性特征要求在认证评估阶段对融资项目进行详细的效益评估,这些信息都可以纳入信息统计的范畴,同时,还需要加强相关制度的供给。其中,制度建设中需要尤其关注两个方面的内容:一是完善绿色债券数据库建设工作。新华财经现有的绿色债券数据库初步为绿色债券信用统计工作提供了便捷,但是,对数据库的信息更新、共享和建设支持等方面的具体规则仍有待进一步明确。笔者认为,后续可以建立发

---

[1] 绿色产业引导基金的建立可以为绿色金融债的投向提供支持,因此,在国家立法允许的前提下,需要开展地方性立法的探索,并建立配套性的软法规范,共同推动绿色债券实际功能的发挥。参见云祉婷:《我国政策性银行绿色债券实践分析》,载国际环保在线网 2019 年 8 月 2 日,https://www.huanbao-world.com/green/lsjr/109018.html。

[2] 参见《蓝虹:划重点! 从五方面理解绿色金融工具对促进生态补偿的作用》,载腾讯网,https://xw.qq.com/cmsid/20210917A0CBZX00。

[3] 参见杨少芬、赵晓斐等:《绿色金融统计制度:国内外实践及构建设计》,载《金融发展评论》2018 年第 9 期。

行人数据库、独立评估机构数据库，并通过自律准则制定明确的数据收集和共享标准。二是明确发行人责任配置。通过规范制定明确规定债券发行人应当定期向监管机构、投资者报送项目资金使用、生态效益实现的有效信息，借助信息化手段保证数据的全面性，为后续法律或者政策制定提供基础。

## 第五节 协作：绿色债券配套规则的制度回应

绿色债券的高效运行除了对一般债券制度的严格适用，还需要关注绿色债券特殊功能的实现，这需要借助金融制度领域内配套法律法规和政策制度为其发展提供有效支撑。因此，本部分从绿色债券发展的现实需要出发，对信息披露、环境信用评价、证券公益诉讼等相关制度进行分析，按照配套制度是凸显生态属性还是凸显市场属性分别进行讨论，以期系统性补足绿色债券运行过程中可能存在的制度短板，为绿色债券的良性发展提供制度支持。

### 一、ESG 信息披露制度

正如郑也夫先生所言："信任是交换与交流的媒介。"[1] 为保障绿色债券的正常运行，必须加强信息披露制度的建设，强化投资人的信任感，最终保证绿色债券市场运行的有效性。在绿色债券信息披露环节中信息获取的便利程度、披露内容的详细程度和信息真实性等因素共同影响着公众对绿色债券的接受程度，进而影响着绿色债券市场长期的发展，由此可见信息披露在绿色债券发展中的重要地位，因此需要对相关制度实施的情况予以关注，以助力绿色债券市场的发展。域外经验也表明，通过政策等软法落实所有权战略可以持续性改进利益相关者的行为模式，增强 ESG 信息披露的效果。[2] 从我国现有规定来看，监管部门已经对绿色债

---

〔1〕 参见郑也夫：《信任论》，中信出版社 2015 年版，第 14 页。

〔2〕 Jonsdottir G. E., Sigurjonsson T. O. et al., *Applying Responsible Ownership to Advance SDGs and the ESG Framework*, Resulting in the Issuance of Green Bonds 7331(2021).

券的信息披露设置了基本要求，其不但对信息披露的频率、渠道、内容等有全面规定，对于第三方评估认证的要求也作了部分规定，这些规定都有益于信息披露工作的实际开展。为增强该制度的可操作性，还需要进一步调整相关制度。例如，信息披露应当确定义务人自我报告方式和社会查询方式等两种披露模式，[1]并借助信用中国、巨潮资讯等现有信息平台进行披露，同时，建立全国统一的信息共享交换平台，以提升绿色债券信息披露工作的质量。

《证券法》第五章专门对信息披露的依据、内容、频率和监管等进行了规定，在第84条对自愿披露进行了规定，这为绿色债券信息披露工作提供了基本法律依据。在此之前，我国法律制度安排侧重于信息的强制披露，也就是说，信息披露义务人主要是需要履行法律法规规定的强制性义务。随着资本市场的不断发展，自愿披露也越来越受到重视，其与强制披露不同，自愿披露以市场激励作为制度实施的基石，该制度主要要求证券发行人或者其他证券市场主体主动向投资者披露与投资者价值判断和投资决策有关的具体资讯。随着可持续性投资理念的深入人心，绿色债券发行人进行自愿披露的需求和空间也日益扩大。这是因为，债券发行人积极主动披露其经营数据、竞争优势、长期战略报告和绿色项目实施情况等非强制性披露的信息，可以满足不同投资者对信息的特殊需要，有效提高证券产品或者有关服务对投资者的吸引力。[2] 因此，绿色债券运行中需要重视将主动信息披露作为推动其发展的重要制度安排。

为保证相关绿色债券融资项目的环境效益，笔者认为应当将环境信息、环境效应的披露应当作为信息披露的重要组成部分，并积极推动不同类型绿色债券信息披露内容的统一。按照《“十二五”全国环境保护法规和环境经济政策建设规划》的要求，完善上市公司环境信息披露机制是应当开展的重要工作之一，这从软法层面对绿色债券信息披露制度建设的必要性进行了说明，对后续制度建设也有一定的指导意义。也就是说，绿色债券信息披露需要以《证券法》第84条为基础，在一般信息强制性披露的基础上，建立绿色信息资源披露制度。需要注意的是，法治是一种

---

〔1〕 参见王小江：《绿色银行评级制度研究》，人民出版社2019年版，第250页。
〔2〕 参见李有星、康琼梅：《论证券信息自愿披露及免责事由》，载《社会科学》2020年第9期。

强调程序的社会控制方式，法治精神内涵有着对程序正义的追求，[1]在绿色债券信息披露中也应当遵循信息披露的具体规则，特别是需要完善自愿信息披露的程序规则。

为强化环境信息披露的效率，笔者认为应当关注三个方面的制度完善：第一，在专门立法中对信息披露的主体、义务、程序等内容予以明确，将环境信息披露设置为绿色债券发行人应当履行的专门义务。第二，通过专门立法、操作规程对绿色债券环境效益指标披露的方法、内容和格式作出具体规定，并加强绩效评估和对外部报告的审查力度。[2] 第三，为增强生态环境类信息披露的有效性，在实施过程中还需要强化不同部门之间的协同，建立全国统一的信息共享交换平台，因此，需要重视生态环境部门、自然资源部门等在生态环境效益评估及有关信息披露中发挥作用。

## 二、环境法律责任制度

经济法语境下受规制主体应当承担的法律责任本质上是一个复合多元系统，其实际上是由本法责任优先、他法责任或然性并科共同构成的，[3]这就意味着对经济法律责任的确定需要按照法条竞合等理论的一般理念进行。也需要基于该理念对现有的绿色债券运行中的责任追究机制进行对应性完善，以期为绿色债券运行提供一个操作性较强的法律责任方案。其中最为重要的就是追究“漂绿”等不法行为的法律责任的设置，只有借助前述法律责任系统性的认识才能对相关行为进行规制，有效实现好“促绿”优惠和“洗绿”制裁之间的制度平衡，[4]具体而言，需要适用或者增加有针对性的规范措施，明确债券发行人、相关服务机构在具体行为实施后的法律责任。

为保证责任配置的科学性，后期立法活动需要完善如下三个部分的

[1] 参见孙笑侠：《法的形式正义与实质正义》，载《浙江大学学报(人文社会科学版)》1999 年第 5 期。

[2] 参见张平、郭青华、许玥玥：《我国碳中和债券的实践、挑战与发展路径——基于“下一代欧盟”绿色债券框架的比较研究》，载《经济纵横》2022 年第 2 期。

[3] 参见李志刚：《调制受体法律责任体系的重构》，载《法学》2007 年第 6 期。

[4] 参见洪艳蓉：《中国绿色公司债券的制度挑战与改进》，载《证券市场导报》2016 年第 9 期。

责任规定。一是需要规定绿色债券运行过程中各类参与者的民事责任。参考《美国综合环境应对、赔偿和责任法》中的贷款人法律责任制度,为保证债券发行人和银行、证券公司等金融机构依法承担相应民事责任,可以尝试在绿色债券法律责任中设置类似的连带责任,并结合绿色债券运行中的具体实践对其予以调整以实现对"漂绿"行为的规制。以债券交易为例,做市商、交易商、经纪商和投资者四类参与者共同构成了债券零售市场和债券批发市场,[1]而在债券市场分层构造中,不同参与者的权利、义务都具有较大差异,因此,对绿色债券发行过程中的虚假陈述规定连带责任是一种可行的思路。

同时,绿色信贷领域的司法实践也可以为以上法律责任分配方案提供支持,例如,2018 年 6 月福建绿家园环境友好中心诉湖北宜城襄大农牧有限公司养殖废水污染汉江案中,作为原告的环保公益组织之后又向法院提交了追加被告申请书,要求追加中国农业银行宜城市支行、湖北宜城农村商业银行作为共同被告,[2]当然,上述诉讼案例是在《环境保护法》《民事诉讼法》框架内进行的探索,目前并无统一的裁判观念,后续还有待实践中积累相关司法裁判经验,以推动法律制度的系统调试。

二是需要确定相关行政责任。绿色债券运行中存在大量补贴等激励措施,因此,当发行人存在骗取补贴等行政违法行为时,需要确定相关主体的行政责任,以确保具体责任人受到行政法的制裁,通过我国《环境保护法》、《证券法》、《预算法》和相关行政法规、部门规章的现有规范可以有效降低"漂绿"造成的损失。

三是需要规定相关刑事责任。在不同债券适用的相关法律、法规中,对刑事责任的追究主要可以运用解释论的方式进行分析,例如,《证券法》(2019 修订)[3]就对刑事责任的相关内容进行了规定,其可以与《刑法》第 160 条、第 182 条等涉及证券市场的规定衔接,并与《关于办理操纵证券、期货市场刑事案件适用法律若干问题的解释》等相关司法解释相

---

[1] 参见马永波:《中国债券市场分层问题研究》,中国金融出版社 2017 年版,第 23 页。

[2] 参见王波、董振南:《我国绿色金融制度的完善路径——以绿色债券、绿色信贷与绿色基金为例》,载《金融与经济》2020 年第 4 期。

[3] 参见《证券法》(2019 修订)第 219 条。

结合,将造成严重后果的“漂绿”行为纳入刑法规制的范围。现有绿色金融领域的研究与实践则可以为构建我国债券发行人和其他参与人承担环境法律责任体系提供基础,即在现有法律制度基础上进行渐进的修改和完善,构建起一个以民事责任为主,行政、刑事责任为辅的绿色债券发行人环境法律责任体系。

### 三、环境信用评价制度

绿色债券运行应当以落实《企业环境信用评价办法(试行)》为契机,将环境信用评价的信息作为绿色债券评估认证工作的重要参考,强化生态环境主管部门、证券监管部门在企业环境信用评价方面的信息共享,加快建设统一的绿色信用管理系统,充分发挥绿色债券生态效益评价的制度功能。为强化部门间的有效协同、强化多元主体互动,我国还可以参考有关经验,专门组建由政府组成部门、金融机构、实体企业、环保公益组织和学术研究机构等多主体共同参与的可持续金融咨询委员会,[1]将绿色债券、绿色信贷、绿色保险和碳金融等绿色金融领域的制度建设的事项都纳入该委员会的讨论议程中,并将委员会的研究成果和讨论成果作为绿色金融领域制度建设的基础,增强制度设计的合法性基础,保证社会各界对环境信用评价等制度的实施达成共识。

该工作实施开展应当关注两个方面:一方面,制度建设应当及时吸收和回应地方政府的实践成果,实现将企业环境信用评价制度与绿色债券激励制度的有机衔接。例如,《福建省绿色金融体系建设实施方案》规定,在绿色债券运行中可以通过担保或者贴息的方法降低融资成本,并与信用评价工作相衔接;还有,可以参考《重庆市企业环境信用评价办法》中《重庆市企业环境信用评价指标及评分方法》关于“环境污染责任保险”规定,将绿色债券作为加分项的指标之一。同时,实践中还需要借助差异化的激励措施降低激励措施对债券市场的扭曲。因此,绿色债券立

---

〔1〕 关于德国建立可持续金融咨询委员会的相关实践详见云祉婷在相关研究中的论述,笔者在此提出的方案考虑到了中国生态环境治理中环境保护组织的特殊作用,为契合《环境保护法》的相关要求,结合实际需要对德国已有的实践方案进行了微调。参见云祉婷:《德国主权绿色债券发行机制及影响力分析》,载中央财经大学绿色金融国际研究院网 2020 年 9 月 26 日,http://iigf.cufe.edu.cn/info/1012/3490.htm。

法中应当强化环境信用评价制度与贴息政策的衔接互动,为绿色债券运行提供更加全面的支持。另一方面,需要汲取企业环境信用评价发展过程中的相关经验。例如,应当及时建立环境不良信用信息记录清除制度,该制度可以促使企业、环境服务机构等主体开展整改,生态环境部门也可以基于整改结果在法定条件和程序下对其环境不良信用信息记录进行清除,[1]该制度的实施可以提升失信企业整改积极性,还可以推动失信企业借助绿色债券募集资金改进技术并最终清除原有不良的环境信用评价。具体而言,为强化该制度与绿色债券建设的关联性,可以参考《西藏自治区国家生态文明高地建设条例》(2021年)第57条的表述方式,结合实际需要将环境不良信用信息记录分级清除数据与绿色债券信息数据进行信息共享,并按照统一要求进行数据库建设、数据存储,为后续数据交换工作的开展奠定基础。

### 四、证券公益诉讼制度

为保障投资人的利益,保障绿色债券市场的发展,有必要优化我国绿色债券诉讼救济渠道,具体来说,可以通过民事诉讼的方式强化对债券市场的司法监管;同时,探索证券行政公益诉讼制度的实施,为整体制度优化提供必要的参照。

一方面,梳理涉绿色债券诉讼中《民事诉讼法》(2023修正)第55条、第56条、第57条关于普通共同诉讼、代表人诉讼的规定和《证券法》(2019修订)第95条关于"中国版集团诉讼"的规定,并进一步厘清现有多种诉讼模式的衔接关系,努力为债券持有人的利益提供全面保护。[2]《全国法院审理债券纠纷案件座谈会纪要》针对公司债券、企业债券和债务融资工具等特定的债券产品交易已有相关规定,然而问题的关键在于对众多诉讼模式如何进行选择才能更加有效地保障债券持有人的合法权益。从这个层面来说,绿色债券的权益保护与一般债券的权益

[1] 参见黄锡生、王美娜:《环境不良信用信息清除制度探究》,载《重庆大学学报(社会科学版)》2018年第4期。

[2] 参见《最高人民法院关于印发〈全国法院审理债券纠纷案件座谈会纪要〉的通知》,该通知对包括公司债券、企业债券、非金融企业债务融资工具的发行引发的纠纷进行了讨论,在本书中对绿色企业债券的规制有重要意义。

保护并无本质性的差异,实际上主要是需要针对绿色债券诉讼过程中的具体需求结合实际情况予以针对性的回应。在绿色金融领域已经存在开展公益诉讼的尝试,早在2018年福建省绿家园环境友好中心就曾向湖北省十堰市中级人民法院提起公益诉讼,要求银行贷款人承担环境法律责任,[1]该案的实施为绿色债券纠纷解决提供了一条新道路,即采用环境公益诉讼模式对绿色债券发行过程中的公共利益进行维护。

另一方面,证券行政公益诉讼的实施也是提升证券监管能力的重要组成部分。由于证券市场存在诸多操纵市场、内幕交易等可能侵害市场秩序的违法行为,因此,现有监管机构对资本市场监管的有效性也受到了一些质疑,这表明我国在中小投资者权益保护领域客观上仍存在一些制度实施的困境,特别是对证券市场运作与政府行政监管的关系亟待厘清。行政公益诉讼的开展恰恰可以充分发挥检察监管的既有功能,更好维护和救济社会公共利益,并有效发挥检察监督的实际功能。因此,面对证监会等监管机构监管失灵的现实问题时,探索检察机关开展证券行政公益诉讼也是维护金融市场秩序的一项可供选择方案。基于对资本市场实践情况的观察,笔者认为证券行政公益诉讼的实施应当从"起诉条件、证据规则、判决适用"等三个不同方面出发以加强相关制度的建设,并在此过程中重视检察机关主体定位的厘清,为提高资本市场监管效率提供支持。[2] 因此,在绿色债券法律制度建构过程中应当重视证券行政公益诉讼的实施,并通过行政公益诉讼的开展推动有关监管部门依法履行相关职责,强化对绿色债券市场有效监管。

## 五、国际金融合作制度

"国际金融软法"虽然在国际金融活动中不具备强制约束力,但是,

---

[1] 洪范法律与经济微信公众号专门对此进行了讨论。参见《[10月23日]洪范圆桌直播:银行贷款人环境法律责任研讨——以国内首例银行环境责任公益诉讼案为例》,载微信公众号"洪范法律与经济"2021年10月21日,https://mp.weixin.qq.com/s/4D1QDIRITwycTLxpHh7RIA。

[2] 参见张仪昭:《检察机关提起证券行政公益诉讼:法理基础与制度建构》,载《社会科学动态》2021年第3期。

作为实际可能产生法律效果的行为规范,[1]其在当前全球绿色债券运行中的作用正在日益凸显,这与经济全球化要求国际组织、不同国家和地区加强相互之间合作的客观诉求是一致的。现有绿色债券市场的相关实践表明,为保障绿色债券持续、健康发展就必须注重统一的全球化绿色债券市场的建立和完善,并以国际金融软法及时填补以国际金融条约为主要形式的国际金融硬法在运行中存在的缺陷。因此,我国应当积极参与相关领域制度建构的实践,监管机构和债券发行人也应当积极采取多元化的策略尝试与国际上绿色债券的主要实践实现有机衔接,而《G20促进增长的气候和能源汉堡行动计划》也把推动金融机构开展环境风险分析和改善环境数据可获得性的倡议作为国际金融领域合作的重点,这可以为全球绿色金融后续的合作奠定基础。[2] 金融资本的全球化流动和全球金融市场的紧密性联系都表明,金融风险跨区传导的可能性越发凸显。因此,为充分发挥绿色债券在纾解绿色项目融资压力、促进绿色产业发展方面的作用,必须在全球范围内加强机构建设、产品开发和制度建构等方面的交流。

第一,多边经济组织之间的合作与创新。绿色金融领域的国际合作对推动绿色债券法律制度建设的作用是毋庸置疑,而我国历来也颇为重视参与绿色金融等相关领域的国际合作。为回应经济全球化、区域一体化的具体要求,我国提出应当把绿色金融实施的考量纳入"一带一路"倡议的实施之中,这是提升我国在全球绿色金融领域话语权的重要尝试。因此,我国需要在今后工作中积极发挥亚投行等区域金融机构在绿色转型中的作用,注重借助这些平台分享我国在绿色债券法律制度建设中的经验成果,同时,强化区域性乃至全球性的绿色债券方面的组织合作,扩大我国在绿色债券市场制度建设中的话语权和影响力,为全球绿色债券法律制度完善供给我国的经验和贡献。

第二,强化国内立法、制度体系与标准体系等与国际经济法之间的衔接、互动和统一。其一,统一绿色债券认定标准。前文表明,我国绿色债

---

[1] 参见李仁真主编:《国际金融法》(第3版),武汉大学出版社2011年版,第10-11页。
[2] 参见王金南等:《国家环境经济政策进展评估报告:2017》,载《中国环境管理》2018年第2期。

券运行过程中存在标准认识上不清晰的问题，这客观上会增大国际绿色债券市场对接的难度，正如前文所述，国际上现有的标准主要有两项：一个是国际资本市场协会发布GBP，该原则经过多次修订后目前已经发展为全球运用最为广泛的绿色债券标准；[1]另一个是气候债券倡议组织的CBS，该标准也对绿色债券的认定作出了详细规定。[2] 为保证全球范围内绿色债券法律制度安排的统一性，我国需要就绿色债券认定标准问题加强与国际组织和其他国家的合作。其二，优化绿色主权债券、绿色熊猫债券的发行流程。按照要求履行关于注册发行流程、信息披露要求、中介机构管理等相关具体工作，以提升银行间市场开放水平。其三，借助金融软法的功能，拓宽投资者投资绿色债券产品的可行路径。上交所、深交所需要强化和卢森堡证券交易所、新加坡交易所等"一带一路"共建国家交易所的交流和合作，共同开发绿色指数、绿色ETF和具有双重追索权特征的绿色资产担保债券等创新产品，并协同制定全球性金融软法，推动绿色债券市场的全球化。

第三，主导、参与相关领域国际经济法的制定和实施。包括绿色债券在内的绿色金融产品目前尚处在初步开展阶段，相关规则正在逐步形成过程之中。正如欧洲理事会主席米歇尔所言："绿色债券需要全球监管框架。"我国应当积极参与全球范围内绿色债券规则的制定，这有利于向世界展现我国在绿色债券建设领域的制度成果。早在2016年我国就利用发布《G20绿色金融综合报告》的方式尝试通过绿色金融来引领全球环境治理，[3]并于同年召开的第23届联合国气候大会上与欧洲投资银行共同发布了《探寻绿色金融的共同语言》(*The Need for a Common Language in Green Finance*)的白皮书，这些尝试都为绿色债券国际合作提供

---

〔1〕 2021年GBP对绿色债券发行框架进行了详细规定，具体包括募集资金用途、项目评估与遴选流程、募集资金管理和报告四个核心要素，而投资的领域主要聚焦在气候变化减缓、气候变化适应、自然资源保护、生物多样性保护以及污染防治五大领域，此外，其还对绿色债券认证和发行后信息披露等进行了详细规定。

〔2〕 对绿色债券的认定是确定贴标绿色债券的重要制度安排，其对后续激励制度的建构乃至绿色债券的良性运行都起着非常重要的作用。参见史英哲、云祉婷：《中国绿色债券市场发展报告(2020)》，中国金融出版社2020年版，第155页。

〔3〕 参见杜莉、郑立纯：《我国绿色金融政策体系的效应评价——基于试点运行数据的分析》，载《清华大学学报(哲学社会科学版)》2019年第1期。

了重要支撑。因此，我国需要重视与气候债券倡议组织（CBI）、欧洲投资银行等相关国际组织、金融机构和国家进行合作，通过常态化、法治化的方式参与到绿色债券、绿色金融规则制定工作中，在绿色金融领域获得持续额规则制定权、话语权和解释权，有效保持我国现有规则体系与国际通行规则的对接。

第四，重视我国绿色主权债券、准主权债券的域外发行，鼓励相关主体在其他资本市场发行绿色债券。绿色债券域外发行是近年绿色债券市场发展中的重要现象之一，也是亟须通过制度予以规范的一种情况。具体而言，需要关注如下工作：一是需要加强绿色主权债券领域的制度建设工作，推动我国绿色主权债券专门制度的建立；二是需要加强境外市场发行债券的有效监管。从监管制度安排的角度来看，我国企业赴境外发行绿色债券需要经过国家发改委审批备案，按照国家外汇管理局的监管要求办理外债签约登记手续和内保外贷签约登记〔1〕等手续；从实践需求层面来看，自建设银行于 2018 年在卢森堡绿色证券交易所挂牌交易 5 亿欧元绿色债券后，我国域外发行绿色债券的实践就保持着较为良好的势头，例如，中国工商银行香港支行也已经于 2019 年发行了“粤港澳大湾区”主题国际绿色债券，这些实践表明了域外发行绿色债券的可行性。因此，绿色债券运行中应当有效落实《内地与香港债券市场互联互通合作管理暂行办法》和相关规则、指引的规定，监管机构应当支持金融机构与融资企业在符合宏观审慎管理制度的基础上积极开展境外融资，〔2〕稳步推进企业外债登记制管理改革，以实现相关激励规则、监管规则的有机整合。

〔1〕我国企业到境外发行债券需要履行相关程序，绿色债券在这方面的监管要求与一般绿色债券并无不同，因此，直接适用已有的相关规则即可。参见史英哲、云祉婷：《中国绿色债券市场发展报告（2020）》，中国金融出版社 2020 年版，第 159 页。

〔2〕《中国人民银行关于印发〈广东省广州市建设绿色金融改革创新试验区总体方案〉的通知》（银发〔2017〕154 号）提出相关制度的完善要求，对绿色债券国际合作实际工作的开展具有重要的指导意义，在具体制度的法治化设计中可以参考相关内容进行必要的制度设计，增强制度的整体协调性。

# 第八章 结 论

绿色债券法律制度是推动生态文明建设过程中的重要制度创新，其为破解生态环境治理中资金匮乏的难题提供了新思路、新方案，在优化生态环境治理结构中发挥着非常重要的作用。因此，笔者认为有必要从制度建设层面关注绿色债券运行法律框架的建立和完善。通过上述分析可以发现，绿色债券法律制度的整体安排需要从现有实践中汲取必要的经验，以有效指导制度后续的优化，推动绿色金融制度体系的完善。

前文从七个方面出发，对绿色债券运行的制度实践进行了讨论，为宏观制度架构的初步建构提供一定思路，即在遵循制度路径依赖要求的前提下，从法律与政策互动、结构与功能互补的维度对具体制度实践进行整合，这样就可以在尊重现有制度安排的基础上，以最小的交易成本推动绿色债券市场的可持续发展。

需要认识到，绿色债券运行中相关制度的具体建构需要寻求绿色债券运行实然活动中监管与创新的平衡、安全与效率的平衡、一般和特殊的平衡，以便在现行法律和政策实施框架下推动产业的生态化转型和环保产业的良性健康发展，这是需要较长实践才能够初步回答的问题。因此，我国绿色债券法律制度需要从绿色发展的具体需求出发来探讨制度体系的整体性安排，以增强制度运行的整体效能。

正如拉伦茨所言："法学对于法律实务的意见，最重要的任务之一是，发现一些现行法迄今尚未解决的法律问题，借此促成司法裁判或者立法改变。"[1]因此，在绿色债券法律制度设计中，政策与法律互动边界与

---

〔1〕 参见[德]卡尔·拉伦茨：《法学方法论》，陈爱娥译，商务印书馆2004年版，第113页。

逻辑、法律规范激励功能的发挥等理论层面的问题都亟待借助立法予以细致回应,对这些问题的思考也可以为后续绿色金融立法探索提供可供参考的现实经验。因此,基于对静态制度构造和动态运行实践的观察可以发现在当前二元结构的绿色债券市场运行法律制度体系既缺少对法律框架整体性的认知,也缺少对具体制度的系统性安排,这客观上增大了绿色债券运行的制度成本。由此可见,对绿色债券概念和类型进行细致分析的同时,有所扬抑地吸收域外有益经验可以进一步优化我国当前绿色债券相关制度安排,这便是从比较法领域探索相关实践的具体意义所在。

绿色债券市场虽然是近年来发展起来的新生事物,其特殊的功能使其具有广阔发展前景,但是,实践层面的广阔前景和制度供给的碎片化之间却存在巨大张力。传统生态环境领域治理依赖于命令控制型工具的广泛运用,随着制度演化和技术进步,市场手段越发成为生态环境治理的重要领域。但是,经济人假设的存在使生态环境治理这项"前景"不广阔的行业很难获得充裕的资金流,包括绿色债券在内的绿色金融制度正是弥补二者之间鸿沟的希望所在。由于绿色金融产品存在收益率低、流动性弱等缺陷,通过政府有形之手弥补市场失灵是不可避免的。因此,绿色金融五大试验区的激励性措施有待从政策上升为法律,从理论层面上回应试验性立法、政策法律化等问题又是亟待解决的现实问题。

基于此,在遵循绿色债券属于"债券"这一基本认知的前提下,笔者提出了在遵循现有债券运行一般规则前提下的制度改进建议,以期有效提升我国绿色债券市场的活力,并提高绿色产业直接融资效率。

整体性建议包括三个部分:一是重视绿色债券相关法律法规之间的"互动属性"。在法律之间的互动衔接上,需要针对现有《环境保护法》《预算法》《证券法》相关法律法规进行"打包"修改,为金融软法功能的发挥提供稳定的立法依据,以期有效推动绿色债券领域金融软法的细化和完善,实现二者的高效互动,满足不同品种绿色债券发展的现实需要。二是彰显绿色债券的"生态属性"。需要重视弥补目前债券市场一般性规则的空白,修改、完善国债、地方政府债券、企业债券的具体制度安排,建构相对合理的债券市场规则体系。在此基础上,国务院可以在总结地方立法经验的基础上尝试开展"绿色金融条例"的立法工作,以专章对绿色债券的相关内容继续进行详细规定,以期发挥桥梁作用有效整合相关生态环境法律法规和金融法律法规,为后续绿色债券市场政策制定提供有效的法律依据。三是凸显绿色债券的“政策属性”。这就需要从法政策学的角度出发,理解绿色债券运行过程中法律等硬法与政策、行业规则等软法互动作用,重视该领域内相关制度的整体性建构,通过软法满足绿色债券运行过程中制度创新的具体需求。

总而言之,债券市场的分隔、分层情形表明其制度构造和适用是极其复杂的事情,因此,从路径依赖的角度考虑,对制度进行一次性大规模调整以减少债券市场交易成本、统一债券市场的想法在实践中颇有难度。从包括绿色债券在内的特殊品种债券的特定需求出发,统一不涉及发行交易基本规则、金融基础设施建设基本安排的专门制度不失为一种可供参考的思路。在此基础上,立法者还可以结合实际需求分步骤、按需要地推动债券一般制度的整体性协调,从中长期来看这将极大地增强制度安排的系统性。但是,需要认识到,绿色债券法律制度的建立健全是一项系统性工程,因此尤为需要监管机构之间的协调,监管机构与金融机构、企业的协调。在此过程中,监管机构至少需要从战略设计、法律规范、组织保障和发展融资等四个方面发挥其指导作用。这些方面具体的实施路径和安排正是本书的研究重点,笔者希望通过系统性的观点对绿色债券的运行展进行整体性把握,并为后续绿色金融制度的优化提供准备。

# 附录一　关于现行部分环境资源类法律中保障绿色债券发展的立法建议

| 序号 | 相关条文 | 修改建议 | 依据、理由和说明 |
| --- | --- | --- | --- |
| 1 | 《环境保护法》第21条:"国家采取财政、税收、价格、政府采购等方面的政策和措施,鼓励和支持环境保护技术装备、资源综合利用和环境服务等环境保护产业的发展。" | 《环境保护法》第21条:"国家采取财政、税收、价格、金融、政府采购等方面的政策和措施,鼓励和支持环境保护技术装备、资源综合利用和环境服务等环境保护产业的发展。" | 说明:增加绿色金融激励条款,理由在于激励规则是柔性推进生态文明发展的重要制度安排,其在具体运行中的实际价值是非常关键的。<br>依据1:《土壤污染防治法》第69条:"国家采取有利于土壤污染防治的财政、税收、价格、金融等经济政策和措施。"<br>依据2:《土壤污染防治法》第72条:"国家鼓励金融机构加大对土壤污染风险管控和修复项目的信贷投放。<br>国家鼓励金融机构在办理土地权利抵押业务时开展土壤污染状况调查。" |

续表

| 序号 | 相关条文 | 修改建议 | 依据、理由和说明 |
| --- | --- | --- | --- |
| 2 | | 《环境保护法》新增条文:“鼓励和支持地方政府、企业和金融机构通过绿色信贷、绿色债券、绿色基金、绿色保险等绿色金融产品,加大对污染环境防治、生态环境保护的支持力度。” | 说明:在地方立法实践中已有关于鼓励绿色金融发展的条款安排,但是,这些规定比较碎片化,而且,缺少对绿色金融产品的系统性安排,因此,需要结合实践情况新增条文,以回应社会实践的现实需要。<br>参考:《河北省固体废物污染环境防治条例》(2022)第 63 条规定:“鼓励金融机构通过绿色信贷、绿色债券、绿色基金、绿色保险等方式,加大对固体废物污染环境防治的支持力度。” |
| 3 | | 《环境保护法》新增条文:“国家建立完善上市公司、发债企业和金融机构强制性环境治理信息披露制度。<br>具体办法由国务院证券监督管理机构、国务院银行业监督管理机构等有关部门会同发展改革、生态环境主管部门依据职权制定。” | 说明:信息披露制度是保证绿色金融公益性、政策性,避免金融工具功能异化的主要制度安排,因此,作为一种新型的可持续发展债券,其运行中需要关注环境治理信息披露的专业性、针对性和有效性。同时,鉴于相关制度的专业性,通过授权条款为信息披露制度的实施预留空间。<br>参考:《河北省生态环境保护条例》(2020)第 60 条第 3 款规定:“建立完善上市公司和发债企业强制性环境治理信息披露制度。” |

续表

| 序号 | 相关条文 | 修改建议 | 依据、理由和说明 |
|---|---|---|---|
| 4 | 《固体废物污染环境防治法》第97条:“国家发展绿色金融,鼓励金融机构加大对固体废物污染环境防治项目的信贷投放。” | 《固体废物污染环境防治法》第97条:“国家发展绿色金融,鼓励金融机构加大对固体废物污染环境防治项目的信贷投放;鼓励地方政府、金融机构和非金融企业依法依规发行绿色债券。” | 说明:随着我国绿色债券发行规模的日益扩大,其业已成为我国环境治理工具中不可缺少的治理工具之一,因此,在《固体废物污染环境防治法》中需要及时回应实践需求的客观变化,尝试在修正案中增加该条文,为后续的制度实践奠定基础。 |
| 5 | 《土壤污染防治法》(2018年)第72条:“国家鼓励金融机构加大对土壤污染风险管控和修复项目的信贷投放。<br>国家鼓励金融机构在办理土地权利抵押业务时开展土壤污染状况调查。” | 《土壤污染防治法》(2018年)第72条:“国家鼓励金融机构加大对土壤污染风险管控和修复项目的信贷投放;鼓励地方政府、金融机构和非金融企业依法依规发行绿色债券。<br>国家鼓励金融机构在办理土地权利抵押、绿色信贷、绿色债券等业务时开展土壤污染状况调查。” | 说明:本条与《固体废物污染环境防治法》第97条的逻辑是一致的,因此,为保证生态环境立法的整体协调性,在表述和体系性结构上需要保证相关条文的表述的一致性,这样在立法技术上也会更为成熟。 |
| 6 | 《青藏高原生态保护法》第44条:“国家为青藏高原生态保护提供支持,实行有利于节水、节能、水土保持、环境保护和资源综合利用的金融、税收政策,鼓励发展绿色信贷、绿色债券、绿色保险等金融产品。 | 《青藏高原生态保护法》第44条:“国家为青藏高原生态保护提供支持,实行有利于节水、节能、水土保持、环境保护和资源综合利用的金融、税收政策,鼓励发展绿色信贷、绿色债券、绿色基金、绿色保险等金融产品。<br>国家鼓励和支持公益组织、社会资本参与青藏高 | 说明:绿色基金也是绿色金融产品中重要的组成部分,作为鼓励条款的列举部分越完整,越可以发挥其既有的功能;同时,此分类还可以保证该法与《环境保护法》的系统性衔接。 |

续表

| 序号 | 相关条文 | 修改建议 | 依据、理由和说明 |
| --- | --- | --- | --- |
| | 国家鼓励和支持公益组织、社会资本参与青藏高原生态保护修复工作，开展生态产品开发、产业发展、科技创新、技术服务等活动。” | 原生态保护修复工作，开展生态产品开发、产业发展、科技创新、技术服务等活动。” | |
| 7 | 《防震减灾法》（2008修订）第45条：“国家发展有财政支持的地震灾害保险事业，鼓励单位和个人参加地震灾害保险。” | 《防震减灾法》（2008修订）第45条：“国家发展有财政支持的地震灾害保险事业，鼓励单位和个人参加地震灾害保险，鼓励和支持金融机构开展巨灾债券发行业。” | 说明：通过巨灾债券的发行可以借助资产证券化的方式转移和分散灾害保险的风险，这将有助于减缓财政资金救灾抗疫的压力。 |
| 8 | 《可再生能源法》（2009修正）第25条：“对列入国家可再生能源产业发展指导目录、符合信贷条件的可再生能源开发利用项目，金融机构可以提供有财政贴息的优惠贷款。” | 《可再生能源法》（2009修正）第25条：“对列入国家可再生能源产业发展指导目录、符合信贷条件的可再生能源开发利用项目，金融机构可以发行绿色金融债券，并为项目提供有财政贴息的优惠贷款。” | 说明：为绿色债券的融资及其后续配套制度实施提供激励性制度支持，增强绿色金融产品内部的整体性和协调性。 |

# 附录二　关于制定《绿色金融条例》保障绿色债券发展的立法建议

## 一、关于国家制定"绿色金融条例"的立法建议

为保证绿色金融制度的有效实施，在环境资源类法律的总则部分中可以对激励措施进行总体性梳理，理清激励性条款的展开逻辑；同时，在《环境保护法》《固体废物污染环境防治法》《青藏高原生态保护法》等相关法律法规修改或者实施后，总结现有立法经验，形成基础的立法共识，并为制定"绿色金融条例"对包括绿色债券在内的绿色金融发展提供支撑。

### （一）确定章节体例和主要框架的建议

"绿色金融条例"的章节体例设计可以凝练、总结现有《深圳经济特区绿色金融条例》(2021 年)、《湖州市绿色金融促进条例》(2021 年)、《上海市浦东新区绿色金融发展若干规定》(2022 年)等地方性法规已有的成熟经验，在立法技术上可以采用"合并同类项"的思路对专门立法的章节体例、主要条文等内容进行总体把握。从整体框架结构来看，除了总则、法律责任和附则，现有两项条例主要是以金融产品或者服务的种类进行分类，以满足不同绿色金融产品的不同需求，增强制度实施的时效性、可操作性。

### （二）明确立法目的建议

国家层面"绿色金融条例"的立法开展应当具有较强的政府主导性、政策目标和国际视野，以满足绿色金融实践中的现实需要。也就是说，该立法开展的主要目的在于推动经济的绿色转型和可持续，这与当前国际上推动和关注的绿色转型工作、我国遵循的新发展理念都是契合的。因

此,在立法目的上应当作出明确规定,为后续的原则确定、制度修订提供一个切实可行的目的依据,这也是后续制度安排的实际逻辑。

(三)注重授权立法的建议

绿色金融的实施需要法律与政策的整体协调,这尤为强调相关部门之间的有机协调,需要由国务院证券监督管理机构、银行业监督管理机构、发展改革、生态环境主管部门的多元参与。因此,笔者建议在《环境保护法》中新增授权制定规则的条款,为绿色金融专门立法提供立法支撑;同时,在"绿色金融条例"中增加授权条款,为绿色债券发展的专门立法提供保障,以此形成层次性递进的授权条款,保障绿色金融市场的有序发展。

(四)强化激励规范的建议

【条文建议】"鼓励和支持地方政府、企业和金融机构通过绿色信贷、绿色债券、绿色基金、绿色保险等绿色金融产品,加大对污染环境防治、生态环境保护的支持力度。"

【条文说明】结合上海、深圳、湖州等地方的现有立法实践,绿色金融立法工作适宜采用"总分"模式展开立法,因此,需要注重以类型化的方式对不同品种绿色债券的法治化提供制度支持。

## 二、关于绿色债券专门规定的立法建议

"绿色金融条例"中应当设置绿色债券的专章或者专节专门规定相关内容,具体来说,其一般规定部分需要遵循问题导向和流程思维的制度设计思路,从绿色债券的认证、注册、上市、偿付、激励和救济等多个流程对绿色债券特殊规范进行整体性回应。具体规定如下所示。

(一)确立《绿色债券支持项目目录》《中国绿色债券原则》的制定和动态调整制度

绿色债券目录是贴标绿色债券制度实施中的基础性制度安排,也是有效实施后续制度安排的基础,随着我国绿色债券运行实践的日益深化,相关工作也已经取得了较大的进展。例如,2022 年 7 月 29 日,我国绿色债券标准委员会已经通过了作为绿色债券自律准则的《中国绿色债券原则》,这为推动我国绿色债券标准化工作奠定了坚实基础。因此,积极推动"绿色金融条例"的制定,专门起草绿色债券专章以尝试契合欧盟于

2023 年达成欧洲绿色债券临时协议的尝试。需要注意的是，该章节应当凸显自律准则的功能和作用，以与现有绿色债券制度之间形成有效的互动。

（二）确定绿色债券的产品范围

制定专门规则时可以对发行的绿色债券品种进行概括式列举，并在此基础上对创新性绿色债券的适用范围和监管要求作出相对具体的规定，以推动绿色债券的规范发展；在具体表述上也可以参考已有制度表述的习惯，以保证表述的规范性、统一性，为不同品种绿色债券的发行提供制度支持。例如，可以参考《中国人民银行关于支持绿色金融改革创新试验区发行绿色债务融资工具的通知》（银发〔2019〕116 号）的要求，设置专门条文对绿色债务融资工具作出规定，以增强绿色金融品种创新的可操作性。

（三）注重激励条款的体系性安排

激励性规则的运用需尽可能保障证券市场的主导性，减少政策因素对绿色债券价格的扭曲，因此，根据实际监管需要设计匹配的激励条款颇为重要。总体来说，针对绿色债券的激励性规则主要包括两个方面：一是关于贴息方面的安排。这方面需要汲取《江苏省绿色债券贴息政策实施细则（试行）》等已有规定的有益经验。二是关于税收优惠方面的安排。在遵循税收法定主义的前提下，重视单一税收优惠政策的系统化整合和法治化规范，为绿色债券的发展提供有力支持，以提升融资主体的积极性。

# 参考文献


**一、中文文献**

（一）中文著作

1. 陈铭祥:《法政策学》,台北,元照出版有限公司 2011 年版。
2. 陈青鹤:《地方市政债法律制度研究》,湖南师范大学出版社 2018 年版。
3. 董正爱:《环境风险规制的法律限度与秩序重构》,中国社会科学出版社 2021 年版。
4. 董正爱:《生态秩序法的规范基础与法治构造——“美丽中国”的行为模式与秩序规范法律研究》,法律出版社 2015 年版。
5. 范如国:《制度演化及其复杂性》,科学出版社 2011 年版。
6. 郭克军、孙巍等:《证券服务机构虚假陈述责任及风险防范》,法律出版社 2020 年版。
7. 黄恒学主编:《公共经济学》,北京大学出版社 2009 年版。
8. 季卫东:《法治秩序的建构》(增补版),商务印书馆 2014 年版。
9. 金岳霖主编:《形式逻辑》,人民出版社 2006 年版。
10. 李集合、李军波主编:《环境法适用的理论、实践与欧盟经验》,人民法院出版社 2015 年版。
11. 李仁真主编:《国际金融法》(第 3 版),武汉大学出版社 2011 年版。
12. 吕忠梅:《环境法新视野》(第 3 版),中国政法大学出版社 2019 年版。
13. 吕忠梅等:《长江流域立法研究》,法律出版社 2021 年版。
14. 马栋梁编著:《债券发行与承销业务指引》,法律出版社 2015 年版。
15. 马骏主编:《构建中国绿色金融体系》,中国金融出版社 2017 年版。
16. 马永波:《中国债券市场分层问题研究》,中国金融出版社 2017 年版。
17. 史英哲:《中国绿色债券市场发展报告(2019)》,中国金融出版社 2019 年版。
18. 史英哲、云祉婷:《中国绿色债券市场发行报告(2020)》,中国金融出版社

2020 年版。
19. 史玉成主编:《环境法法典编纂中的关系与结构》,法律出版社 2021 年版。
20. 王福重:《金融的解释》,中信出版社 2014 年版。
21. 王人博、程燎原:《法治论》,广西师范大学出版社 2014 年版。
22. 王小江:《绿色银行评级制度研究》,人民出版社 2019 年版。
23. 王涌:《私权的分析与建构:民法的分析法学基础》,北京大学出版社 2019 年版。
24. 王煜宇:《金融法学》,武汉大学出版社 2010 年版。
25. 许凌艳:《金融监管法制比较研究:全球金融法制变革与中国的选择》,法律出版社 2016 年版。
26. 杨仁寿:《法学方法论》,中国政法大学出版社 1999 年版。
27. 张维迎:《理解公司:产权、激励和治理》,世纪出版集团、上海人民出版社 2014 年版。
28. 张运书:《碳金融监管法律制度研究》,法律出版社 2015 年版。
29. 郑泰安、钟凯等:《证券投资基金法律制度:立法前沿与理论争议》,社会科学文献出版社 2019 年版。
30. 郑也夫:《信任论》,中信出版社 2015 年版。
31. 周俊杰:《信用评级机构监管法律问题研究》,武汉大学出版社 2018 年版。

(二)中文译著

1. [德]卡尔·拉伦茨:《法学方法论》,陈爱娥译,商务印书馆 2004 年版。
2. [德]K. 茨威格特、[德]H. 克茨:《比较法总论》,潘汉典等译,法律出版社 2004 年版。
3. [德]H. 哈肯:《协同学——自然成功的奥秘》,戴鸣钟译,上海科学普及出版社 1988 年版。
4. [德]尼克拉斯·卢曼:《风险社会学》,孙一洲译,广西人民出版社 2020 年版。
5. [荷]乔安妮·凯勒曼、[荷]雅各布·德汗等编著:《21 世纪金融监管》,张晓朴译,中信出版集团 2016 年版。
6. [马来西亚]苏丁·哈伦、[马来西亚]万·纳索菲泽·万·阿兹米:《伊斯兰金融和银行体系——理论、原则和实践》,刚健华译,中国人民大学出版社 2012 年版。
7. [美]B. 盖伊·彼得斯:《政府未来的治理模式》,吴爱明等译,中国人民大学出版社 2012 年版。
8. [美]安东尼·桑德斯、[美]马西娅·米伦·科尼特:《金融市场与机构》,韩国文、张彻译,机械工业出版社 2017 年版。
9. [美]博登海默:《法理学:法律哲学与法律方法》,邓正来译,中国政法大学出版社 2004 年版。
10. [美]杰弗里·希尔:《生态价值链:在自然和市场中建构》,胡颖廉译,中信出版社 2016 年版。
11. [美]杰里米·阿塔克、[美]彼得·帕塞尔:《新美国经济史:从殖民地时期到 1940 年》,罗涛等译,中国社会科学出版社 2000 年版。
12. [美]克利福德·格尔茨:《地方知识——阐释人类学论文集》,杨德睿译,商务印书馆 2014 年版。
13. [美]理查德·A. 波斯纳:《法律的经济分析》,蒋兆康译,中国大百科全书出版社 1997 年版。
14. [美]罗伯特·S. 萨默斯:《美国实用工具主义法学》,柯华庆译,中国法制出版社 2010 年版。
15. [美]迈克尔·柯利:《环境金融准则:支持可再生能源和可持续环境的金融政策》,刘倩、王遥译,东北财经大学出版社 2017 年版。
16. [美]理查德·B. 斯图尔特:《美国行政法的重构》,沈岿译,商务印书馆 2011 年版。
17. [美]詹姆斯·萨尔兹曼、[美]巴顿·汤普森:《美国环境法》,徐卓然、胡慕云译,北京大学出版社 2016 年版。
18. [日]柏木亮二:《FinTech:金融科技指引未来》,姚待艳译,人民邮电出版社 2019 年版。
19. [日]大桥洋一:《行政法学的结构性变革》,吕艳滨译,中国人民大学出版社 2008 年版。
20. [日]宫本宪一:《环境经济学》,朴玉译,生活·读书·新知三联书店 2004 年版。
21. [印]保劳格·阿尔琼瓦德卡尔:《金融科技:技术驱动金融服务业变革》,李庆、王垚译,机械工业出版社 2019 年版。
22. [英]艾利斯·费伦:《公司金融法律原理》,罗培新译,北京大学出版社 2012 年版。
23. [英]哈特:《法律的概念》,许家馨、李冠宜译,法律出版社 2018 年版。
24. [英]哈耶克:《法律、立法与自由》(第 1 卷),邓正来等译,中国大百科全书出版社 2000 年版。
25. [英]克里斯·斯金纳:《金融科技时代的来临》,杨巍、张之材、黄亚丽译,中信出版集团股份有限公司2016年版。
26. [英]托尼·普罗瑟:《政府监管的新视野》,马英娟、张浩译,译林出版社2020年版。
27. [英]约瑟夫·拉兹:《法律体系的概念》,吴玉章译,商务印书馆2018年版。

(三)中文期刊

1. 安国俊:《中国绿色基金发展趋势》,载《中国金融》2018年第19期。
2. 巴曙松、丛钰佳、朱伟豪:《绿色债券理论与中国市场发展分析》,载《杭州师范大学学报(社会科学版)》2019年第1期。
3. 卜亚、印梦婷:《P2P网络借贷行业自律:理论模型与跨国经验》,载《金融监管研究》2018年第8期。
4. 蔡守秋:《论我国法律体系生态化的正当性》,载《法学论坛(济南)》2013年第2期。
5. 蔡文灿:《我国大气污染防治制度的失灵及其解决对策——以诺斯的制度变迁理论为分析框架》,载《华侨大学学报(哲学社会科学版)》2014年第4期。
6. 蔡盈芳:《规范金融企业业务档案管理——〈金融企业业务档案管理规定〉解读》,载《中国档案》2015年第8期。
7. 曹明德、黄东东:《论土地资源生态补偿》,载《法制与社会发展》2007年第3期。
8. 曹媛媛、刘松涛、刘煜珅:《中国绿色债券评估认证制度》,载《中国金融》2017年第14期。
9. 常健、罗伟恒:《我国公司债券发行引入区块链技术的法律因应》,载《江苏社会科学》2019年第2期。
10. 陈海清、王守清、陈海乐:《绿色PPP项目债券及国内外案例研究》,载《地方财政研究》2021年第5期。
11. 陈海嵩:《绿色发展法治化的基本构想》,载《河南财经政法大学学报》2018年第6期。
12. 陈睿昭:《境外绿色债券外部核查机制的特点及启示》,载《债券》2019年第5期。
13. 陈霞、许松涛:《国外主权绿色债券特征及启示研究》,载《金融发展研究》2018年第1期。
14. 陈怡西:《中小企业集合债券信息披露法律问题探析》,载《法律适用》2015年第6期。
15. 陈志峰:《我国绿色债券环境信息披露的完善路径分析》,载《环境保护》2019

年第 1 期。
16. 单科举:《我国绿色发展基金运作情况探析》,载《金融理论与实践》2018 年第 11 期。
17. 邓文硕:《特别国债发行的历史经验、国际借鉴和未来展望》,载《武汉金融》2020 年第 6 期。
18. 杜辉:《公私交融秩序下环境法的体系化》,载《南京工业大学学报(社会科学版)》2020 年第 4 期。
19. 杜莉、郑立纯:《我国绿色金融政策体系的效应评价——基于试点运行数据的分析》,载《清华大学学报(哲学社会科学版)》2019 年第 1 期。
20. 杜莉、郑立纯:《中国绿色金融政策质量评价研究》,载《武汉大学学报(哲学社会科学版)》2020 年第 3 期。
21. 樊明太:《建立绿色金融评估机制》,载《中国金融》2016 年第 24 期。
22. 方行明、魏静等:《可持续发展理论的反思与重构》,载《经济学家》2017 年第 3 期。
23. 房红:《金融可持续发展理论与传统金融发展理论的比较与创新》,载《经济体制改革》2011 年第 3 期。
24. 冯果、段丙华:《债券违约处置的法治逻辑》,载《法律适用》2017 年第 7 期。
25. 冯果:《债券市场的主体培育:目标、进路与法制变革》,载《政法论丛》2018 年第 3 期。
26. 冯源、刘爽:《债券登记托管:基本概念、历史沿革和现实选择》,载《债券》2021 年第 4 期。
27. 冯中圣:《我国金融债券属性问题研究》,载《宏观经济管理》2002 年第 11 期。
28. 傅京燕、刘玉丽:《粤港澳大湾区绿色债券助推产业转型的实践探索》,载《环境保护》2020 年第 12 期。
29. 甘远勇:王峰娟:《我国绿色债券第三方认证问题探析》,载《财务与会计》2018 年第 2 期。
30. 高昊宇、温慧愉:《生态法治对债券融资成本的影响——基于我国环保法庭设立的准自然实验》,载《金融研究》2021 年第 12 期。
31. 龚玉霞、滕秀仪等:《绿色债券发展及其定价研究——基于二叉树模型分析》,载《价格理论与实践》2018 年第 7 期。
32. 巩固:《环境法律观检讨》,载《法学研究》2011 年第 6 期。
33. 古小东、郑泽华:《我国内地与香港绿色金融的激励政策研究》,载《环境保护》2021 年第 14 期。

34. 郭栋:《绿色主权债券:“碳中和”驱动的债券创新与债务治理》,载《中国货币市场》2022 年第 1 期。
35. 郭建伟:《绿色金融改革创新新疆实践》,载《中国金融》2018 年第 13 期。
36. 郭建伟:《区域绿色金融创新——以新疆为例》,载《中国金融》2016 年第 16 期。
37. 郭沛源、吴艳静等:《绿债认证的原理、方法与实务》,载《金融市场研究》2018 年第 8 期。
38. 郭少泉:《探索蓝色债券》,载《中国金融》2020 年第 9 期。
39. 郭实、周林:《浅析国外绿色债券发展经验及其启示》,载《债券》2016 年第 5 期。
40. 郭武:《论迈向制序的环境保护制度工具体系之建构》,载《中国地质大学学报(社会科学版)》2018 年第 3 期。
41. 韩超、张伟广等:《环境规制实施的路径依赖——对中美环境规制形成与演化的比较分析》,载《天津社会科学》2016 年第 1 期。
42. 郝志斌:《论农村环境治理的工具创新:以环境效益债券为例》,载《社会科学》2020 年第 11 期。
43. 郝志斌:《社会效益债券:“新基建”融资的创新工具》,载《商业研究》2020 年第 11 期。
44. 何德旭、王朝阳、闵逸杰:《中国金融发展十年主要成就及重要经验》,载《国外社会科学》2022 年第 5 期。
45. 何艳春:《可交换公司债券担保法律分析》,载《证券市场导报》2009 年第 8 期。
46. 洪卫:《绿色金融理论与实践研究》,载《金融监管研究》2021 年第 3 期。
47. 洪艳蓉:《公司债券的多头监管、路径依赖与未来发展框架》,载《证券市场导报》2010 年第 4 期。
48. 洪艳蓉:《公司债券制度的实然与应然——兼谈〈证券法〉的修改》,载《证券法苑》2011 年第 2 期。
49. 洪艳蓉:《论碳达峰碳中和背景下的绿色债券发展模式》,载《法律科学(西北政法大学学报)》2022 年第 2 期。
50. 洪艳蓉:《绿色债券运作机制的国际规则与启示》,载《法学》2017 年第 2 期。
51. 洪艳蓉:《中国绿色公司债券的制度挑战与改进》,载《证券市场导报》2016 年第 9 期。
52. 侯晓辉、王博:《金融供给侧结构性改革背景下的绿色金融发展问题研究》,载

《求是学刊》2020 年第 5 期。
53. 华冰、张颖:《绿色资产证券化对可再生能源发电行业的金融支持——以新疆金风科技为例》,载《财会月刊》2019 年第 11 期。
54. 黄安平:《关于交易所绿色公司债发展的几点建议》,载《证券市场导报》2017 年第 3 期。
55. 黄韬、乐清月:《中国绿色债券市场规则体系的生成特点及其问题》,载《证券市场导报》2018 年第 11 期。
56. 黄锡生、王美娜:《环境不良信用信息清除制度探究》,载《重庆大学学报(社会科学版)》2018 年第 4 期。
57. 黄雅芳:《论绿色金融市场中介机构法律责任特殊性》,载《特区经济》2020 年第 4 期。
58. 霍志辉、聂玉玲、王云鹤:《建立健全绿色债券第三方认证或评估机构》,载《中国银行业》2017 年第 1 期。
59. 姜流、杨龙:《制度性集体行动理论研究》,载《内蒙古大学学报(哲学社会科学版)》2018 年第 4 期。
60. 姜楠:《我国信用评级机构监管框架设计》,载《经济纵横》2014 年第 7 期。
61. 蒋先玲、张庆波:《发达国家绿色金融理论与实践综述》,载《中国人口·资源与环境》2017 年第 S1 期。
62. 解亘:《法政策学——有关制度设计的学问》,载《环球法律评论》2005 年第 2 期。
63. 金永军、万志宏:《绿色公司债市场的发展战略和路径选择》,载《证券市场导报》2016 年第 12 期。
64. 鞠实儿、贝智恩:《论地方性知识及其局部合理性》,载《科学技术哲学研究》2020 年第 2 期。
65. 柯坚:《共逐绿色发展之梦:环境合作治理及其法治展开》,载《南京工业大学学报(社会科学版)》2016 年第 1 期。
66. 柯岚:《法律方法中的形式主义与反形式主义》,载《法律科学(西北政法学院学报)》2007 年第 2 期。
67. [英]克里斯蒂安·埃利奥特、张乐因等:《中国绿色债券市场发展中的跨国治理》,载《国外社会科学》2019 年第 5 期。
68. 雷立钧、高红用:《绿色金融文献综述:理论研究、实践的现状及趋势》,载《投资研究》2009 年第 3 期。
69. 李桂林:《论法律的体系性》,载《求索》2021 年第 5 期。

70. 李妙然、樊珍娜:《我国绿色金融研究回顾与展望——基于 CiteSpace 的可视化分析》,载《金融发展研究》2020 年第 8 期。
71. 李沫:《激励型监管的行政法思考》,载《政治与法律》2009 年第 10 期。
72. 李平、曾勇、唐小我:《市场微观结构理论综述》,载《管理科学学报》2003 年第 5 期。
73. 李文钊:《制度多样性的政治经济学——埃莉诺·奥斯特罗姆的制度理论研究》,载《学术界》2016 年第 10 期。
74. 李晓萍、张亿军、江飞涛:《绿色产业政策:理论演进与中国实践》,载《财经研究》2019 年第 8 期。
75. 李心琪、李日强:《绿色债券的条款设计问题探究》,载《财务与会计》2017 年第 9 期。
76. 李艳芳、王春磊:《环境法视野中的环境义务研究述评》,载《中国人民大学学报》2015 年第 4 期。
77. 李永华:《论生态正义的理论维度》,载《中央财经大学学报》2012 年第 8 期。
78. 李有星、康琼梅:《论证券信息自愿披露及免责事由》,载《社会科学》2020 年第 9 期。
79. 李宇亮、陈克亮:《生态产品价值形成过程和分类实现途径探析》,载《生态经济》2021 年第 8 期。
80. 李志刚:《调制受体法律责任体系的重构》,载《法学》2007 年第 6 期。
81. 四川省金融学会课题组、梁勤星:《我国绿色金融发展路径探索——以四川省为例》,载《西南金融》2018 年第 4 期。
82. 刘超:《我国证券投资基金的宏观管理——制度分析与政策建议》,载《经济社会体制比较》2010 年第 5 期。
83. 刘春彦、黄运成:《不完备法律理论及对我国证券市场监管的启示》,载《河北法学》2006 年第 9 期。
84. 刘风景:《包裹立法的中国实践》,载《法学》2014 年第 6 期。
85. 刘骅、朱逢雪:《乡村振兴专项债券发行中政府决策行为分析》,载《南京审计大学学报》2021 年第 5 期。
86. 刘辉:《论金融法的结构理性——基于金融禀赋结构理论视角》,载《西安交通大学学报(社会科学版)》2019 年第 3 期。
87. 刘惠明、王珠翠:《日本环境法中非规制调整方法及对我国的启示》,载《河海大学学报(哲学社会科学版)》2017 年第 6 期。
88. 刘剑文、胡翔:《"领域法"范式适用:方法提炼与思维模式》,载《法学论坛》

2018 年第 4 期。
89. 刘润忠:《试析结构功能主义及其社会理论》,载《天津社会科学》2005 年第 5 期。
90. 刘素坤、高家骥:《我国绿色债券监管存在的问题与对策研究》,载《时代金融》2019 年第 19 期。
91. 刘宛晨、刘文蓉、彭刚龙:《我国绿色债券规则完善与制度优化研究》,载《财经理论与实践》2022 年第 6 期。
92. 刘薇、梁方锋:《司法改革理论分析的新面向——帕森斯结构功能主义的视角》,载《吉首大学学报(社会科学版)》2019 年第 S1 期。
93. 刘作翔:《当代中国的规范体系:理论与制度结构》,载《中国社会科学》2019 年第 7 期。
94. 龙小燕、赵全厚等:《地方政府专项债券的问题解析与制度完善》,载《经济纵横》2021 年第 4 期。
95. 龙小燕:《日本地方政府债券发行管理机制及启示》,载《地方财政研究》2020 年第 7 期。
96. 鲁政委、方琦、钱立华:《促进绿色信贷资产证券化发展的制度研究》,载《西安交通大学学报(社会科学版)》2020 年第 3 期。
97. 陆文钦、王遥:《明确界定绿色债券项目》,载《中国金融》2016 年第 6 期。
98. 罗豪才、宋功德:《认真对待软法——公域软法的一般理论及其中国实践》,载《中国法学》2006 年第 2 期。
99. 吕忠梅:《〈民法典〉"绿色规则"的环境法透视》,载《法学杂志》2020 年第 10 期。
100. 吕忠梅:《发现环境法典的逻辑主线:可持续发展》,载《法律科学(西北政法大学学报)》2022 年第 1 期。
101. 马恩涛、齐文燕:《地方政府债券风险管理:国际经验与借鉴》,载《经济研究参考》2020 年第 7 期。
102. 马贱阳、张斌:《推动绿色债市制度建设》,载《中国金融》2017 年第 24 期。
103. 马骏:《论构建中国绿色金融体系》,载《金融论坛》2015 年第 5 期。
104. 马骏:《用金融工具缓解绿色企业融资难》,载《中国金融》2015 年第 10 期。
105. 马英娟:《美国监管影响分析制度述评》,载《法商研究》2008 年第 1 期。
106. 马中、陆琼、昌敦虎:《绿色金融需求与绿色金融工具》,载《中国生态文明》2016 年第 1 期。
107. 聂长建:《法律语用推理的三元维度研究》,载《政法论丛》2019 年第 5 期。

108. 牛文元:《可持续发展理论的内涵认知——纪念联合国里约环发大会 20 周年》,载《中国人口·资源与环境》2012 年第 5 期。
109. 泮伟江:《探寻法律的界限——论卢曼晚期系统论法学思想》,载《北京航空航天大学学报(社会科学版)》2021 年第 1 期。
110. 彭本利、李爱年:《新〈环境保护法〉的亮点、不足与展望》,载《环境污染与防治》2015 年第 4 期。
111. 祁永忠:《我国绿色金融政策体系:现状、问题与建议》,载《宁夏大学学报(人文社会科学版)》2018 年第 3 期。
112. 钱玉文:《我国法治化营商环境构建路径探析——以江苏省经验为研究样本》,载《上海财经大学学报》2020 年第 3 期。
113. 秦鹏、杨景晖:《政策工具视角下绿色产品标识制度的构建》,载《南京工业大学学报(社会科学版)》2021 年第 4 期。
114. 中国人民银行贵阳中心支行青年课题组、任丹妮:《政策推动还是市场驱动?——基于文本挖掘技术的绿色金融发展指数计算及影响因素分析》,载《西南金融》2020 年第 4 期。
115. 盛春光、赵晴、陈丽荣:《我国绿色债券环境信息披露水平及其影响因素分析》,载《林业经济》2020 年第 9 期。
116. 盛学军:《政府监管权的法律定位》,载《社会科学研究》2006 年第 1 期。
117. 孙笑侠:《法的形式正义与实质正义》,载《浙江大学学报(人文社会科学版)》1999 年第 5 期。
118. 田慧芳:《绿色金融发展中的政府行为——基于欧美国家的经验分析》,载《国际经济合作》2016 年第 11 期。
119. 万志宏、曾刚:《国际绿色债券市场:现状、经验与启示》,载《金融论坛》2016 年第 2 期。
120. 王波、董振南:《我国绿色金融制度的完善路径——以绿色债券、绿色信贷与绿色基金为例》,载《金融与经济》2020 年第 4 期。
121. 王波、岳思佳:《我国绿色金融激励约束保障机制研究》,载《西南金融》2020 年第 10 期。
122. 王波、郑联盛:《绿色金融支持乡村振兴的机制路径研究》,载《技术经济与管理研究》2019 年第 11 期。
123. 王灿发:《论生态文明建设法律保障体系的构建》,载《中国法学》2014 年第 3 期。
124. 王峰娟、李日强:《绿色金融债券的发行经验与建议——以浦发银行、兴业银行为例》,载《财务与会计》2017 年第 9 期。
125. 王格致、张韶华:《绿色债券服务生态文明体系建设》,载《中国金融》2020 年第 17 期。
126. 王金南等:《国家环境经济政策进展评估报告:2017》,载《中国环境管理》2018 年第 2 期。
127. 王丽娜:《绿色金融支撑京津冀协同发展研究》,载《天津师范大学学报(社会科学版)》2021 年第 2 期。
128. 王敏、徐晓君:《地方政府专项债发行的国际比较与镜鉴》,载《经济体制改革》2020 年第 6 期。
129. 王然:《国内外绿色债券市场发展的实践与启示》,载《新金融》2021 年第 12 期。
130. 王瑞雪:《公共治理视野下的软法工具》,载《财经法学》2020 年第 4 期。
131. 王妍、赵杰:《"金融的法律理论"视域下的"穿透式"监管研究》,载《南方金融》2019 年第 5 期。
132. 王遥、曹畅:《中国绿色债券第三方认证的现状与前景》,载《环境保护》2016 年第 19 期。
133. 王遥、史英哲、李勐:《绿色债券发行市场》,载《中国金融》2016 年第 16 期。
134. 王遥、徐楠:《中国绿色债券发展及中外标准比较研究》,载《金融论坛》2016 年第 2 期。
135. 翁智雄、葛察忠:《论绿色金融的顶层设计及创新发展》,载《环境保护》2016 年第 20 期。
136. 吴靖烨:《不完备法律理论趋于完备的法经济学思考》,载《经济论坛》2011 年第 2 期。
137. 吴凯:《论领域法学研究的动态演化与功能拓展——以美国"领域法"现象为镜鉴》,载《政法论丛》2017 年第 1 期。
138. 谢忠洲、陈德敏:《类型化视域下自然保护地立法的制度建构》,载《重庆大学学报(社会科学版)》2021 年第 1 期。
139. 谢忠洲、彭强:《法政策视域下乡村振兴战略的制度供给》,载《农村经济》2021 年第 6 期。
140. 熊伟:《法治视野下清理规范税收优惠政策研究》,载《中国法学》2014 年第 6 期。
141. 徐祥民:《论维护环境利益的法律机制》,载《法制与社会发展》2020 年第 2 期。

142. 许蔡梦骁、唐建荣:《国际绿色债券市场的私人监管:运行检视与改良路径》,载《理论学刊》2021 年第 3 期。
143. 许成钢:《法律、执法与金融监管——介绍“法律的不完备性”理论》,载《经济社会体制比较》2001 年第 5 期。
144. 鄢德奎:《中国环境法的形成及其体系化建构》,载《重庆大学学报(社会科学版)》2020 年第 6 期。
145. 闫海、孟琦:《绿色金融债券:国际经验、发展现状及对策建议》,载《武汉金融》2018 年第 5 期。
146. 杨博文:《我国绿色资产担保债券监管法律制度研究》,载《证券市场导报》2019 年第 8 期。
147. 杨超凡:《污染防治类绿色债券研究》,载《中国金融》2017 年第 13 期。
148. 杨得前、徐艳、刘仁济:《江西环境经济政策整体绩效水平评估》,载《江西社会科学》2019 年第 4 期。
149. 杨娉、马骏:《中英绿色金融发展模式对比》,载《中国金融》2017 年第 22 期。
150. 杨娉、王琰、王冲:《中国绿色债券市场发展概览》,载《中国金融》2020 年第 17 期。
151. 杨三正、苟学珍:《论基于经济治理的经济法软法之治》,载《重庆大学学报(社会科学版)》2019 年第 5 期。
152. 杨彦龙:《国际金融监管改革的方向和路径——基于国外文献梳理的思考》,载《西部论坛》2018 年第 2 期。
153. 姚海放:《论政府补贴法治:产业政策法、财政法和竞争法的协同治理》,载《政治与法律》2017 年第 12 期。
154. 叶俊荣:《环境立法的两种模式:政策性立法与管制性立法》,载《清华法治论衡》2013 年第 3 期。
155. 叶姗:《税收优惠政策制定权的法律保留》,载《税务研究》2014 年第 3 期。
156. 应飞虎:《权利倾斜性配置研究》,载《中国社会科学》2006 年第 3 期。
157. 于法稳:《中国生态经济研究:历史脉络、理论梳理及未来展望》,载《生态经济》2021 年第 8 期。
158. 于干千:《法律政策学视域下健全文旅融合法律体系路径研究》,载《思想战线》2021 年第 3 期。
159. 于文轩、胡泽弘:《习近平法治思想的生态文明法治理论之理念溯源与实践路径》,载《法学论坛》2021 年第 2 期。
160. 袁康:《绿色金融发展及其法律制度保障》,载《证券市场导报》2017 年第

1 期。
161. 袁祥飞:《绿色金融环境效益评估研究:一个可参考的量化框架》,载《武汉金融》2018 年第 5 期。
162. 詹小颖:《绿色债券市场发展:国际经验及启示》,载《南方金融》2016 年第 9 期。
163. 张宝:《规制内涵变迁与现代环境法的演进》,载《中国人口·资源与环境》2020 年第 12 期。
164. 张本才:《未来法学论纲》,载《法学》2019 年第 7 期。
165. 张辰旭:《绿色债券监管标准的比较研究》,载《福建论坛(人文社会科学版)》2018 年第 9 期。
166. 张海涛:《政治与法律的耦合结构:党内法规的社会系统论分析》,载《交大法学》2018 年第 1 期。
167. 张浩良、安然:《中外绿色债券发展比较》,载《开放导报》2016 年第 5 期。
168. 张磊、杨金梅:《美国市政债券的发展经验及其借鉴》,载《武汉金融》2010 年第 1 期。
169. 张立、尤瑜:《中国环境经济政策的演进过程与治理逻辑》,载《华东经济管理》2019 年第 7 期。
170. 张平、郭青华、许玥玥:《我国碳中和债券的实践、挑战与发展路径——基于"下一代欧盟"绿色债券框架的比较研究》,载《经济纵横》2022 年第 2 期。
171. 张强、隋学深:《债券市场违约风险分析及应对策略》,载《西南金融》2019 年第 11 期。
172. 张维迎:《法律制度的信誉基础》,载《经济研究》2002 年第 1 期。
173. 张伟伟、李天琦、高锦杰:《"一带一路"沿线国家绿色金融合作机制构建研究》,载《经济纵横》2019 年第 3 期。
174. 张晓蕾:《外资金融机构助推绿色金融国际合作》,载《清华金融评论》2021 年第 12 期。
175. 张旭昆:《制度系统的关联性特征》,载《浙江社会科学》2004 年第 3 期。
176. 张阳、阎维博:《债券市场登记托管结算机构的联通与统合》,载《证券法律评论》2018 年第 0 期。
177. 张仪昭:《检察机关提起证券行政公益诉讼:法理基础与制度建构》,载《社会科学动态》2021 年第 3 期。
178. 张溢轩、徐以祥:《绿色债券的规范反思与制度完善》,载《西南金融》2021 年第 7 期。

179. 张岳、周应恒:《绿色金融"漂绿"现象的成因与防范:来自日本的经验启示》,载《现代日本经济》2021 年第 5 期。
180. 张忠民:《环境法典绿色低碳发展编对可持续发展理念的体系回应与制度落实》,载《法律科学(西北政法大学学报)》2022 年第 1 期。
181. 赵美华、张飒:《兴业银行发行绿色金融债券的经验研究及启示》,载《金融纵横》2016 年第 2 期。
182. 赵晓英:《绿色债券发展制度框架》,载《中国金融》2016 年第 16 期。
183. 郑春丽、罗传建:《发行绿色债券对上市公司经济效益的影响——基于双重差分模型的分析》,载《武汉金融》2020 年第 10 期。
184. 郑颖昊:《经济转型背景下我国绿色债券发展的现状与展望》,载《技术经济与管理研究》2016 年第 5 期。
185. 郑长德、刘丽雪:《中国债券市场分割的理论探讨》,载《西南民族大学学报(人文社科版)》2005 年第 5 期。
186. 郑智航:《比较法中功能主义进路的历史演进——一种学术史的考察》,载《比较法研究》2016 年第 3 期。
187. 郑智航:《当下中国地方法治试验的理想类型与实践反思》,载《国家检察官学院学报》2021 年第 1 期。
188. 钟付和:《证券法的公平与效率及其均衡与整合——兼论我国证券法之立法连续性不足》,载《法律科学(西北政法学院学报)》2000 年第 6 期。
189. 钟永飞、孙慧:《完善绿色金融保障和激励机制》,载《中国金融》2018 年第 11 期。
190. 周代数、张立超:《金融监管的国际比较研究:模式、趋势与启示》,载《海南金融》2019 年第 4 期。
191. 周新苗、唐绍祥、刘慧宏:《中国绿色债券市场的分割效应及政策选择研究》,载《中国软科学》2020 年第 11 期。
192. 朱晓勤:《绿色公司债券发行人相关制度设计》,载《郑州大学学报(哲学社会科学版)》2017 年第 5 期。
193. 竺效:《论绿色原则的规范解释司法适用》,载《中国法学》2021 年第 4 期。

(四)网络文献

1.《中国地方政府绿色债券激励机制研究》,载气候债券倡议组织网 2017 年 4 月 11 日,https://cn. climatebonds. net/node/73。
2. 云祉婷、崔莹:《绿色债券|关于探索发行中国主权绿色债券的建议》,载中央财经大学绿色金融国际研究院网 2020 年 12 月 22 日,http://iigf. cufe. edu. cn/in-

fo/1012/3796. htm。

3. 邓微云编译:《伊斯兰发展银行发行10亿欧元绿色伊斯兰债券》,载中华人民共和国商务部网2019年12月15日,http://www. mofcom. gov. cn/article/i/jyjl/k/201912/20191202922183. shtml。

(五)学位论文

1. 秦芳菊:《绿色金融的法律规制研究》,吉林大学2020年博士学位论文。
2. 卓泽渊:《法的价值总论》,中国社会科学院2000年博士学位论文。

(六)中文报纸

1. 曾庆睿:《构建统一的中国绿色金融标准体系》,载《中国财经报》2020年7月30日,第2版。
2. 王志波:《完善绿色债券市场制度体系》,载《金融时报》2018年9月10日,第10版。
3. 新华社:《中国引领全球绿色债券销售热潮》,载《人民日报海外版》2021年4月6日,第3版。

## 二、外文文献

1. Aanerson J. , Gartner T. , Mauroner A. et al. , *Conservation Finance Takes Off as the Netherlands Issues One of The Largest Green Bonds Ever*, World Resources Institute (Jun. 21, 2019), https://www. wri. org/insights/conservation - finance - takes - netherlands - issues - one - largest - green - bonds - ever.
2. Feiock R. , *The Institutional Collective Action Framework*, Policy Studies Journal, Vol. 41:3, p. 397 - 425 (2013).
3. Helvia Velloso & Thomas Játiva, *The Rise of Green Bonds: Financing for Development in Latin America and the Caribbean*, Repositorio Digital (Oct. 15, 2017), https://repositorio. cepal. org/bitstream/handle/11362/42230/S1700985_en. pdf; jsessionid = 09570173D1B4597F58EEF0AB9DC6BF69? sequence = 1.
4. Immel Moritz et al. , *Green Bonds: Shades of Green and Brown*, Journal of Asset Management, Vol. 22:2, p. 96 - 109 (2021).
5. Jonsdottir G. E. , Sigurjonsson T. O. et al. , *Applying Responsible Ownership to Advance SDGs and the ESG Framework*, Resulting in the Issuance of Green Bonds 7331 (2021).
6. Karpf A. & Mandel A. , *The Changing Value of The "Green" Label on the U. S. Municipal Bond Market*, Nature Climate Change, Vol. 8, p. 161 - 165 (2018).

7. Lancaster D. & Dowling S. ,*The Australian Semi – Government Bond Market*,Reserve Bank of Australia（Sep. 1,2011）,https://www. rba. gov. au/publications/bulletin/2011/sep/6. html.

8. Mark A. White,*Environmental Finance:Value and Risk in an Age of Ecology*,Business Strategy Review,Vol. 5:3,p. 198 –206(1996).

9. Otek Ntsama et al. ,*Green Bonds Issuance:Insights in Low – and Middle – income Countries*,International Journal of Corporate Social Responsibility,Vol. 6:2,p. 2 –9 (2021).

10. Leena Fatin,*2018 年グリーンファイナンス市場動向*,Climatebonds（Feb. 28,2019）,https://www. climatebonds. net/resources/reports/japan – green – finance – state – market –2018.

# 后　记

子在川上曰："逝者如斯夫。"本书是在我的博士论文基础上修改而成的，而我最早构思它时还是博士一年级的学生，当时的我怀着对绿色债券的好奇而开始收集资料。2019 年国庆去川西旅行的路上，坐在车中的我闲来无事，便开始初步构思毕业论文的框架结构，后经过数次修改和打磨才初步形成了现在的结构。现在回想起来，本书从构思到撰写经历了较长的时间，我本着笨鸟先飞的原则，早些着手写作，心里也期盼着早有一点点收获。这种态度影响着我在学习、研究中具体工作的开展，因为我坚信认识是逐步深化、触类旁通的，只有长期、稳定地积累才有利于研究工作的开展。

从兴趣点中选择合适的选题，再到最终完成本书的写作需要付出大量的时间和精力，在这一过程中也会面临着诸多挑战；我本人在学术研究上的兴趣点颇为广泛，这在很大程度上影响我自身对相关议题的关切，特别是对包括绿色债券在内的绿色金融工具运行的关注，这导致我对它具体实践的认识还有待进一步深化。因此，在时间有限、水平有限的情况下，最终完成本书的写作定稿更是一项颇具挑战的工作。本书主体部分写作时正值新冠疫情暴发，当时我滞留在开州家中，资料的获取较为不便，同时，由于个人的写作状态尚未调整好，因此，经过一年左右才完成了初步写作。后续根据绿色债券实践的最新发展进行了调整，但是本书整体的效果仍有待进一步检验，在资料掌握和建议提出方面还需要在今后的研究中进一步深化。

当然，本书的完成需要感谢许多人——没有来自各方的支持和帮助，我很难想象自己如何能够克服焦虑情绪和各种困难，一步一步完善自己的工作。

我要感谢我的博士研究生导师陈德敏教授。导师经常通过学术研讨、日常闲谈将自己的治学理念、处事经验和人生感悟无私分享给学生，他每一次的点拨和建议都让我获益匪浅，这对解决我在学业和生活中面对的种种困惑都产生了重要作用。导师开阔的学术视野、融贯的学科背景、严谨的治学态度和厚德载物的个人修养都对我产生了重大的影响，引领着我逐步积累能力，更加清晰地认识自己。

我要感谢我的师长秦鹏教授、董正爱副教授和杜辉副教授。多年来，他们对我在学业和生活上所面临的问题给予了很多支持、指导和关心，让我能够不断克服所遇见的问题，也让我更加坚定了求学路途中的决心。在资料收集和本书写作过程中，他们给我提出许多宝贵的建议，这对培养我的问题意识，提升我的学术研究能力都大有裨益，这都是我人生中宝贵的财富。我所取得的点滴进步都凝聚着他们的心血、汗水与付出。同时，感谢黄锡生教授、唐绍均教授、王江副教授在本书的选题、写作与修改过程中给予我具体的指导和中肯的建议。感谢入职中南财经政法大学后学校、学院的支持，各位师长、前辈和同事的关心和帮助。

我要感谢我的父母和弟弟。多年来，父母对我的生活、学业给予最大的支持和理解，正是因他们开明的态度，我才能坚定自己的想法，按照自己的兴趣选择专业和生活。我的弟弟长期陪伴着我的父母，照顾着他们，虽然记忆中我们还是时常打闹的孩子，但是岁月已经让他一点点成长。他承担了很多本应该由我承担的责任，让我有更加充分的时间专注于自己的学业、研究和工作。

我在本书的写作过程中，有过诸多的焦虑，感谢我的同学、同门师兄弟姐妹和朋友的支持和鼓励，这有效地缓解了我心理上的压力。此外，他们在我对论文反复的打磨和思考过程中，提出了许多重要的意见，为文章的修订和完善给予了较大的支持。

本书的完成得力于多方的支持和鼓励，同时也是个人对生态环境治理过程中一些工作的思考。鉴于目前认识水平有限，对文章的整体把握和内容思考还有待进一步细化、完善，无论是碳中和债券等新品种发展的现实需求，抑或对绿色金融整体性制度框架的关注都有进步的空间，所以在后期研究中，对绿色债券予以持续关注、阶段性深化是我的目标之一。

回首往昔，自 2012 年到西南政法大学读本科开始，匆匆十余年转瞬即逝。可谓“浮云一别后,流水十年间”,其间我从西北到西南,从长江上游到长江中游。虽然时光匆匆而逝,未来仍是“上帝所掷的骰子”,但是,我仍想步履不停,迎风歌唱。正像博士学位论文完成后持续的完善一样,本书最终的完成也经过了反复思考和数次修改,数易其稿中凝聚的是生活中的汗水和苦乐,更是对生活的热爱和观念的更新。仍清晰记得年少时很中意一句话,“既然选择了远方便只顾风雨兼程”,至今想来,仍觉得颇有道理,但愿今后再回首,仍然不忘初心。

**谢忠洲**

**2023 年 7 月 24 日于新疆**